ARS MORIENDI

ERWÄGUNGEN ZUR KUNST DES STERBENS

QUAESTIONES DISPUTATAE

Begründet von
KARL RAHNER UND HEINRICH SCHLIER

Herausgegeben von
HEINRICH FRIES UND RUDOLF SCHNACKENBURG

118

ARS MORIENDI
ERWÄGUNGEN ZUR KUNST DES STERBENS

ARS MORIENDI

ERWÄGUNGEN ZUR KUNST DES STERBENS

HANS-MARTIN BARTH
HANS EBELING
WALTER FALK
TORSTEN KRUSE
THEODOR MAAS-EWERD
JOSEF MANSER
HELMUTH ROLFES
HARALD WAGNER
HELMUT R. ZIELINSKI

HERAUSGEGEBEN VON HARALD WAGNER
IN VERBINDUNG MIT TORSTEN KRUSE

HERDER
FREIBURG · BASEL · WIEN

CIP-Titelaufnahme der Deutschen Bibliothek

Ars moriendi: Erwägungen zur Kunst des Sterbens / Hans-Martin Barth ... Hrsg. von Harald Wagner in Verbindung mit Torsten Kruse. – Freiburg im Breisgau; Basel; Wien: Herder, 1989

(Quaestiones disputatae; 118)

ISBN 3-451-02118-8

NE: Barth, Hans-Martin [Mitverf.]; Wagner, Harald [Hrsg.]; GT

Herstellung: Freiburger Graphische Betriebe 1989
ISBN 3-451-02118-8

Vorwort

Seit einer Reihe von Jahren ist ein interdisziplinäres Bemühen um Sterben und Tod des Menschen festzustellen. Dahinter steht die Einsicht, daß es sich dabei um vieldimensionale Wirklichkeiten handelt, die auch nur durch entsprechend vieldimensionale Ansätze adäquat zu begreifen sind. An der Universität von Marburg und in ihrem Umfeld gibt es seit einiger Zeit solche Bemühungen, die sich einerseits am Katholisch-Theologischen Seminar der Philippsuniversität konzentrieren, andererseits im Tätigkeitsradius der „Gesellschaft für Ethik und Medizin“ (Marburg) liegen, deren Vorsitzende der Herausgeber und der Mitherausgeber dieses Bandes sind. Vorliegende „Quaestio“ entspringt letztlich solchen Initiativen und entsprechenden Anregungen bzw. Anstößen. Die Robert-Bosch-Stiftung (Stuttgart) hat unsere Arbeit (u. a. durch Finanzierung eines Mitarbeiters) unterstützt und damit wesentlich zur Realisierung des Buches beigetragen. Wir danken ihr dafür ganz besonders.

Marburg, im Dezember 1988

Torsten Kruse
Harald Wagner

Inhalt

Einleitung
Von einer Theologie des Todes zur Theologie des Sterbens

Von Harald Wagner, Marburg

Als Band 2 der Reihe der „Quaestiones disputatae“ erschien 1958 Karl Rahners Schrift „Zur Theologie des Todes“, die auf mehreren Einzelveröffentlichungen aus dem Jahr zuvor fußte. Rahner war einer der ersten im katholischen Raum, der die Bedeutung des Themas „Tod“ für die Theologie erkannt hatte. Rückblickend schrieb er 1982: „Es ist ... eigentlich seltsam, daß man nicht behaupten kann, die christliche Theologie habe sich (von der jüngsten Zeit abgesehen) sehr intensiv mit dem Tod im allgemeinen befaßt. Sie dachte sehr nach über das Sterben Jesu (aber Sterben und Tod sind nicht dasselbe), sie hatte eigentlich in der Lehre vom Abstieg Jesu in das Totenreich einen sehr deutlichen Ansatz auch für eine Theologie des Todes im allgemeinen, sie hat ihn dafür aber nicht wirklich ausgenützt, sondern im großen und ganzen sich auf den doch sehr platonisierenden Satz vom Tod als der Trennung von Leib und Seele beschränkt und gemeint, darüber hinaus sei vom Tod als solchem nicht mehr viel zu sagen. Was zum Tod führte und was danach kam, war wichtiger.“ [1] Es ist bekannt, welche Aspekte einer Theologie des Todes Rahner in über die bisherigen Ansätze in der Theologie hinausgehender Weise herausgearbeitet hat: das Wesen des naturalen Todes (als Bedingung der Möglichkeit, Heils- und Unheilsereignis zu sein); die sakramentale Sichtbarkeit der Einheit vom Tod Christi und Tod des Christen; den „allkosmischen“ Bezug der vom Körper getrennten Seele – um nur einiges zu nennen.

Sterben und Tod sind nicht dasselbe, sagt Rahner. Nach der intensiven Reflexion der Theologie auf das *Sterben* Jesu war es ihm wichtig, den Zusammenhang zwischen seinem *Tod* und dem Tod des Christen herauszustellen, den *Tod* des Menschen überhaupt zu thematisieren. Dabei kommt es nicht nur zu einem Ausgriff auf den

[1] Im Vorwort zu *S. Zucal,* La teologia della morte in Karl Rahner, Turin 1982, 5.

Vorgang des Sterbens in eher allgemeiner Form[2]. Rahner bedenkt im Ansatz auch sehr moderne Fragestellungen und Konkretisierungen, daß (mit seinen Worten) „der Tod inwendig im ganzen Leben sitzt“[3]; daß sich das Sterben des Menschen jeden Tag vollzieht; daß die subjektive Annahme dieses Faktums und des Sterbevorganges im engeren Sinne den Menschen vor eigene Aufgaben stellt; daß Gesellschaft und Kirche im Umgang mit den Sterbenden ganz spezifische Aufgaben haben; daß auch die Theologie etwas zum Sterben als solchem zu sagen hat.

Wie oft vermerkt, ist unsere Zeit eine Zeit der Tabuisierung des Todes. Ebenso tabuisiert sie das Sterben, das ja direkter „Vorlauf“ hin auf den Tod ist. Die Menschen sterben ganz überwiegend in Bereichen und Zentren, die weitab liegen vom Raum, wo sich das „eigentliche“ Leben abspielt – in Krankenhäusern, Alten- und Pflegeheimen. Im Sterben sind sie oft allein gelassen. Erst in neuester Zeit kündigt sich eine vermehrte und intensivierte Sorge um Sterbende (in der einen oder anderen Weise von „Sterbebegleitung“) an. Die Öffentlichkeit reagiert auf diese Problematik mit größerer Sensibilität[4]. Angestoßen wurde dieses neue Interesse durch verschiedene Umstände und Fakten, von denen nur wenige – partes pro toto – hier genannt sein können: Probleme in den Naturwissenschaften, besonders in der Medizin, im Umgang mit Sterbenden, besonders aufgrund der Möglichkeiten, die sich heute durch den Standard der Technik auftun. Anfragen wie „Lebensverlängerung um jeden Preis“ und Plädoyers wie das für ein „humanes Sterben“ zeigen nur einige der implizierten Problemfelder an. Die Gesellschaft erkennt mehr und mehr, daß der gängige Modus, Sterbende in isolierte Räume „abzuschieben“, keine definitive und dauerhafte Lösung des Problems ihres Umgangs mit Sterbenden sein kann. Untersuchungen und Veröffentlichungen wie die von E. Kübler-Ross, P. Sporken und anderen taten ein übriges. Offensichtlich sind also Gegenkräfte gegen die Tabuisierung von Tod und Sterben geweckt worden. „Das Thema vom ‚menschlichen Sterben‘ hat in den letzten Jahren in der gesellschaftlichen und wissenschaftlichen Diskussion einen neuen

---

[2] *K. Rahner,* Zur Theologie des Todes, Freiburg 1958, bes. 61–65 („Der Tod des Christen als Mitsterben mit Christus“) und passim.
[3] Im genannten Vorwort (s. Anm. 1), 6.
[4] Wir waren selbst überrascht über das große Echo auf das von uns edierte und mitverfaßte Buch mit dem (zugegebenermaßen provozierenden) Titel: Sterbende brauchen Solidarität, hrsg. v. T. Kruse / H. Wagner, München 1986.

Stellenwert bekommen – nicht so sehr aus Nostalgie, sondern aus dem richtigen Empfinden, daß angesichts einer unmenschlichen Entwicklung ... einfach alles zur Gegensteuerung aufgeboten werden muß."[5]

In diesem Kontext ist die Frage naheliegend, wie denn in der Vergangenheit mit dem Problem des Sterbens umgegangen wurde. Da stößt man auf eine verzweigte Literaturgattung, die sich unter dem Stichwort „Ars moriendi" zusammenfassen läßt[6]. Da gibt es sowohl die aszetischen und pastoraltheologischen Werke des Mittelalters, die aus der Meditation von menschlicher Endlichkeit und menschlichem Todesschicksal Impulse für ein „heilsames Leben" erhoffen. Es gibt die Sterbebücher des Mittelalters, die vor allem eine Handreichung für den sterbebegleitenden Kleriker oder Laien sein wollen, aber zugleich ihm selbst Hilfe sein möchten für das eigene Bestehen des Todes. Schließlich finden sich Betrachtungen rechter Sterbekunst in einer Vielzahl von (sonstigen) Erbauungsbüchlein des Mittelalters. Im wesentlichen läßt sich die Ars-moriendi-Literatur von zwei Grundansätzen her definieren: (1) Hilfen für den Sterbebegleiter (ob Priester, Laie, Arzt, Freund, Angehöriger); (2) Handreichungen für jeden Christen, die eigene Sterblichkeit in rechter Weise zu bedenken und so das eigene Sterben recht zu bestehen.

Karl Rahner versteht in seiner Quaestio das rechte Sterben des Menschen als die Haltung der „leeren Hände", als radikale Öffnung angesichts der Ankunft der Fülle Gottes. Diese Aussage provoziert theologische und von der Theologie ausgehende Fragen nach einer Bewältigung des Sterbens (des eigenen Sterbens und des Sterbens anderer), Fragen nach einer Ars moriendi für heute. Ohne das systematische Fundament zu verlieren, muß Theologie konkret, existentiell, im ursprünglichen Sinn „praktisch" Hilfestellungen für das „rechte Sterben" geben können, wenn sie nicht nur das Faktum des Todes, sondern auch das Hingehen des Menschen auf den Tod zu ihren genuinen Themen zählen will.

Unterschiedliche theologische Disziplinen sind dazu angefragt, nichttheologische Disziplinen bieten sich als Gesprächspartner an. Vorliegender Band versucht, ohne den Anspruch auf Vollständigkeit

---

[5] *B. Fischer,* Ars moriendi, in: H. Becker / B. Einig / P.-O. Ullrich (Hrsg.), Im Angesicht des Todes. Ein interdisziplinäres Kompendium, Bd. 2, St. Ottilien 1987, 1363–1370 (Zit. 1363).

[6] Dazu ist wohl die beste geraffte Übersicht der Art. Ars moriendi I von *R. Rudolf* in: TRE 4, 143–149 (Lit.).

zu erheben oder ihm gar Genüge zu tun, einige Voten zu dem Thema „rechten Sterbens“ zu ordnen und damit ins Gespräch zu bringen.

Der Band setzt ein mit einem Beitrag von *H. Rolfes* über „Ars moriendi. Eine Sterbekunst aus der Sorge um das ewige Heil“. Es handelt sich um die theologiegeschichtliche und systematische Grundlegung des Themas, aber auch um seine erste Problematisierung. Danach folgt der Beitrag von *H. M. Barth,* der die besonderen Perspektiven evangelischer (hier: lutherischer) Theologie einbringt. Ph. Harnoncourt konstatiert zu Recht: „In den letzten zwanzig bis dreißig Jahren ist dieser Bereich christlicher Frömmigkeit fast ganz ausgetrocknet ... Die spirituelle Bewältigung der *certa moriendi conditio* ... als des je eigenen Schicksals scheint mir ... in den meisten Tagungen und Gesprächen (erg.: zum Thema Sterben und Tod) weithin ausgeklammert zu sein.“[7] Deshalb nimmt der Beitrag von *J. Manser* über eine spirituelle Theologie zur Ars moriendi relativ breiten Raum ein. Das Sterben des Menschen ist aber nicht nur und nicht einmal in erster Linie Thema der Theologie, sondern auch der Medizin. Sie hat eine Sterbekunst teils eigenständig, teils in Abhebung von der Theologie entwickelt, wie *T. Kruse* darlegt. Medizin und (praktische) Theologie wirken heute mitunter in glücklicher Weise zusammen, wo es um die Betreuung Sterbender geht. Dafür steht der Erfahrungsbericht des Krankenhausseelsorgers *H. R. Zielinski* (über ein Modell der Sterbebegleitung). Auch für den Menschen von heute sind Sterben und Tod der Menschen in einer säkularisierten, aber doch vom christlichen Erbe herkommenden Gesellschaft unmittelbar „greifbar“ und zugänglich in der Sterbe- und Begräbnisliturgie. Deshalb durfte der Beitrag des Liturgiewissenschaftlers – *Th. Maas-Ewerd* – nicht fehlen. Ars moriendi will vermittelt sein. Hier ist, wie *H. Wagner* zeigt, besonders die Religionspädagogik gefordert. Nach Art einer Provokation äußert sich der Philosoph *H. Ebeling* zum Thema. *W. Falk* zeigt, welche Rolle Sterben und Tod in der deutschen Literatur der achtziger Jahre spielen. Weil die „Wahrheit konkret“ ist, brauchen Kirche und Theologie die Kunst, hier vertreten durch die Literatur, zur angemessenen Vermittlung der Botschaft. „In der heutigen Kunst, in Literatur und Theater, in der bildenden Kunst, in Film und weithin der Publizistik

---

[7] In seinem Beitrag: Die Vorbereitung auf das eigene Sterben. Eine verlorene Dimension spiritueller Bildung, in: H. Becker / B. Einig / P.-O. Ullrich (s. Anm. 5), 1371–1389 (Zit. 1373).

wird der Mensch aller romantischen Verbrämung und Verklärung entkleidet – er wird, wie man sagt, in ungeschminkter Realistik dargestellt."[8]

Eine Quaestio disputata ist wesensgemäß nichts Abgeschlossenes, sondern möchte weitere Überlegungen initiieren und provozieren. Uns scheint, daß die Überlegungen (abgesehen von den Anstößen, die jedem der Beiträge eigenständig innewohnen) insgesamt in eine dreifache Richtung gehen könnten. Die Problematik der Ars moriendi stellt vor die Frage, wie die Theologie den Ertrag aus Gesprächen mit anderen Disziplinen in ihr eigenes Arbeiten einbringt. Wenn ihr Objekt der Mensch ist, an dem Gott handelt, dieses Handeln Gottes aber nicht mit genuin theologischen Kategorien beschreibbar ist, dann ist es sowohl ein methodisches als auch ein sachliches Problem, wie es hier zu theologischer Theoriebildung kommen kann. Ars moriendi ist ferner eine Problematik, die sich zwischen den Polen von Individualität und Sozialität (Kollektivität) bewegt. Das Sterben „der Menschheit" ist ein Gesichtspunkt, der vor allem bei Ebeling, aber auch bei Rolfes herausgestellt wird – wohingegen der Beitrag Manser fast ausschließlich das Individuum im Blick hat. Wie ist hier eine Vermittlung möglich – in einem Bereich, der der individuellste überhaupt zu sein scheint und trotzdem seine Reflexe hat für das Sterben der Vielen? Möglicherweise läßt sich diese Frage nur im Zusammenhang mit der Erwägung eines Paradigmenwechsels (der Tod als Feind des Individuums – der Tod, der das menschliche Kollektiv bedroht) lösen. Generell darf die Frage nicht unterlassen werden, ob und in welchem Umfang eine Kategorie bzw. Denkform vergangener christlicher Frömmigkeits- und Glaubensgeschichte überhaupt der Transformation fähig ist. Jede Kultur wird umgetrieben von dem, was sie über Sterben und Tod denkt, sagt sinngemäß André Malraux. Ist dies eine hinreichende Basis für epochale Vergleiche und Übernahme von Fragestellungen?

Am Ende menschlichen Lebens steht der Tod. Das Leben selbst wird weniger, löst sich auf beim Vorgang des Sterbens im engeren Sinn. Von daher bekommt das nachdenkliche Wort des Euripides seine anthropologische und auch theologische Bedeutung: „Wer weiß denn, ob das Leben nicht das Sterben ist und Sterben Leben ..."

---

[8] Papst Johannes Paul II. während seiner Deutschlandreise 1980 (Verlautbarungen des Apostolischen Stuhls 25, 187).

I

Ars moriendi

Eine Sterbekunst aus der Sorge um das ewige Heil

Von Helmuth Rolfes, Kassel

In der Religions- und Kulturgeschichte haben Sterben und Tod bisher immer eine öffentliche und soziale Dimension gehabt[1]. In unseren neuzeitlichen Gesellschaften scheint sich in diesem Bereich jedoch ein tiefgreifender Wandel zu vollziehen.

Die breit diskutierten Thesen von der Verdrängung des Todes aus unserem öffentlichen und sozialen Leben, von seiner Tabuisierung, die Überzeugung von unseren gesellschaftlichen Berühungsängsten mit dem Tod und mit den Toten verweisen auf diesen Wandlungsprozeß[2].

Wir hätten in unserer Gesellschaft, so lautet auf diesem Hintergrund eine gerade von Theologen geäußerte Klage, keine öffentliche und sozial bedeutsame Sterbekultur mehr. „Für das, was man im Mittelalter die ‚ars moriendi', die ‚Kunst zu sterben', genannt hat, hat unsere Gesellschaft jedenfalls überhaupt keine Kultur entwikkelt ... Wir sind von der Entwicklung einer solchen Kultur vor allem deshalb weit entfernt, weil vielen Menschen mit dem *Sinn des Lebens* auch der *Sinn des Sterbens* abhanden gekommen ist."[3] Eine Ars moriendi im Sinne eines lebenslangen Einübens des Sterbens sei in unserer modernen Lebenswelt selbst längst gestorben[4].

Brauchen wir also für unsere neuzeitlichen Gesellschaften wieder eine Ars moriendi, eine Kunst des Sterbens?

---

[1] Dazu vgl. *Ph. Ariès,* Geschichte des Todes, München – Wien 1980.

[2] Vgl. *A. Hahn,* Einstellungen zum Tod und ihre soziale Bedingtheit, Stuttgart 1968; *Ch. v. Ferber,* Soziologische Aspekte des Todes, in: ZEE 7 (1963) 338–360; *W. Fuchs,* Todesbilder in der modernen Gesellschaft, Frankfurt [2]1979, bes. 7–25; *J. E. Meyer,* Todesangst und das Todesbewußtsein der Gegenwart, 2. erg. Aufl. 1982; *N. Versilius,* Gesellschaftliche Leugnung des Todes, in: Conc 7 (1971) 376–384; *G. Siefer,* Sterben und Tod im Bewußtsein der Gegenwart, in: HerKorr 27 (1973) 581–585; *E. Jüngel,* Tod, Gütersloh 1985, bes. 43–56.

[3] *H. Küng,* Ewiges Leben, München – Zürich 1982, 207.

[4] Vgl. *G. Condrau,* Sterben, in: F. Böckle u. a. (Hrsg.), Christlicher Glaube in moderner Gesellschaft, Bd. 10, Freiburg [2]1980, 87.

Wer die Not des Sterbens in den medizinisch und technisch hochentwickelten Krankenhäusern unserer Großstädte kennt, wer die oft tödliche Einsamkeit alter Menschen in einer Welt, für die Jugend ein unbefragtes Leitbild ist, bemerkt, wird die Frage spontan bejahen. Er wird in seiner Auffassung bestätigt durch die Diskussion der neueren Zeit zu Sterbebegleitung und Sterbehilfe, die über den wissenschaftlichen Bereich hinaus ein ungewöhnlich breites öffentliches Interesse finden[5]. Allerdings zeigen gerade diese Diskussionen auch, daß ein öffentlicher Konsens darüber fehlt, wie eine Kultur des Sterbens unter den Bedingungen und in den Verhältnissen unserer modernen Lebenswelt zu entwickeln sei. Die Frage nach einer Ars moriendi für unsere Zeit bezieht sich ja nicht nur auf eine Kunst des Sterbens im Sinne einer praktischen Sterbebegleitung und Sterbehilfe. Mit dieser Frage steht immer auch unsere moderne Lebenswelt insgesamt auf dem Prüfstand.

In einer gesellschaftskritischen, fundamentaltheologischen Perspektive fordert J. B. Metz von daher als besonderes Zeichen christlicher Nachfolge eine „charismatische ars moriendi“[6], die er sich von der besonderen Berufung der christlichen Orden erhofft. Zeichenhaft sollten die Ordensleute als Gemeinschaft vorleben und als anschauliche Wahrheit einüben, daß nicht der, der stirbt und untergeht, deshalb auch schon unrecht hat. Ordensleben sollte ein Zeichen dafür sein, daß das Siegerprinzip unseres gesellschaftlichen Lebens nicht das letzte Wort über unser Leben hat.

Dort, wo nun ausdrücklich die Forderung nach einer Ars moriendi erhoben wird, schwingt vermutlich die Vorstellung mit, frühere Zeiten hätten eine Sterbekultur gehabt, die uns auch heute noch etwas zu sagen hat[7]. Der Gebrauch des Begriffs Ars moriendi, der von seiner spätmittelalterlichen Herkunft ein pastoraltheologischer Begriff ist, unterstreicht eine solche Vermutung.

In den folgenden Überlegungen wird es vorrangig darum gehen, den Inhalt der spätmittelalterlichen Ars moriendi aufzuhellen. In einem *ersten* Schritt werden wir knapp einige wichtige theologische und zeitgeschichtliche Zusammenhänge skizzieren, die für das Verständnis der Ars moriendi wesentlich sind, um dann in einem *zweiten* Schritt an den zentralen Formstücken der für die Entwicklung

---

5 Vgl. *T. Kruse / H. Wagner* (Hrsg.), Sterbende brauchen Solidarität, München 1986.

6 Vgl. *J. B. Metz,* Zeit der Orden?, Freiburg 1977, 18–22.

7 Vgl. *G. Heinz-Mohr,* Vom Licht der letzten Stunde, Freiburg 1986; *M. Schmid,* Ars moriendi, in: ArztChr 21 (1975) 13–27.

der Sterbebuchliteratur maßgeblichen Ars-moriendi-Schriften die inhaltliche Bedeutung der Ars moriendi zu erläutern. Gerade weil der Begriff Ars moriendi eine auch literarisch eindeutig identifizierbare theologische Herkunftsgeschichte hat, sollte die heutige Verwendung dieses Begriffs nicht einfach von dieser Herkunftsgeschichte und dem dort wirksamen Grundimpuls abgelöst werden. Andernfalls besteht die Gefahr, daß die Forderung nach einer Ars moriendi für unsere Zeit zum Schlagwort gerät, mit dem letztlich alle möglichen Inhalte assoziiert werden können. Mit Blick auf die Frage, ob wir für unsere neuzeitlichen Gesellschaften wieder eine Ars moriendi brauchen, sollen deshalb in einem *dritten* Schritt in einem kurzen Ausblick wenigstens jene Problemzusammenhänge noch benannt werden, in denen eine Ars moriendi zu entfalten wäre.

I. Sterben und Tod im Horizont der Sorge um das ewige Heil

Zu Beginn des 15. Jahrhunderts entsteht eine eigene religiöse Literaturgattung zur Ars moriendi, zur Kunst des Sterbens[8]. Sie vermittelt pastoraltheologisch orientierte Anweisungen, Ratschläge und Regeln, wie ein Sterbender auf einen guten, heilsamen Tod vorbereitet werden soll. Das Wort ars meint in diesem Zusammenhang lediglich die Fähigkeit, nach einem in ein bestimmtes Regelsystem gefaßten Wissen zu handeln. Waren die ursprünglich zumeist lateinisch verfaßten Ars-moriendi-Texte als pastorale Hilfestellung für den noch unerfahrenen Priester am Sterbebett gedacht, so wenden sich die Übersetzungen und Bearbeitungen dieser Texte sehr bald nicht mehr nur an den Priester, sondern auch an alle diejenigen, die einen Sterbenden begleiten.

Die Ars-moriendi-Literatur bietet für die Vorbereitung die entsprechende Handreichung. Die Titel[9] der verschiedenen Sterbebücher signalisieren diese Absicht: de arte moriendi; tractatus de bono ordine moriendi; scire bene mori; speculum artis bene moriendi;

---

[8] Vgl. *F. Falk,* Die deutschen Sterbebüchlein von der ältesten Zeit des Buchdrucks bis zum Jahre 1520, Köln 1890 (Nachdruck Heidelberg 1969); *R. Rudolf,* Ars moriendi. Von des Kunst des heilsamen Lebens und Sterbens, Köln – Graz 1957; *ders. / R. Mohr / G. Heinz-Mohr,* Ars moriendi, in: TRE 5, 143–156; *L. Klein,* Die Bereitung zum Sterben. Studien zu den frühen reformatorischen Sterbebüchern (Diss.), Göttingen 1958.

[9] Die aufgeführten Titel finden sich bei *R. Rudolf,* Ars moriendi (s. Anm. 8) 119–127.

wie man sich halten sol bei einem sterbenden menschen; ein ABC wie man sich schicken soll zu einem kostlichen seligen Tod; von den Früchten des Wolsterbens. Leicht ließe sich die Aufzählung solcher und ähnlicher Titel fortsetzen, von denen wir im 15. und 16. Jahrhundert eine große Zahl vorfinden[10]. Die Fülle der verschiedenen Ars-moriendi-Schriften ist ein Hinweis auf die weite Verbreitung und gleichermaßen auf die offenkundige Beliebtheit dieser Literatur zu jener Zeit.

Selbstverständlich markiert die spätmittelalterliche Ars-moriendi-Literatur nicht einfach einen Neubeginn in der Sterbepastoral der Kirche und im theologischen Nachdenken über Sterben und Tod. Sie ist vielmehr tief in den voraufgehenden theologischen und kirchlich-religiösen Traditionen verwurzelt. R. Rudolf hat deshalb mit Recht darauf hingewiesen und auch detailliert ausgearbeitet, daß die spätmittelalterliche Ars moriendi innerlich mit jener Ars vivendi zusammenhängt, wie man sie in Theologie und Kirche immer dort zu formulieren versuchte, wo Sterben und Tod zum geistlichen Thema wurden[11]. Gleichzeitig zeigt sich in der Ars-moriendi-Literatur aber auch jenes Lebensgefühl des ausgehenden Mittelalters, das die Blickrichtung auf den Gedanken des Todes, auf die Endlichkeit und auf die Vergänglichkeit alles irdischen Lebens konzentriert und in dem sich ebenso die für diese Zeit bedeutsamen gesellschaftlichen Veränderungen niederschlagen[12].

1. Betrachtungen über Sterben und Tod als Ansporn zu einem gottgefälligen Leben

Im Nachdenken über die Unausweichlichkeit des Todes wird die Notwendigkeit sichtbar, die begrenzte Lebenszeit auszukaufen und

---

[10] Für das 15. Jh. vgl. ebd.; *L. Klein* (s. Anm. 8), 145–184, zählt für das 16. Jh. 129 Sterbebücher auf, wobei sie darauf hinweist, daß ihr noch über 100 weitere Sterbebücher bekannt seien, die sie aber aufgrund ungenauer Angaben in den Katalogen des 17. Jh. nicht in die Bibliographie aufgenommen habe.

[11] Vgl. *R. Rudolf,* Ars moriendi (s. Anm. 8), 11–55.

[12] Vgl. *E. Döring-Hirsch,* Tod und Jenseits im Spätmittelalter, Berlin 1927; *J. Huizinga,* Herbst des Mittelalters, Stuttgart [10]1969, bes. 190–208. Zum mittelalterlichen Todesverständnis vgl. *J. Kleinstück,* Zur Auffassung des Todes im Mittelalter, in: Deutsche Vierteljahrsschrift f. Literaturwissenschaft und Geistesgeschichte 28 (1954) 40–60; *W. Goetz,* Die Einstellung zum Tode im Mittelalter, in: Der Grenzbereich zwischen Leben und Tod, Göttingen 1976, 111–153; *H. Braet / W. Verbeke* (Hrsg.), Death in the Middle Ages, Leuven 1983; *K. Stüber,* Commendatio animae. Sterben im Mittelalter, Bern – Frankfurt 1976.

nach dem Willen Gottes zu gestalten. Zugleich relativiert das Wissen um den Tod den Wert der materiellen Güter für das Leben. Die Todesbetrachtung verhilft dazu, die Anhänglichkeit an das Irdische zu mindern und den Blick auf das letzte Ziel und die endgültige Sinnbestimmung des menschlichen Lebens zu lenken: auf das ewige Leben bei Gott. Gerade von dieser Zielbestimmung her erleichtert sich aber auch die Annahme des Todes für den Gläubigen. Nicht das Entsetzen und der Schrecken über den Tod stehen im Zentrum der Betrachtung, sondern diese Zielbestimmung, zu der der Tod nur der unausweichliche Durchgang ist. Mit dem Tod entscheidet sich endgültig, ob der Mensch das ewige Leben erreicht oder der Verdammnis anheimfällt. Es kommt für den Gläubigen alles darauf an, so zu *leben,* daß er nach seinem Tod die ewige Seligkeit geschenkt bekommt. Diese Grundüberzeugung für die Zielbestimmung menschlichen Lebens übernimmt auch die Ars-moriendi-Literatur des Spätmittelalters aus der geistlichen und theologischen Tradition der Kirche[13].

Neben der Heiligen Schrift und den Vätern waren für die spätmittelalterliche Ars moriendi vor allem jene Schriften mittelalterlicher Theologen eine wichtige Quelle, die in asketischer Absicht über die Bedeutung des Todes für das Leben handelten. Dazu gehörte beispielsweise Bernhard von Clairvaux' (1090–1153) Brief an Romanus[14]. Mit Verweis auf den Tod ermahnt Bernhard den Romanus, sein Versprechen einzulösen und in einen Orden einzutreten. Der Hinweis auf den Tod soll Romanus aber nicht ängstigen, denn der Gerechte braucht den Tod nicht zu fürchten. Für ihn ist der Tod nur der Übergang in die Vollendung. Die Betrachtung des Todes kann dazu anleiten, schon jetzt den Verlockungen der Welt abzusterben und ganz auf die Ewigkeit hin zu leben. In diesem Sinne erhält der Tod für den Gerechten dann sogar eine befreiende Bedeutung, während für den Sünder mit dem Tod die qualvolle Besiegelung der ewigen Verdammnis beginnt.

Solche Gedanken sind in vielen geistlichen Texten mittelalterlicher Theologen über den Tod nachzulesen. Dabei wird immer wie-

---

[13] Vgl. *R. Rudolf,* Ars moriendi (s. Anm. 8), der vor der eigentlichen textgeschichtlichen Untersuchung der Ars-moriendi-Literatur die Belege für diesen Zusammenhang aus der breitgestreuten aszetischen Literatur zu Sterben und Tod mit großer Sorgfalt unter dem Sammelbegriff „Kunst des heilsamen Lebens“ zusammengetragen hat.

[14] *B. v. Clairvaux,* Epistola 105 ad Romanum Romanae Curiae Subdiaconum, in: MPL 170, 240f; Vgl. *R. Rudolf,* Ars moriendi (s. Anm. 8) 12f.

der das Thema des Todes als Ansporn zu einem gottgefälligen Leben variiert.

Charakteristisch ist auch die Überzeugung, daß nicht unbegrenzt Zeit zur Verfügung steht, sich im Leben auf den Tod vorzubereiten. Die Eindringlichkeit der Mahnung, im Angesichte des Todes und seiner Bedeutung für das ewige Schicksal, die Sünde zu meiden und nach den Geboten Gottes zu leben, stellt die Aufforderung zu einem tugendhaften christlichen Leben durchaus unter Zeitdruck. Nicht zuletzt die apokalyptisch eingefärbten Vorstellungen und Bilder unterstreichen diese Überzeugung. Eigentlich geht es darum, jederzeit zum Sterben bereit zu sein, wie Heinrich Seuse (1295–1366) in seinem im 15. Jahrhundert viel gelesenen „Büchlein der ewigen Weisheit" im Abschnitt „Wie man soll lernen sterben und wie ein bereiter Tod beschaffen ist" ausführt[15]. Die Besserung des Lebens duldet keinen Aufschub, da sonst vielleicht der Zeitpunkt überschritten wird, an dem noch Rettung möglich ist. An der Geschichte eines Sterbenden, der den rechten Zeitpunkt der Besserung verpaßt hat und so der Verdammnis verfällt, erläutert Seuse diesen Gedanken. Solche zum Teil drastische Geschichten verfehlten ihre Wirkung auf den Leser nicht. Seuses Büchlein von der ewigen Weisheit war in der zweiten Hälfte des 14. Jahrhunderts und im 15. Jahrhundert das „gelesenste deutsche Andachtsbuch" und die „Lieblingslektüre in den Klöstern des ausgehenden Mittelalters in Deutschland, Holland, Frankreich, Italien und England"[16].

Vor allem wurde auf diesem Hintergrund der plötzliche Tod (mors repentina) und auch der Tod im Ausland, außerhalb des gewohnten Lebensraumes, gefürchtet[17]. Ganz im Gegensatz zu einer heute verbreiteten Überzeugung, nach der ein schöner Tod ein Tod ohne Vorahnung und längeren Sterbeprozeß ist, war für die mittelalterlichen Menschen der plötzliche Tod eine erschreckende, Angst einflößende Vorstellung: Ohne rechte Vorbereitung, auch ohne öffentliche Begleitung und Anteilnahme sterben zu müssen, galt als häßlich und geradezu fluchbeladen. Hier tauchen ohne Zweifel archaische Vorstellungen auf, die einen solchen Tod mit Verfluchung, Sünde und Ehrlosigkeit in Zusammenhang bringen. Das Christentum hat sich in einem längeren Prozeß der Vorstellung

---

[15] Vgl. *R. Rudolf,* Ars moriendi (s. Anm. 8), 17f.
[16] Ebd. 18.
[17] Vgl. *Ph. Ariès* (s. Anm. 1) 19–23.

widersetzen müssen, es handle sich bei einem so Verstorbenen um einen Verdammten oder von Gott Bestraften, der nicht oder nur unter bestimmten Bedingungen kirchlich bestattet werden darf[18]. Aber auch dort, wo solche dem christlichen Glauben widersprechende Vorstellungen erfolgreich bekämpft werden konnten, blieb doch eine elementare Angst, durch einen plötzlichen Tod in einer sittlichen Verfassung überrascht zu werden, die den Eingang in die ewige Seligkeit unmöglich macht. Nicht zuletzt auch aus diesem Grunde dienten ja die geistlichen Betrachtungen zu Sterben und Tod dazu, eine Ars vivendi zu befördern, die es ermöglicht, in jedem Augenblick des Lebens heilsam sterben zu können.

2. Die Vergänglichkeit des irdischen Lebens

Neben den Betrachtungen zu Sterben und Tod aus der langen geistlichen Tradition der Kirche, die zum heilsamen Leben anleiten, gehört zur Ars moriendi als Voraussetzung auch jenes Lebensgefühl, das die Blickrichtung auf die Vergänglichkeit alles irdischen Lebens konzentriert und das sich in besonderen literarischen und bildlichen Darstellungen Ausdruck verschafft[19].

Die Betrachtung der Hinfälligkeit und Kürze des menschlichen Lebens, die Abwertung der irdischen Güter zugunsten des ewigen Heils, die Aufforderung zum Weltverzicht und zur Bekämpfung der irdischen Leidenschaften drückt sich vor allem, unterstützt durch die Cluniazensische Reform, literarisch im „contemptus mundi“ aus[20].

Viele Schriften tragen unter dem Titel contemptus mundi Argumente für den Weltverzicht zusammen. So handelt die für die Sterbebücher einflußreiche Schrift von Papst Innozenz III „De contemptu mundi sive de miseria conditionis humanae“[21] ausdrücklich vom

---

[18] Vgl. ebd. 20f.

[19] Nach *J. Huizinga* (s. Anm. 12), 190f, nahmen die spätmittelalterlichen Menschen aus dem großen Gedankenkomplex zu Sterben und Tod nahezu nur noch einen Gesichtspunkt auf, den der Vergänglichkeit. „Drei Themata waren es, die die Melodie für die nie ausgesungene Klage über das Ende aller irdischen Herrlichkeit lieferten. Da war vorab das Motiv: wo sind sie alle geblieben, die früher die Welt mit ihrer Herrlichkeit erfüllten? Dann das Motiv der schaudernden Betrachtung der Verwesung alles dessen, was einmal menschliche Schönheit ausgemacht hatte. Schließlich das Motiv des Totentanzes: der Tod, der die Menschen aus jedem Beruf, aus jedem Lebensalter heraus mit sich zerrt.“ (191).

[20] Vgl. die Auflistung der Contemptus-mundi-Literatur bei *R. Rudolf,* Ars moriendi (s. Anm. 8) 25–39.

[21] Abgedruckt in: MPL 217, 701–746.

Elend der menschlichen Natur, von der Sündhaftigkeit des Menschen und von der Verdammnis, um so die Aufforderung zum Weltverzicht einsehbar zu machen. Im Hintergrund steht die Angst, durch Verfallenheit an die Welt das ewige Heil zu verlieren.

Es ist keine Frage, daß eine solche oft übertriebene Angst auch dazu führen konnte, eine leibfeindliche und sinnenfeindliche Lebenshaltung, die als solche zugleich zumeist auch eine Abwertung der Frau enthielt, zu befördern[22]. Das literarisch gestaltete Bild der *Frau* Welt mag dafür als Beispiel stehen. Die Welt, als Frau dargestellt, tritt dem Mann als Geliebtem entgegen. Von der Vorderseite schön anzusehen, ist die Rückseite von Verwesung gekennzeichnet, mit Schlangen, Kröten und Würmern bedeckt[23].

Aus der gleichen Überzeugung wie die Contemptus-mundi-Literatur ist auch die geistliche Literatur zum memento mori erwachsen, die für den deutschen Bereich im Zusammenhang mit der Hirsauer Reformbewegung steht[24]. Sie greift ähnliche Themen auf wie die Contemptus-mundi-Literatur. Bemerkenswert ist allerdings, daß die von der Hirsauer Reformbewegung inspirierten Mönche als Wanderprediger ihre Gedanken über Sterblichkeit und Vergänglichkeit alles irdischen Lebens in die breiten Schichten des Volkes hineintrugen, also den engen klösterlichen Bereich verließen, und daß sie dabei auch einen sozial-kritischen Akzent setzten: Durch den Tod werden alle gleich. Das wird vor allem den Mächtigen und Reichen gesagt. Der Tod verschont niemanden. Es kommt darauf an, mit den irdischen Gütern so umzugehen, daß damit ewiger Lohn erworben wird.

Einen besonderen Ausdruck dieses Gedankens von der Gleichheit aller im Tod finden wir in den Vado-mori-Gedichten, in denen die Vergänglichkeit an den einzelnen Ständen der Gesellschaft durchbuchstabiert wird[25]. Im Totentanz[26] verschafft sich diese Überzeugung dann einen eindrucksvollen bildlichen Ausdruck. Auf

---

[22] *J. Huizinga* (s. Anm. 12) weist mit Recht darauf hin, daß die Schriften zum contemptus mundi sich nicht „von einer übermäßigen Bewertung der Schlechtigkeit des Somatischen freimachen können. Nichts wiegt ihnen als Beweggrund zur Weltverachtung so schwer wie das Abstoßende der Leibesverrichtung, namentlich der Ausscheidung und Fortpflanzung." (311).

[23] Belege bei *R. Rudolf,* Ars moriendi (s. Anm. 8) 32f.

[24] Vgl. ebd. 39–44.

[25] Vgl. ebd. 49–51.

[26] Vgl. *W. Stammler,* Der Totentanz, München 1948; *H. Rosenfeld,* Der mittelalterliche Totentanz, Köln – Graz ²1968.

den Totentanzbildern, die anfangs auf Friedhöfen und an Beinhäusern angebracht waren und die später auch über Holzschnittdrucke Verbreitung fanden, tanzen in einem Rundtanz als Gerippe erkennbare Gestalten mit zu unterschiedlichen Ständen gehörenden Personen. „Die Kunstwirkung besteht im Kontrast zwischen der rhythmischen Wildheit der Toten und der Gelähmtheit der Lebenden. Der moralisch-erzieherische Zweck ist der, die Ungewißheit der Todesstunde und die Gleichheit der Menschen angesichts des Todes vor Augen zu führen.“ [27] Eine Auflehnung gegen den Tod ist in diesen Totentanzbildern nicht zu spüren. Die Lebenden lassen höchstens Verblüffung erkennen. Sie nehmen das Todesschicksal aber als unabänderlich hin.

3. Gesellschaftliche Voraussetzungen für das Entstehen der Ars-moriendi-Literatur

Im ausgehenden Mittelalter erreichen die bisher im wesentlichen von monastischen sowie klerikalen und adeligen Kreisen getragenen Überzeugungen zu Tod und Vergänglichkeit, befördert durch die Predigttätigkeit der Bettelorden, durch die Verbreitung des Einblattdruckes der Holzschnitte und später durch den Buchdruck, breitere Volksschichten, und zwar vor allem das aufkommende gebildete Bürgertum in den Städten. Dieses Bürgertum wächst zum neuen Kulturträger heran [28], und hier entfaltet sich dann auch die Ars-moriendi-Literatur. Daß gerade zu jener Zeit wie kaum je zuvor der Todesgedanke das Bewußtsein der Menschen erfassen konnte, hängt dabei auch mit bestimmten politischen, sozialen und kulturellen Veränderungen zusammen, die das gesellschaftliche Lebensgefühl bestimmten [29]. Kaisertum und Papsttum hatten aufgrund politischer Veränderungen ihre Funktion als unbefragte Garanten einer universalen Ordnung verloren. Die alte ökonomische und soziale Ordnung wandelte sich von der Natural- zur Geldwirtschaft. In den Städten entstand eine neue Schicht wohlhabender Kaufleute, während die Bedeutung des Bauernstandes und der Ritterschaft für

---

[27] *Ph. Ariès* (s. Anm. 1) 149; *ders.*, Bilder zur Geschichte des Todes, München – Wien 1966.

[28] Vgl. *E. Döring-Hirsch* (s. Anm. 12) 1.

[29] Vgl. *R. Rudolf*, Ars moriendi (s. Anm. 8) 1–10, der einen kurzen Überblick über diesen Entwicklungsprozeß gibt. Vgl. dazu auch *H. Jedin* (Hrsg.), Handbuch der Kirchengeschichte, Bd. III/2, Freiburg 1968/1985, 365–588, 625–740.

das gesamtgesellschaftliche Leben abnahm. Diese Veränderungen erzeugten eine allgemeine Unsicherheit gegenüber einer bisher für universal gehaltenen Weltsicht, die auch das weitgehend geschlossene mittelalterliche kirchliche System aufzubrechen begann. Dieser Prozeß verstärkte sich noch durch die kritischen Ideen der Renaissance und des Humanismus. Hinzu kamen die teilweise desolaten Verhältnisse in der Disziplin des Klerus.

Das aufsteigende städtische Bürgertum zeichnete sich in seiner Lebenshaltung[30] durch ein ausgesprochen diesseitig orientiertes Besitzstreben und damit verbunden auch durch eine Freude an irdischen Gütern aus. Für den Kaufmann oder den Bankier als der typischen Berufsgruppe dieses Bürgertums gehörte es ja geradezu zur Identität, durch Geldwirtschaft den Besitz zu mehren. Freilich waren mit diesem Lebensmodell gleichzeitig unwägbare Bedrohungen verbunden, denn niemand konnte wissen, ob die nächste Handelsreise aufgrund der damit verbundenen Gefahren glücklich oder aber tödlich endete. Die Angst vor einem plötzlichen Tod oder vor dem Tod in der Fremde war allgegenwärtig.

Durch die aus solchen gesellschaftlichen Veränderungen resultierenden sozialen und politischen Unsicherheiten, vor allem aber aufgrund der vielen Pestepidemien[31], durch die in einem bisher nicht bekannten Ausmaß ein großer Teil der Bevölkerung hinweggerafft wurde, setzte sich in Spannung zur diesseitig orientierten Lebensweise gleichzeitig ein Grundgefühl der Angst durch, dem eine Sehnsucht nach jenseitiger Erlösung korrespondierte. So wird verständlich, daß gerade im 15. Jahrhundert der Todesgedanke eine tiefe Wirkung auf die Menschen ausüben konnte. Die Ars-moriendi-Literatur muß grundsätzlich auch als eine pastoral orientierte Antwort auf die jetzt aufbrechenden Fragen der Zeit verstanden werden.

Von einer ganz unmittelbaren Bedeutung für die Entstehung der Ars-moriendi-Literatur waren dabei sicher die verheerenden Pestepidemien. Gerade dort, wo eine Sensibilität für die seelsorgerlichen Aufgaben im Volk vorhanden war, stellten die Pestepidemien

---

[30] Vgl. *E. Döring-Hirsch* (s. Anm. 12) 1–15.

[31] Vgl. ebd. 4f. In der Zeit von 1326–1400 werden 32 Pestjahre gezählt, von 1400–1500 41 Pestjahre, von 1500–1600 30 Pestjahre. „Die Städte mit ihren dicht aneinandergereihten Häusern und der mangelhaften Hygiene stellen förmlich Pest- und Seuchenherde dar. Wir lesen ununterbrochen von den großen Epidemien, die in kurzen Zeiträumen ein Viertel, ein Drittel oder auch die Hälfte der vorhandenen Menschen dahinraffen" (ebd. 4).

die Kirche vor fast unlösbare neue Anforderungen in der Sterbepastoral.

Es verschiebt sich dabei aber nun der Sinn und das Ziel der theologischen und geistlichen Aussagen über Sterben und Tod, wie sie aus der Tradition bekannt sind. Sie wollen primär nicht mehr zu einem christlichen, tugendhaften Leben anleiten, sondern sie zielen jetzt auf den Sterbeprozeß selbst, auf die Sterbestunde und auf die geistliche Begleitung in diesem Prozeß. Das macht das Besondere der Ars moriendi aus und gibt ihr einen eigenen, von den spätmittelalterlichen gesellschaftlichen Verhältnissen nicht einfach ablösbaren Sinn.

Erst später entwickelt sich die Ars-moriendi-Literatur verstärkt wieder zu einer allgemeinen Trost- und Erbauungsliteratur. Für die reformatorische Tradition wird dabei Luthers Sterbesermon maßgeblich. Hier wird vor allem der Gedanke der Anfechtung und des Trostes im Horizont der Rechtfertigungslehre herausgestellt[32]. Die katholische Sterbepastoral konzentriert sich im Zuge gegenreformatorischer Bestrebungen auf die sakramentale Begleitung[33].

II. Die spätmittelalterliche Ars moriendi

Es ist hier nicht möglich, auch nur annähernd einen Überblick über die breitgestreute Ars-moriendi-Literatur und ihre traditionsgeschichtlichen Zusammenhänge zu geben. Wir beschränken uns darauf, jene entscheidenden Texte zu nennen, die auf die gesamte spätere Sterbebuchtradition einen maßgeblichen Einfluß genommen haben und an denen die wichtigsten Inhalte und Formstücke der Ars moriendi zu erkennen sind, die schließlich auch den besonderen Begriff der spätmittelalterlichen Ars moriendi ausmachen.

---

[32] Vgl. *H. Appel,* Anfechtung und Trost im Spätmittelalter und bei Luther, Leipzig 1938; *L. Klein* (s. Anm. 8). Nach *R. Mohr,* Ars moriendi II, in: TRE 5, bedeutet protestantische ars moriendi: „Die Rechtfertigungslehre kennen und sie im Glauben anwenden" (149). Die protestantische ars moriendi Literatur „ist eine kurzgefaßte Laiendogmatik mit dem Schwerpunkt auf der Rechtfertigungslehre" (150).

[33] Nach *Ph. Ariès* (s. Anm. 1) bewahrt die Kirche der Gegenreformation aus der ars moriendi „nur die wesentlichsten Elemente, schränkt die parasitären Frömmigkeitsbekundungen ein und legt allen Nachdruck auf die Letzte Ölung und das Viatikum" (389). Allerdings haben sich im Brauchtum und in der Volksfrömmigkeit viele, zum Teil sogar archaische Vorstellungen und Praktiken erhalten. Vgl. *P. Berger,* Religiöses Brauchtum im Umkreis der Sterbeliturgie in Deutschland, Münster 1966.

1. Die Admonitio Anselmi

Eine große Bedeutung für den Inhalt der ars moriendi kommt der Anselm von Canterbury (1034–1109) zugeschriebenen „Admonitio morienti et de peccatis suis nimium formidanti“ [34] zu. Es handelt sich dabei um eine Anweisung zur Sterbepastoral, die mit zwei Fragenreihen beginnt, einmal mit einer größeren Reihe für Mönche, zum anderen mit einer kleineren Reihe für Laien. Abgeschlossen werden diese Reihen jeweils mit einer großen bzw. kleinen Mahnung. Es folgen noch Empfehlungen an den Priester und den Sterbenden, einige Psalmen zu beten, und ein Hinweis auf die Kürze des Lebens, die Gefährdung des Lebens, die Ungewißheit der Todesstunde, auf den Lohn für die Gerechten sowie auf die Strafe für die Gottlosen.

Bereits im 12. und 13. Jahrhundert finden wir deutsche Übersetzungen dieser Admonitio Anselmi. Sie gehört zum ältesten geschlossenen Bestandteil, der in die Sterbebücher des Spätmittelalters aufgenommen wurde [35].

Die Admonitio Anselmi und ihre späteren deutschen Übersetzungen können als eigenes Formstück der Ars moriendi betrachtet werden. Sie zeichnet sich sowohl in der Fragenreihe als besonders auch in der sich an die letzte Frage anschließenden Ermahnung durch eine bemerkenswerte Konzentration auf die im Angesicht des Todes aus christlicher Sicht entscheidende Glaubenswahrheit aus. So soll der Priester den Sterbenden fragen, ob dieser sich freue, im christlichen Glauben zu sterben; ob er bekenne, daß er nicht so gelebt habe, wie er es hätte sollen; ob er seine Sünden bereue; ob er sich bessern wolle, falls er noch Gelegenheit dazu habe. Dann folgen die drei Fragen, die sich auf den Glauben an die Erlösungstat Christi beziehen: „Glaubst du auch, daß unser her ihesus cristus, des lebendigen gotes sun, für dich gestorben ist? Ich glaub es. / Dankst du im? Ich dank im. / Glaubst du das du sunst nit magst behalten werden den durch seinen Tod? Ich glaubs.“ [36]

An die letzte Frage schließt sich die große Ermahnung an, die

---

[34] Abgedruckt in: MPL 158, 685–688. Vgl. dazu *F. Falk* (s. Anm. 8) 37–41; *H. Appel* (s. Anm. 32) 67–71; *R. Rudolf,* Ars moriendi (s. Anm. 8) 57f.

[35] Vgl. *H. Appel* (s. Anm. 32) 67. *H. Appel* gibt die zentralen Texte der Admonitio Anselmi in der lateinischen Fassung und in zwei relativ späten deutschen Übersetzungen (nach dem sog. „Schatzbehalter“ Nürnberg 1491 und dem „Hortulus animae“ Straßburg 1509) wieder, auf die wir uns im folgenden beziehen.

[36] Ebd. 68.

„eins der größten und tiefsten Stücke in den Sterbebüchern“ [37] darstellt. Rettung ist nur möglich durch den Erlösungstod Christi: „Ey so setz alle dein zuversicht (die weil dein sel in dir ist) allain in disen tod und in kain ander ding habst du hoffnung. In disen tod senk dich gantz und gar, mit disem tod bedeck dich gantz. In disen tod wickel dich, und ob dich got der herr richten oder urtailen will, so sprich: herr, den tod unsres heren iesu christi deines suns würff ich zwischen mich und dein urtail, sunst sprech ich nit mit dir. Spricht er, du habst verdient, das du verdampt solt werden, so sprich: Herr, den tod unsers herrn ihesu cristi würff ich zwischen mich und mein verwürckung, und sein verdienst für das verdienen das ich solt haben und hab es nit. Sprich aber (= nochmals), herr, den tod unseres herren ih. cr. setz ich zwischen mich und deinen zorn; darnach sprich zum dritten mal: herr in dein hendt emphil ich meinen gaist“ [38].

Ohne Zweifel begegnet uns in diesem Text ein theologisches Herzstück der Ars moriendi und der damit verbundenen kirchlichen Sterbepastoral, auch wenn im Laufe der Zeit durch Veränderungen und Fortschreibungen die Eindeutigkeit der christologischen Begründung manchmal überdeckt wurde.

2. Gersons Sterbekunst

Der Reformpriester Johannes Gerson (1363–1429) [39], Professor und Kanzler der Pariser Sorbonne, lange Zeit zugleich Pfarrer von St. Jean de Grève in Paris, angesehener Theologe auf dem Konzil von Konstanz, verfaßte 1408 ein „Opus tripartitum de praeceptis decalogi, de confessione et de arte moriendi“ [40], dessen 3. Teil sehr bald als eigenständige Schrift weit verbreitet wurde und insgesamt oder aber in einzelnen Teilen in die meisten späteren Sterbebücher übernommen, dort ergänzt und kommentiert wurde [41].

---

[37] Ebd. 71.

[38] Ebd. 69.

[39] Zu Leben und Werk von *J. Gerson* vgl. *M. Glorieux,* Essai biographique, in: *ders.* (Hrsg.), J. Gerson, Œuvres complètes 1, Introduction générale, Paris 1960, 105–139 (Lit. 153–166).

[40] Abgedruckt bei *E. Du Pin* (Hrsg.), Johannis Gersonii, Doctoris et Cancellarii Parisiensis Opera Omnia, Bd. 1, Antwerpen 1726, 425 ff.

[41] *R. Rudolf,* Ars moriendi (s. Anm. 8), 67, meint, daß durch die Teilnehmer des Konstanzer Konzils die Schrift Gersons rasch in Süddeutschland, Österreich, Böhmen, Ungarn bekannt wurde, wie die Verbreitung der verschiedenen Handschriften zeigt.

Es ist zwar nicht nachweisbar, daß Gerson die Admonitio Anselmi als direkte Vorlage für seine Ars moriendi benutzt hat, ein Sinnzusammenhang beider Texte ist jedoch unübersehbar[42]. Die zuerst in französischer Sprache verfaßte Schrift Gersons[43] wurde von ihm selbst in eine lateinische Fassung gebracht. Er hat seinen Ars-moriendi-Text in 4 Teile gegliedert: Nach einer kurzen Einleitung beginnt er mit Exhortationes (Ermahnungen). Es folgen Interrogationes (Fragen), Orationes (Gebete) und Observationes (Vorschriften).

Unter dem Titel „Wie man sich halten sol bei einem sterbenden menschen"[44] hat 1482 der Straßburger Prediger Johannes Geiler von Kaysersberg (1445–1510)[45] eine in deutscher Sprache abgefaßte Ars moriendi herausgebracht, die praktisch die deutsche Fassung der Ars moriendi von Gerson ist und den langanhaltenden und prägenden Einfluß Gersons beweist. Wir werden im folgenden besonders den Text von Geiler zitieren, da darin ähnlich wie in der französischen Fassung der Ars moriendi von Gerson und deutlicher als in der lateinischen Version, die Bedeutung dieser Sterbekunst spürbar ist: Sie ist eine nicht allein von priesterlich-kirchlicher Versorgung her definierte, sondern vor allem auch von einer Laienfrömmigkeit mitgetragene und mitverantwortete Sterbepastoral. Das zeigt sich bereits in der *Einleitung*, in der die Zielsetzung der Schrift genannt wird: Wenn es schon zur Pflicht eines wahren Freundes gehört, einem Kranken in seinen körperlichen Leiden beizustehen, so fordern Gott und die Liebe es noch viel mehr, sich auch um sein Heil und sein geistliches Leben zu mühen. Hier erst bewährt sich wahre Freundschaft. Gerson und Geiler meinen sogar, daß ein solcher

---

R. Rudolf hat in seiner traditionsgeschichtlichen Analyse der Ars-moriendi-Literatur des 15. Jahrhunderts ausführlich erläutert, in welche Sterbebücher der Folgezeit Gersons Schrift Eingang gefunden hat. Nach *F. Falk* (s. Anm. 8) zeigt sich die große Resonanz auf Gersons Schrift auch darin, daß „der Episkopat Frankreichs sie auf den Synoden zum Unterrichtsbuch sowohl der Priester als der Gläubigen bestimmte, daß er ferner den Seelsorgern das Vorlesen derselben vor dem Volke zur Pflicht machte und den Ritualien (Agenden) einreihte ..." (16).

[42] Vgl. *H. Appel* (s. Anm. 32) 74.

[43] Abgedruckt unter dem Titel: La médicine de l'ame, in: *M. Glorieux* (Hrsg.), J. Gerson, Œuvres Complètes 7, Paris 1966, 404–407.

[44] Abgedruckt in: *L. Dacheux* (Hrsg.), Die aeltesten Schriften Geilers von Kaysersberg, Amsterdam 1965 (Nachdruck der Ausgabe Freiburg i. Br. 1882), 115–127. Auf weitere Schriften Geilers zur Ars moriendi, die sich sachlich alle eng an Gerson anlehnen, verweist *R. Rudolf,* Ars moriendi (s. Anm. 8) 102f.

[45] Zu Geiler vgl. *J. Staber,* Geiler, in: LThK 4, Sp. 606f.

Dienst verdienstvoller sei, als wenn man Christus selbst zu dessen Lebzeiten einen Dienst erwiesen hätte.

Wenn es auch in erster Linie den für die Seelsorge zuständigen Geistlichen zukommt, den Sterbenden diesen Dienst zu erweisen, so sehen die Ars-moriendi-Texte diese Aufgabe doch gleichzeitig als allgemeine Christenpflicht an, bei der sich wirkliche Freundschaft zeigt.

Die Ars-moriendi-Schrift richtet sich also an den Sterbebegleiter, der den Sterbenden als „lieber Freund" oder „liebe Freundin" (Dilecte aut dilecta; mon amy ou amie; liefer frund) anreden soll. Die Anrede des Sterbenden als Freund oder Freundin und das Selbstverständnis des Sterbebegleiters als wahrer Freund (les vrays amys; in getruwer warer frund eyns sichē mēschē) bringt dabei einen für die Ars moriendi insgesamt wichtigen Gedanken zum Ausdruck: Der Sterbende soll in seiner letzten Not nicht allein gelassen werden. Er soll aber auch nicht einfach nur seelsorglich versorgt werden, sondern in einem Prozeß gläubiger Kommunikation mit dem Freund zu jenen Entscheidungen finden, die zum ewigen Heil führen. Dazu will die Ars-moriendi-Schrift dann gezielte Hilfen und Anweisungen geben. Sie beginnt mit vier Ermahnungen, die aus der Sicht des Glaubens die Situation beschreiben, in der der Sterbende sich befindet. Zuerst wird er daran erinnert, daß wir alle in Gottes Hand stehen.

Vor Gott gibt es dabei kein Ansehen der Person. Kaiser, Könige, Herren und Fürsten, reich und arm müssen den Zins des Todes bezahlen. Auch hat der Mensch in dieser Welt keine ewige Wohnstatt. Das Ziel des Lebens besteht darin, durch ein gottgefälliges Leben einst die Herrlichkeit des Paradieses zu erreichen.

Danach wird der Sterbende zur Dankbarkeit gegen Gott aufgefordert, von dem er in seinem Leben vielfältige Wohltaten erfahren hat. Er soll Zuflucht zur Barmherzigkeit Gottes nehmen und um Vergebung seiner Sünden beten.

In der dritten Ermahnung wird ihm in Erinnerung gerufen, daß er viele Sünden in seinem Leben begangen hat, für die er Strafe verdient. Wenn er jedoch willig und in Geduld die Leiden der Krankheit und des Sterbens auf sich nimmt, so wird ihm dadurch schon jetzt von Gott die Strafe und Pein erlassen, die ihm sonst im Purgatorium noch bevorsteht. Wer sich so verhält, darf sicher sein, daß er Eingang in das Paradies findet.

Schließlich wird der Sterbende in der vierten Ermahnung angehalten, in dieser letzten und äußersten Stunde seines Lebens alles unter der Rücksicht des ewigen Seelenheils zu betrachten: „Betracht lieber frund vber alles in diser lestē stůnd von diner selen heil ... alle ander sorg zeitlicher ding schlag zeruck die du lassen můst · die dir auch nit zerhilf moͤgen kommen. noch beschirmen vor der hellen“ [46].

Ganz und gar soll der Sterbende sich Gott anvertrauen. Er soll auch seine Angehörigen Gott anempfehlen: „Enpfil dich mit gantzen truwen got. vnd dez der do ist almechtig gůt und weisz. befilch dich vnd die deinen zů regiren Ouch allen deinē gedanck richt in jn. Die um̄ dich stond. vn̄ die hie blibend bit allein das sy got für dich bitten“ [47].

Gerade in der letzten Ermahnung wird noch einmal ganz deutlich ausgesprochen, daß letztlich alles auf das ewige Heil ankommt, das nur aus Gottes Barmherzigkeit geschenkt wird.

Nach diesen Ermahnungen, die knapp zentrale in der Sterbenstunde für besonders bedeutsam erachtete Grundwahrheiten aufzählen, werden jene *Fragen* genannt, die dem Sterbenden zu stellen sind. Sie beziehen sich auf den Glauben; auf den Willen, um Vergebung zu bitten; auf Besserung, falls der Sterbende wieder gesund werden sollte; auf etwaige bisher ungebeichtete Todsünden und auf die Bereitschaft zur Beichte, zur Restitution und zur Vergebung. Die Fragen, die in Anlehnung an die Fragenreiche der Admonitio Anselmi formuliert sind, richten sich auf die Feststellung des rechten Glaubens und der sittlichen Disposition des Sterbenden [48]. Es folgen sodann eine Reihe von kurzen *Gebeten* zu Gott dem Vater, zu Jesus, zur Gottesmutter, zu den heiligen Engeln, besonders zum Schutzengel und zu den Heiligen, die der Sterbende in seinem Leben verehrt hat. In den Gebeten zu Gott und zu Jesus werden dabei jene Gedanken angesprochen, die uns auch in der Admonitio Anselmi bereits begegnet sind. Alles kommt auf die Barmherzigkeit Gottes an: „In got aller gůttigster vatter. In dein hend beuilh ich meinen geist. vatter der barmhertzigkeiten. beweisz barmhertickeit dieser deiner armen creatur. hilf mir nůn in meiner lesten not. kum zehilf der also durstigen vnd trostlosen selen dz sie nit von der hellischē hunden zerzert werd“ [49].

---

[46] *L. Dacheux* (s. Anm. 44) 118. [47] Ebd.

[48] Zum genauen Verhältnis der Fragenreihen vgl. *H. Appel* (s. Anm. 32) 74. Im Vergleich stellt Gerson stärker die Notwendigkeit der Bußgesinnung heraus, während in der Admonitio Anselmi die Bedeutung des Erlösungstodes Christi akzentuiert wird.

[49] *L. Dacheux* (s. Anm. 44) 121.

Nicht durch eigene Verdienste, nur durch den Erlösungstod Jesu gibt es Rettung: „Ller sussester ihesus vmb ere vñ kraft dines aller heiligsten lidens. heisz mich her genūmen werden in die zal deiner vsserweltē. Du mein behalter vnd erlo̊ser / ich gib mich dir gantz / nit wider dich mein / zů dir kūm ich nit trib mich usz. In dich ist mein einig hofnung wen zucktest du dich mir so must ich eines ewigen falles fallen. Her dyn paradisz heisch ich. nit vsz wert meiner verdinst / sunder in kraft deines seligsten lidens. durch welches du mich armentseligen hast vollē erlo̊sen. vnd mir das paradis mit dem kosten deines ko̊stlichen blůtes kauffen ...“ [50].

In den übrigen Gebeten zu Maria, zu den Engeln und Heiligen wird in traditioneller Weise um Fürsprache gebetet.

Die Ars moriendi schließt im vierten Teil dann mit einer Reihe von *Anweisungen* ab, die der amicus, der Freund des Sterbenden, beobachten soll.

So soll er veranlassen, daß der Kranke die Sakramente empfängt, daß er, falls notwendig, auch von einem Kirchenbann befreit werde. Wenn noch Zeit genug vorhanden ist, soll er dem Kranken fromme Geschichten und andächtige Gebete vorlesen, an denen dieser Erbauung findet. Auch soll er dem Sterbenden zur vertieften Gewissenserforschung die Gebote Gottes vorlesen. Wenn der Sterbende nicht mehr sprechen kann, aber noch bei Bewußtsein ist, möge ihm der Freund helfen, durch äußere Zeichen zu antworten. Auch möge er dem Sterbenden das Kruzifix zur Betrachtung des Leidens des Herrn vorhalten oder auch das Bild eines Heiligen, den er in gesunden Tagen besonders verehrt hat.

Schließlich taucht die Vorschrift auf, möglichst „sine leiplichen frund wyb kind oder richtum“ [51] so weit fernzuhalten, daß er dadurch nicht von den entscheidenden Fragen abgelenkt wird. Ferner soll man möglichst alles vom Sterbenden fernhalten, was falsche Hoffnung auf Genesung erweckt oder was die Vorbereitung auf einen guten Tod verhindert und den Kranken von der Bußgesinnung abbringt. Immer wieder geht es also darum, das Mögliche zu tun, damit der Sterbende seine buchstäblich letzte Stunde für die alles entscheidende Zukunft nutzt, fällt doch im Tode die endgültige Entscheidung, ob der Mensch die ewige Seligkeit erreicht oder aber der Verdammnis anheimfällt.

---

[50] Ebd. 121 f.
[51] Ebd. 124.

3. Die Ars moriendi der fünf Anfechtungen

Von einer ähnlich prägenden Bedeutung für die spätere Entfaltung der Ars-moriendi-Literatur wie die Admonitio Anselmi und die Schrift Gersons ist die Bilder-ars oder auch die Ars moriendi der fünf Anfechtungen[52]. Zu den schon bei Gerson bekannten Grundformen fügt sie noch Gedanken der Anfechtungen[53] hinzu, denen der Sterbende in seiner Todesstunde ausgesetzt ist.

Das Besondere dieser Ars moriendi liegt dabei allerdings nicht so sehr in den einzelnen Texten, sondern in den Holzschnitten, auf denen ein Sterbender zu sehen ist, wie er in der Sterbestunde durch Anfechtungen (tentationes) von Teufeln bedrängt, aber auch durch gute Einsprechungen (bonae inspirationes) von Engeln getröstet wird. Die Bilder sind als Illustration einem bereits vorgegebenen Text hinzugegeben worden. Die Autorschaft sowohl für den Text als auch für die Bilder ist strittig[54].

In der Vorrede zur Bilder-ars wird deutlich, daß es auch hier zentral um die Rettung der Seele für das ewige Heil geht. Die Seele übertreffe den Wert des Körpers, so wird festgestellt, weil sie für die Ewigkeit geschaffen sei. Insofern versuche der Teufel auch bis zuletzt, den Kranken mit Anfechtungen zu quälen, vor denen der Sterbende sich hüten müsse. Ansonsten werden die schon von Gerson her bekannten Fragen und Ratschläge in der Vorrede aufgeführt.

Nach der Vorrede folgen insgesamt 11 Holzschnitte mit den entsprechenden Texten[55].

Im einzelnen werden fünf Versuchungen dargestellt, die die Teufel auf Spruchbändern den Sterbenden entgegenhalten, während parallel dazu Engel die entsprechenden tröstlichen Ermahnungen, den Anfechtungen nicht zu erliegen, dem Sterbenden ebenfalls ent-

---

[52] Vgl. *H. Appel* (s. Anm. 32) 75–85. Eine Kombination der ars moriendi von Gerson und der Bilder-ars ist die von Nikolaus von Dinkelsbühl verfaßte Schrift: Speculum artis bene moriendi, die von *R. Rudolf*, Ars moriendi (s. Anm. 8) als das „verbreitetste und einflußreichste Sterbebüchlein des 15. Jhdts“ (75) eingeschätzt wird. Ebd. 75–82 analysiert Rudolf das Speculum ausführlich.

[53] Mit dem Gedanken der besonderen Anfechtung in den Sterbebüchern greift diese Ars moriendi auf bereits vorhandene geistliche Traditionen zurück. Nach *R. Rudolf*, Ars moriendi (s. Anm. 8) 13, findet sich erstmals bei *Hildegard von Bingen* (1098–1179) in einem „Traktat über den Tod“ die Vorstellung, daß der Teufel den Sterbenden in seiner letzten Stunde besonders mit Anfechtungen versucht.

[54] Vgl. *H. Appel* (s. Anm. 32) 75f.

[55] Vgl. ebd. 144–152 (Nachdruck der 11 Holzschnitte) und 78–84 (Auszüge bzw. Zusammenfassungen der Begleittexte).

gegenhalten. Die Anfechtungsreihe mit den entsprechenden Tröstungen hat folgende Themen:

Glaubenszweifel – Aufruf zum Glauben; Verzweiflung – Ruf zur Hoffnung; Ungeduld – Ermahnung zur Geduld; Selbstüberheblichkeit – Mahnung zur Demut; Habsucht, Geiz – Aufforderung zum Weltverzicht und zur Weltverleugnung; das Abschlußbild stellt die Todesstunde dar.

Auf den einzelnen Bildern ist jeweils der Sterbende auf einem Bett liegend zu sehen, wie er von Teufeln, Engeln, Heiligen und auch von Personen, die in einer Beziehung zu seinem Leben bzw. zu den genannten Anfechtungen stehen, umringt wird.

Die erste Anfechtung zum Glauben zeigt Teufel (Mischwesen aus Mensch- und Tiergestalt mit fratzenhaften Gesichtszügen) mit den Spruchbändern: „Infernus fractus est“, „fac sicut pagani“, „interficias teipsum“[56], mit denen auf einzelne Szenen hingewiesen wird, die das Sterbebett umrahmen: Ein Teufel verdeckt halb mit einem Tuch die hinter dem Sterbenden stehenden Gestalten Gottes, Christi und Marias. Eine Gruppe Personen steht spottend bzw. zweifelnd beisammen. Von einem Götzenbild kniet ein heidnisches Königspaar. Eine halbnackte Frauengestalt verfolgt mit einer Geißel einen Mann, der im Begriff ist, Selbstmord zu begehen. Mit diesen Darstellungen soll gezeigt werden, auf welche Weise der Glaube untergraben wird. Freilich ist das nur möglich, wenn der Mensch auch zustimmt: „Sciendum tamen, quod dyabolus in nulla temptatione hominem cogere potest ...“[57] Das gilt für alle Anfechtungen und zeigt deutlich, daß der Sterbende in seiner Bedrängungssituation nicht passiv ist. Es kommt auf seine Entscheidung an. Für die positive Entscheidung stehen die Engel dem Sterbenden bei, indem sie auf den Glauben großer Gestalten aus der biblischen Heilsgeschichte und aus der Kirchengeschichte verweisen, die den Anfechtungen ebenfalls widerstanden haben.

Vor einem fest bekannten Glauben fliehen die Dämonen, was so dargestellt wird, daß um das Bett des Sterbenden Gestalten des Glaubens und ein Engel versammelt sind, während die Teufel ohnmächtig zu Boden stürzen.

In der Anfechtung der Verzweiflung werden dem Sterbenden durch die Teufel jene ungebeichteten Sünden, wiederum in einzel-

---

[56] Ebd. 142, 78.

[57] Ebd. 78.

nen Bildszenen illustriert, vorgehalten, deren jede einzelne schon die Verdammnis bedeuten: Ehebruch, Meineid, Mord, Hartherzigkeit. Der Sterbende soll an der Barmherzigkeit Gottes zweifeln, die doch einzig retten kann, was die Engel mit Verweis auf den Schächer am Kreuz, auf Maria Magdalena, auf Petrus und auf Paulus vor Damaskus dem Sterbenden zeigen.

Die dritte Anfechtung der Ungeduld zeigt einen umgestoßenen Tisch, auf dem offensichtlich für den Kranken von einer Frau eine Mahlzeit gerichtet werden sollte. Der Sterbende versetzt einer Person, die bei ihm steht, einen Fußtritt. Der Begleittext erläutert, daß der Teufel den Sterbenden gerade in seinem Leiden zu Handlungen der Ungeduld versucht, die gegen die Liebe verstoßen. Demgegenüber ermutigen die Engel ihn, das Leiden schon jetzt als eine Art „Fegefeuer vor dem Tod" zu verstehen, um dafür in der Ewigkeit belohnt zu werden.

In der Versuchung zur Selbstüberheblichkeit geht es darum, auf die eigenen Verdienste zu schauen und in Selbstgerechtigkeit und geistlichem Stolz Anspruch auf das ewige Heil zu erheben. Diese „superbia spiritualis" ist vor allem eine Anfechtung für die Frommen: „Corona meruisti"[58]. Die Engel fordern auf dem dieser Anfechtung zugeordnetem Bild zur Demut auf: „Sis humilis"[59]. Auf diesem Bild stürzen Dämonen in einen Höllenrachen. Unter ihnen ist auch eine Gestalt mit einer Mönchskappe. Als Vorbild der Demut steht Antonius vor dem Sterbebett.

Schließlich verweisen die Teufel in der fünften Anfechtung auf die irdischen Güter des Sterbenden, die am Fußende des Bettes dargestellt sind: Häuser, gefüllte Scheunen und Stallungen. Hinzu kommen Freunde und Angehörige. Während die Dämonen an das Nicht-loslassen-Können, das mit der Habsucht und dem Geiz verbunden ist, appellieren, verweisen die Engel auf den armen Jesus, der auf alles verzichtet hat, und nackt und arm gestorben ist.

Das letzte Bild zeigt dann den guten Ausgang im Augenblick des Todes. Der Sterbende erhält die Sterbekerze. Die als kleine menschliche Gestalt dargestellte Seele entweicht aus dem Sterbenden und wird von einem Engel in Empfang genommen. Der Verstorbene ist umringt von Engeln und Heiligen. Die Teufel fliehen wütend, ihre Versuchungen waren erfolglos. Der Tote ist gerettet.

---

[58] Ebd. 148, 81.
[59] Ebd. 149, 82.

Die Wirkung der Ars moriendi der fünf Anfechtungen auf die Gestaltung der späteren Sterbeliteratur liegt nicht in den Texten, die im Grunde die traditionellen Inhalte, wie sie z. B. auch bei Gerson begegnen, enthalten. Sie liegt vielmehr im Gedanken der Anfechtung und besonders in den eindrucksvollen Bildern, die auch einem Leseunkundigen leicht verständlich gemacht werden konnten.

Im Unterschied zu Gersons Ars moriendi, die einen längeren Sterbeprozeß voraussetzt, ist die Bilder-ars ganz auf die letzte Stunde zugespitzt, in der scheinbar um den Sterbenden gerungen wird und in der dieser seine endgültige Entscheidung zu fällen hat. Er ist dabei aber nicht das Objekt in einem apokalyptischen Schauspiel. Vielmehr hat er selbst die Entscheidung zu fällen.

Im Grunde genommen fassen die Anfechtungen in einer gebündelten Weise wichtige Bereiche des gesamten früheren Lebens zusammen, in denen der Kranke gefehlt hat. Sie sind brennpunktartig auf die Sterbesituation bezogen und fordern zur letzten und jetzt endgültigen Entscheidung heraus. Aber es wird nicht einfach die Summe des Lebens gezogen. Der Kranke bleibt bis zuletzt Subjekt. Wichtig zu bedenken ist dabei, daß auch die Bilder-ars den Akzent auf die rettende Kraft des Glaubens an die Barmherzigkeit Gottes setzt. Von hier muß die Bilder-ars interpretiert werden und hier ist auch der theologische Grund dafür zu finden, daß aus der Anfechtung gleichzeitig der Trost erwächst. Daß in all dem auch die Bilder-ars als Grundimpuls die Sorge um das ewige Heil hat, ist offensichtlich. Die Bilder-ars zeigt dabei durch die bonae inspirationes jene Wege, auf denen die zentralen Anfechtungen, die den Menschen bis in seine letzte Todesstunde verfolgen und denen er dort in äußerster Weise ausgesetzt ist, aus dem Glauben gemeistert werden können.

Fragen wir abschließend nach dem Grundimpuls, der die Formen und die Inhalte der Ars moriendi bestimmt, so ist dieser ohne Frage in der alles andere relativierenden Sorge um das ewige Heil zu sehen. Ohne diesen Grundimpuls bleibt die Ars moriendi unverständlich. Die einzelnen Inhalte bekommen erst von hier ihren Stellenwert. Das gilt auch für den Sterbebegleiter, den Freund des Sterbenden, durch den der Sterbeprozeß eine menschliche, kommunikative Dimension erhält und der dazu beiträgt, die kreatürlichen Ängste des Sterbenden religiös aufzufangen. Die menschlichen Nöte des Sterbens, die als solche in einzelnen Beobachtungen durchaus wahrgenommen werden, treten hinter die eigentliche existenzbedrohende Angst vor dem Verlust der ewigen Seligkeit, vor der Angst, unter Qualen ewig verdammt zu sein, zurück. Wichtig ist festzuhalten, daß aber auch diese Angst beherrschbar ist.

Die Ars moriendi macht deutlich, daß der Mensch nicht einem blinden Schicksal unterworfen ist. Jeder darf im Vertrauen auf die Barmherzigkeit Gottes und auf den Erlösungstod Christi bis in die Todesstunde hinein seine ewige Zukunft in Freiheit bestimmen. Dazu stellt dann die Kirche in der Glaubenslehre, in ihren Gebeten und besonders in den Sakramenten die geeigneten Hilfen und Mittel bereit.

Die Ars moriendi ist die Kunst, diesen Weg unter den Bedingungen der letzten Lebensphase zu gehen. Insofern will die Ars moriendi gerade auch dort trösten und Sicherheit geben, wo jeder menschliche Trost und alle irdischen Sicherungen versagen.

III. Ausblick

Brauchen wir für unsere Zeit eine Ars moriendi, so hatten wir einleitend gefragt. Gleichzeitig hatten wir gefordert, eine inhaltliche Entfaltung der Ars moriendi für unsere Gegenwart nicht einfach von der spätmittelalterlichen theologischen Herkunftsgeschichte und ihrem Grundimpuls, der in der Sorge um das ewige Heil zu sehen ist, abzutrennen. Wer eine bejahende Antwort auf die Frage nach der Notwendigkeit einer Ars moriendi für unsere Zeit gibt und damit auch die Aufgabe der Entfaltung einer theologisch fundierten Ars moriendi verbindet, wird deshalb vor allem bedenken müssen, wie sich der in der spätmittelalterlichen Ars moriendi wirksame Grundimpuls unter den Bedingungen und in den Verhältnissen unserer neuzeitlichen Lebenswelt bewahren läßt.

Bei einer solchen Aufgabenstellung wird man mit einer Reihe von Problemen und Anfragen konfrontiert, die in eben dieser Lebensweise gründen, und die es als durchaus problematisch erscheinen lassen, den Begriff Ars moriendi unbefangen zu verwenden: Vor allem sind jene Vorbehalte zu beachten, die bereits durch die klassische Religions- und Ideologiekritik formuliert wurden. Unter dieser Voraussetzung muß dann aber auch gefragt werden, warum die Sorge um das ewige Heil, die den mittelalterlichen Menschen so sehr bewegte, in unseren neuzeitlichen Gesellschaften keinen öffentlichen Stellenwert hat. Dabei wird besonders die Utopie vom natürlichen Tod und vom Sterben als friedlichem Verlöschen zu hinterfragen sein.

Lediglich im Sinne eines Ausblicks sollen diese für die Entfaltung der Ars moriendi wichtigen Problemzusammenhänge kurz erläutert werden.

1. Religions- und ideologiekritische Vorbehalte gegen eine Ars moriendi

Schaut man sich die spätmittelalterlichen Texte und Bilder der Ars moriendi an, wird man sich kaum des Eindrucks erwehren können, hier lasse sich auch all das auffinden, was von der klassischen Religionskritik an Vorwürfen gegenüber Religion und Kirche immer schon erhoben wird: Die Welt ist zum Jammertal abgewertet, das Menschenbild durch Leibfeindlichkeit geprägt. Mittels Androhung von möglicher Verdammung werden Gefügigkeit und Angst erzeugt. Durch Vertröstung auf das Jenseits wird der Blick für die Probleme des irdischen Lebens getrübt. Die den Menschen eingeschärfte Sorge um das ewige Heil dient als Instrument zur Durchsetzung von Herrschaft …

Schon ein solcher erster Eindruck verbietet es, die spätmittelalterliche Ars moriendi einfachhin zu übertragen. Aber die Vorbehalte gegenüber einer Ars moriendi reichen noch weiter.

Bei vielen gilt das Sterben und der Tod als letzte von einer säkularisierten Welt noch nicht gänzlich eingenommenen Bastion. Kirchliches Handeln ist hier immer noch willkommen. Könnte die Forderung nach einer Ars moriendi nicht auch so begriffen werden, daß diejenigen, die ihre Sinnreserven für die Gestaltung des menschlichen Lebens weitgehend erschöpft haben, nun versuchen, vom Tod her, der in dieser Situation so etwas wie eine letzte Trumpfkarte darstellt, doch noch Einfluß auf das Leben zu gewinnen? Die Religions- und Ideologiekritik nährt sich geradezu aus diesem Verdacht: Tod und Sterben als Lieblingsthemen der Religion, von denen her sich trefflich auf das Leben bezogene Interessen durchsetzen lassen.

Wir leben in einer Welt, in der es vielfältige Formen von Sterben vor der letzten Sterbestunde gibt, in der der Tod allenthalben und andauernd präsent ist, auch wenn wir nicht mit einem Todesfall konfrontiert werden. Dabei wissen wir heute sehr genau um die Ursache dieses Sterbens vor der letzten Sterbestunde. Könnte es nicht auch als Zynismus ausgelegt werden, wenn auf diesem Hintergrund nach einer Ars moriendi gefragt wird, obwohl es angesichts weltweiter Bedrohung des menschlichen Lebens doch einzig sinnvoll wäre, nach einer Ars vivendi, ja nach einer Kunst des Überlebens zu suchen? Wer kann sich eigentlich den „Luxus" einer Ars moriendi leisten?[60] Die Frage nach einer Ars moriendi gibt es nicht abstrakt und als solche, im Sinne einer zeitlosen Anthropologie. Sie verweist immer auf den Fragesteller zurück, auf seine geschichtlichen, gesellschaftlichen Verhältnisse. Wer käme beispielsweise auf die Idee, in einer brasilianischen Favela eine Sterbekultur zu fordern und eine Ars moriendi als ein fundamentales, theologisch wichtiges Problem zu entwerfen?

Solche Einsprüche gegen die Forderung nach einer Ars moriendi sind sehr ernst zu nehmen, und jede theologische Konzeption wird sich auch daran messen lassen müssen, inwieweit sie den in diesen Einsprüchen vorgetragenen berechtigten Anliegen Rechnung trägt.

2. Die Wahrnehmung von Gesellschaft und Geschichte im Horizont befristeter Zeit[61] als Voraussetzung für eine Ars moriendi

Unsere individuelle Lebenszeit ist befristet. Sie kann sogar jederzeit abgebrochen werden, wie die Erfahrung lehrt. Wir sprechen dann von einem plötzlichen, unerwarteten Tod, von einem viel zu frühen Tod. Für unser individuelles Leben bereitet die Vorstellung von der befristeten Zeit, ja sogar vom Abbruch der Zeit keine Verständnisschwierigkeiten. In einer individuellen Perspektive ist uns auch die religiöse Vorstellung vertraut, nach der wir am Ende bzw. im Abbruch unserer Lebenszeit gleichzeitig eine „von außen" geschenkte Vollendung unseres endlichen, unseres oft auch gewaltsam abgebrochenen und vielfältig beschädigten Lebens erhoffen. Hier könnte also die Sorge um das ewige Heil ihren Ort finden. Sie ist ja ohne Zweifel eine jeden einzelnen Menschen in seiner je eigenen Lebensgeschichte betreffende Sorge. Aber hat diese Sorge um das ewige Heil auch eine gesellschaftliche Plausibilität? Oder bleibt

[60] Um Mißverständnisse zu vermeiden, sei hier ausdrücklich festgehalten, daß in der zugespitzten Fragestellung nicht die vielfältigen und verdienstvollen Initiativen und Anstrengungen in der praktischen Sterbebegleitung kritisiert werden sollen. Es geht vielmehr um die Reflexion des gesellschaftlichen Standorts, von dem her eine Ars moriendi gefordert wird und die das Verständnis der Ars moriendi mitbestimmt.
[61] Vgl. *J. B. Metz,* Theologie gegen Mythologie, in: HerKorr 42 (1988) 187–193.

der einzelne weitgehend mit ihr allein, muß sie vielleicht sogar gegen den Druck unseres gesellschaftlichen Lebens tragen und bewältigen? Gibt es nicht geradezu ein unterschwellig wirksames Tabu, die Frage nach dem ewigen Heil öffentlich zu äußern, weil damit die Grundlagen unseres gesellschaftlichen Lebensmodells selbst in Frage gestellt werden?

Ich gehe davon aus, daß es ein solches Tabu gibt, das mit den Tiefenstrukturen unserer neuzeitlichen Lebenswelt verbunden ist, die den Abbruch ihrer eigenen Zeit nur als Katastrophe und Untergang, nicht aber als „von außen" erhoffte Vollendung begreifen kann und in der jede Heilsfrage deshalb immer schon evolutiv überholt ist[62].

Unsere neuzeitlichen Gesellschaften sind tief im Aufklärungsdenken und dem mit diesem Denken verbundenen Emanzipationsideal verankert. Für die Erwartung, daß nicht nur die individuelle Lebenszeit in Gesellschaft und Geschichte abgebrochen werden kann, sondern daß die Zeit der Gesellschaft und Geschichte selbst befristet ist und sogar abgebrochen werden kann, um ihre Vollendung „von außen" zu erfahren, gibt es in der Tradition der neuzeitlichen Aufklärung und ihres Emanzipationsideals keinen Platz. Im Gegenteil: Unsere neuzeitlichen Gesellschaften funktionieren nur durch die Grundannahme, daß sie sich prinzipiell ohne ein „von außen" gesetztes Ende weiterentwickeln. Ende kann immer nur Krise und Zusammenbruch bedeuten, Apokalypse ohne Vollendungshoffnung. Das aber ist vom System her als endgültig eben nicht eingeplant. „Entwicklung" wird deshalb zum quasi-religiösen Grundsymbol, der im Aufklärungsdenken begründeten neuzeitlichen Gesellschaftsformen und ihres Lebensmodells[63]. Voraussetzung für dieses Lebensmodell ist ein Zeitempfinden, in dem ein Abbruch, ein Ende ausgeschlossen ist, für das alles überholbar ist. Für die Organisation unseres öffentlichen Lebens folgt daraus, daß alles, was den Gang der Entwicklung stört und grundsätzlich in Frage stellt, gesellschaftlich entweder auf Machbarkeit zurückgestutzt oder aber verdrängt und tabuisiert werden muß. Als nach dem blutigen Terroranschlag bei den Olympischen Spielen in München die Forderung nach einem Abbruch der Spiele gestellt wurde, widersprach der Präsident des Internationalen Olympischen Komitees dieser Forderung mit

---

[62] Vgl. dazu ausführlich *H. Rolfes,* L'escatologia, in: G. Ruggieri (Hrsg.) Enciclopedia di teologia fondamentale Vol. I, Turin 1987, 707–734.
[63] Vgl. *J. B. Metz,* Glaube in Geschichte und Gesellschaft, Mainz 1977, 151.

dem Satz: „The games must go on.“ Das ist auch ein Schlüsselsatz für eine Mentalität, nach der selbst der Tod in seinen gewalttätigsten Formen kein Programm mehr unterbricht. Für diese Mentalität wird Wachstum zu einer geradezu irrationalen Kategorie, wie unser politischer Sprachgebrauch vom Nullwachstum oder vom negativen Wachstum verrät. Die Frage nach dem ewigen Heil ist in diesem Kontext gesellschaftlich längst obsolet geworden. Eine solche Frage, soll sie gesellschaftlich nachvollziehbar sein und nicht abstrakt bleiben, losgelöst von den Lebensverhältnissen, die uns bis in die persönlichen Bereiche hinein bestimmen, setzt voraus, daß auch Gesellschaft und Geschichte im Horizont befristeter Zeit wahrgenommen werden.

Ein von prinzipiell unendlicher Entwicklung bestimmtes Lebensmodell schließt eine solche Wahrnehmung aber aus. Heil kann hier nur durch Entwicklung selbst hervorgebracht, nie jedoch als Vollendung „von außen“ erhofft werden. Eine Ars moriendi, in der an dieser Hoffnung festgehalten werden soll, wird deshalb jenen von einer prinzipiell unendlichen Entwicklung getragenen Lebensmodell widersprechen müssen. In einem fundamentalen Sinn richtet sie sich gegen eine Vorstellung von Zeit „als einer leeren, überraschungsfreien Unendlichkeit, die allenfalls verendet, nie aber endet und in die alles und alle gnadenlos eingeschlossen sind und die jede substantielle Erwartung zersetzt. Die Herrschaft dieses Zeitmythos vollendet sich im Tod der Geschichte und des uns geschichtlich vertrauten und anvertrauten Menschen.“ [64] Eine Ars moriendi zu entfalten würde bedeuten, genau diesen Zeitmythos aufzukündigen. Sie würde sich darin als Rettung des Subjekts aus den lebensbedrohenden Prozessen unserer neuzeitlichen Lebenswelt erweisen. Eine solche Kunst des Sterbens wäre dann tatsächlich eine Kunst des Lebens, sogar des Überlebens, weil die Sorge um das ewige Heil auch für eine Haltung steht, die sich nicht einfach der scheinbar unausweichlichen Logik eines unendlichen Entwicklungsdenkens unterwirft.

[64] *J. B. Metz* (s. Anm. 61) 191.

3. Ars moriendi: Ein Gegenentwurf zur Utopie vom natürlichen Tod und vom Sterben als friedlichem Verlöschen

In den am weitesten entwickelten, von Industrie und Technik geprägten Gesellschaften ist der Tod weitgehend aus dem öffentlichen Leben ausgebürgert worden. „Die Gesellschaft legt keine Pause mehr ein. Das Verschwinden eines einzelnen unterbricht nicht mehr ihren kontinuierlichen Gang. Das Leben der Großstadt wirkt so, als wenn niemand mehr stürbe."[65] Unsere gesellschaftliche und geschichtliche Lebenszeit scheint unbefristet weiterzulaufen, kontinuierlich und ohne Unterbrechung. Sterben und Tod sind zurückgenommen auf den privaten, intimen Bereich. Hier zeigt sich übrigens ein entscheidender Unterschied unseres Umgangs mit Sterben und Tod gegenüber der mittelalterlichen Einstellung, für die das Sterben und der Tod eine selbstverständliche soziale Dimension hatte und für die deshalb die Ars moriendi auch eine öffentlich akzeptierte Kultur des heilsamen Sterbens darstellte, die durch eine Fülle von Traditionen abgesichert war.

Für unsere Zeit verlieren jene Traditionen, in denen dem Sterben und dem Tod ein Platz im öffentlichen Bewußtsein eingeräumt wird, immer mehr an Kraft. Die Trauerzeiten werden vernünftig kurz gehalten. Trauerkleidung stört kaum noch das Straßenbild unserer Städte. Eine eigene Unternehmensbranche steht bereit, für alle im Zusammenhang mit einem Todesfall auftretenden Fragen und Probleme Lösungen zu verkaufen. Friedhöfe werden aus den Wohnbezirken verbannt, zu Parklandschaften umgestaltet. Nicht das persönliche Gedächtnis der Toten, sondern Natur wird zum Gestaltungsprinzip für diese Parkfriedhöfe. Die Toten kehren in den Kreislauf der Natur zurück, so lautet ihre Botschaft, und es ist durchaus konsequent, wenn man irgendwann dann auch auf die namentlich identifizierbare Grabstelle verzichtet und die anonyme Bestattung wählt. Es wird überflüssig, vergangene Leiden der Toten zu erinnern, von ihren erfüllten oder uneingelösten Hoffnungen zu erzählen. Die Übergabe der Toten an die Natur löscht ihre Leiden und Hoffnungen gleichermaßen aus. Die politische Verantwortung für die Präsenz der Toten als Verantwortung für die Geschichte ist aufgehoben. Das Verhältnis der Lebenden zu den Toten trägt den Charakter der Indifferenz.

---

[65] *Ph. Ariès* (s. Anm. 1) 716.

Ein solcher Umgang mit den Toten kann nicht ausreichend durch die Thesen von der Verdrängung oder Tabuisierung des Todes erklärt werden. Er enthält vielmehr auch ein eigenes Leitbild von Sterben und Tod: Es ist die Vision vom natürlichen Tod und vom Sterben als friedlichem Verlöschen[66]. Sie gründet tief im neuzeitlichen Aufklärungs- und Emanzipationsideal und ist von der Überzeugung getragen, daß alle Probleme, die heute noch einen vorzeitigen, unnatürlichen Tod herbeiführen, einmal beseitigt werden können. In ihrer Sinnspitze zielt diese Vision vom natürlichen Tod, als Möglichkeit für alle und nicht nur als Privileg für wenige gedacht, auf die Errichtung einer gewaltfreien Gesellschaft, in der es keinerlei Spielarten eines sozialen Todes vor dem natürlichen Tod gibt. Sind einmal alle Formen des sozialen Todes beseitigt, erhält der Tod seine sozial vermittelte Natürlichkeit zurück, muß er auch nicht gesondert existentiell „bewältigt" werden. Der Mensch lebt in einer zu sich selbst befreiten Endlichkeit bis zum friedlichen Verlöschen und hat darin erstmals die Möglichkeit, wirklich erfüllt zu leben und lebenssatt zu sterben. W. Fuchs hat diesen Gedanken vom Tod als friedlichem Verlöschen den „modernsten Todesbegriff" genannt[67].

Der Tod bedarf in seiner Deutung für das Leben keinerlei außerhalb der Natur liegender philosophischer oder religiöser Gründe. „Tod kommt aus natürlichen Ursachen, bedeutet Aufhören der biologischen Lebensprozesse, mit denen als ihrer Voraussetzung alle anderen Lebensprozesse gleichfalls enden. Was bleibt, ist ein Ding, die Leiche."[68]

Bei der Kritik an der Vorstellung vom natürlichen Tod ist zu berücksichtigen, daß dieser Vision eine gesellschaftskritische Potenz zukommt. Weil die Natürlichkeit des Todes als eine sozial produzierte begriffen wird, impliziert sie den Kampf gegen jede Bedrohung des Lebens, die durch Gewalt im weitesten Sinne hervorgerufen wird[69].

Aber die Utopie vom natürlichen Tod und vom Sterben als friedlichem Verlöschen hat dennoch eine geradezu hoffnungslose Innen-

---

[66] Vgl. *W. Fuchs* (s. Anm. 2).

[67] Vgl. ebd. 24.

[68] Ebd. 71.

[69] Vgl. *T. Peters,* Tod / ewiges Leben, in: P. Eicher (Hrsg.), Neues Handbuch theologischer Grundbegriffe 4, München 1985, 217f; *ders.,* Tod wird nicht mehr sein, Einsiedeln – Zürich – Köln 1978, bes. 21–33.

seite. Das friedliche Verlöschen steht ja auch als Ausdruck dafür, daß alle dem Zwang zur endlosen Entwicklung unterworfen sind. Für den konkreten Menschen sind solche Perspektiven immer heillos, weil sie keinerlei Verheißungscharakter haben. Jeder wird irgendwann überrollt und verschlungen. In dem Versuch, ein solches friedliches Verlöschen in der Praxis zu ermöglichen, wird sich zudem immer ein Zwang einstellen, alle im Zusammenhang mit Sterben und Tod aufkommenden Fragen und Probleme auf der Ebene der Machbarkeit und des natürlichen Verlaufs bewältigen zu müssen. Wer einmal alten, verwirrten Menschen, die medikamentös ruhig gestellt wurden, begegnet ist, kann eine Ahnung davon entwikkeln, wie das langsame Sterben möglichst unauffällig und reibungslos für das übrige gesellschaftliche Leben organisiert und beherrscht wird.

Der angeblich modernste Todesbegriff ist vor allem der unserer modernen Gesellschaften entsprechende Todesbegriff, die, wie W. Fuchs es selber bemerkt, „nur auf dem sicheren Fundament ungestörten biologischen Lebens“ [70] funktionieren können, weil sie am Wert ständigen Wachstums orientiert sind. Die Endlichkeit, die Immanenz, ist hier zum letzten absoluten Wert erhoben. Sterben *darf* nichts anderes sein als friedliches Verlöschen.

Es wäre die Aufgabe einer theologisch fundierten Ars moriendi, diesem Leitbild des Sterbens zu widerstehen, indem sie die religiöse Heilsfrage nicht nur individuell, sondern auch in einer gesellschaftskritischen Perspektive auslegt, und ihre rettende, tröstende Kraft für unser öffentliches und soziales Leben aufzeigt. Darin wäre Ars moriendi dann geradezu ein Gegenentwurf zur Vorstellung vom Sterben als friedlichem Verlöschen. Im Lichte einer so konzipierten Ars moriendi ließen sich auch die spätmittelalterlichen Texte neu erschließen. Die in ihnen so lebendige, geradezu apokalyptisch durchstimmte Heilsfrage wäre nicht einfach nur als Ausdruck eines ungleichzeitigen Bewußtseins, einer längst versunkenen Welt zu dechiffrieren. In ihr wäre auch das Wissen um die Befristung der Zeit zu entdecken, die ihre Vollendung von Gott erhält, der sich in Jesus Christus endgültig und unwiderruflich in der Zeit mitgeteilt und sich darin als der Gott der Lebenden und der Toten offenbart hat, ein Gott, der Leben in Fülle schenkt. Die spätmittelalterliche

---

[70] *W. Fuchs* (s. Anm. 2) 182.

Ars moriendi lebt ganz aus dem Vertrauen auf diesen Gott – trotz allem, was es religions- und ideologiekritisch zu bemerken gibt.

Die Deutung des Sterbens und des Todes im Horizont der Heilssorge ist gleichzeitig ein Widerspruch zur vernichtenden Endgültigkeit des Todes. Glaubwürdigkeit und Überzeugungskraft kann dieser Widerspruch freilich nur dort beanspruchen, wo er als *Nachfolge* praktisch gelebt wird. Schließlich kann christliche Ars moriendi letztendlich ja nichts anders meinen, als die Praxis der Nachfolge[71] bis in das Sterben als letzter Phase des Lebens durchzuhalten.

---

[71] Vgl. *H. Rolfes,* Ars moriendi – Praxis der Nachfolge, in: E. Schillebeeckx (Hrsg.), Mystik und Politik: Theologie im Ringen um Geschichte und Gesellschaft. Johann Baptist Metz zu Ehren, Mainz 1988, 235–245.

II

Leben und sterben können

Brechungen der spätmittelalterlichen „ars moriendi“ in der Theologie Martin Luthers

Von Hans-Martin Barth, Marburg

„Kunst des Sterbens“ – das ist ein Ausdruck, der in Luthers Theologie eigentlich keinen Platz hat. Luther kannte eine „Kunst des Sterbens“ ebensowenig wie eine ihr entsprechende „Lebenskunst“[1]. Nun muß der Begriff „Kunst“ im deutschen Sprachgebrauch der Luther-Zeit keineswegs philosophisch-ästhetische Distanz implizieren; eine solche war ja auch in der spätmittelalterlichen Ars-moriendi-Literatur nicht gegeben[2]. Aber auch im Sinn von „Handwerk“, modern gesagt: „know how“, macht die Wendung in Luthers Sicht keinen Sinn[3]. Die Wirklichkeit des Todes ist zu elementar, als daß man sich nach Art eines beherrschbaren Handwerks auf den Umgang mit ihm vorbereiten könnte. Allenfalls eine von unserem modernen Sprachgebrauch hergeleitete Bedeutung käme in Frage: „Sterben können“, sich lösen können von irdischen Bedürfnissen und vermeintlichen Verpflichtungen, die Freiheit finden, den eigenen Tod zu bejahen, und einwilligen in den Weg durch die „enge

[1] Zu Luthers Kritik an der mittelalterlichen ars moriendi vgl. unten 3.3. Zum Verhältnis zwischen ars moriendi und Luthers Theologie vgl. *W. Goez,* Luthers „Ein Sermon von der Bereitung zum Sterben“ und die spätmittelalterliche ars moriendi, in: LuJ 48 (1981) 97–114 (Lit.!). Nach Auskunft des Tübinger Instituts für Spätmittelalter und Reformation ist die Wendung „ars moriendi“ / „Kunst des Sterbens“ in Luthers Schriften nicht nachweisbar, vgl. aber die „Kunst“, mit Sünde, Tod und Teufel zu kämpfen, z.B. WA 34/2,23,26ff; 187,3ff; 285,12f. – Die Weimarer Ausgabe wird im folgenden wie üblich nach Band, Seite und Zeile zitiert; die deutschsprachigen Texte sind geglättet, die lateinischen übersetzt.

[2] Vgl. *R. Rudolf,* Ars moriendi. Von der Kunst des heilsamen Lebens und Sterbens, Köln – Graz 1957. Für *H. Appel,* Anfechtung und Trost im Spätmittelalter und bei Luther, in: SVRG 56 (1938) 112, steht fest, daß Luther „sich sachlich und formal vielfach mit ihr berührt, ja, daß an dieser Stelle das spätmittelalterliche Schrifttum Luther am nächsten kommt“. Appel hat freilich nur die Jahre 1519 und 1520 im Blick. Andererseits wird gelegentlich moniert, daß Luther gerade in diesem Zusammenhang nicht überall die „Höhe der Rechtfertigungsgewißheit“ erreiche; vgl. *W. Thiede,* Luthers individuelle Eschatologie, LuJ 49 (1982) 19.

[3] Vgl. *W. Goez* (s. Anm. 1) 100.

Pforte" und den „schmalen Steig zum Leben" [4], das wäre nach Luther ein erstrebenswertes Ziel für den Christen. An dieser Stelle scheint mir der Beitrag Luthers für die heutige Problematik der Sterbebegleitung zu liegen. Luther fragt nicht nach dem Sterben, sondern nach dem Tod. Er ist nicht interessiert daran, wie mit Schmerzen und deren psychischen Auswirkungen umzugehen sei. Er fragt nicht nach dem Sterbevorgang, sondern nach der Wirklichkeit des Todes, nicht nach der Weise des Sterbens, sondern nach der Tatsache des Sterben-Müssens. Er möchte ergründen, was der Tod für den ihn bewußt ins Auge fassenden Menschen existentiell bedeutet, insbesondere für den Glaubenden.

Der Tod kommt nach Luther nicht aus heiterem Himmel. Das Sterben mag unversehens und jäh einem Menschenleben ein Ende setzen. Aber die Macht des Todes begleitet und bedrängt den Menschen von seiner ersten Stunde an. Dabei geht es nicht um die banale Feststellung einer biologischen Notwendigkeit, sondern um das geistliche Erfassen der Wirklichkeit des Todes. Der Tod ist der augenfälligste Exponent einer Mächte-Konstellation, die den Menschen bedroht, erniedrigt, beherrscht und von innen her seiner wahren Identität und seiner Zukunft beraubt. Der Tod kommt niemals allein – mit ihm zusammen vergegenwärtigen sich die Sünde und Gottes Gesetz, Gottes Zorn und die Macht des Teufels. „Sünde, Tod und Teufel" lautet die Trias, innerhalb derer Luther den Tod ortet [5]. Der Mensch hat es niemals nur mit dem Tod allein zu tun; das wäre ein harmloses Sterben. Der Tod macht dem Menschen vielmehr seine totale Entfremdung vom wahren Leben bewußt, ist letzter Ausdruck und zugleich unumgängliche Konsequenz unserer durch die Sünde geprägten Situation, „der Sünde Sold" (Röm 6,23). Der Tod offenbart die Ohnmacht und Unfreiheit des Menschen, die Radikalität des Zorns Gottes und die Übermacht des Satans.

Im Sterben geht es also um mehr als um einen physiologischen, psychischen oder auch sozialen Vorgang; die Wirklichkeit des Todes wird daher mit medizinischen, psychologischen oder sozialen Hilfestellungen allein nicht zureichend erfaßt. Trotzdem sind diese nicht irrelevant, denn die Todeswirklichkeit in ihrer letzten Schrekkensdimension wendet sich an den einzelnen in seiner physiolo-

---

[4] WA 2,685,22f.

[5] Vgl. *H.-M. Barth,* Der Teufel und Jesus Christus in der Theologie Martin Luthers, Göttingen 1967, 68f.

gisch, psychologisch und sozial bestimmbaren Situation. Das Wahrnehmungsorgan für die Wirklichkeit des Todes ist freilich nicht der Leib, der sich mit seinen Schmerzen abmüht, auch nicht die Psyche, die zwischen Depression und Überlebenshoffnung schwankt, ebensowenig das Feld der sozialen Beziehungen, die sich in der Situation des Sterbens verdichten, verdünnen oder verwirren mögen, sondern das Gewissen. Das Gewissen macht den Menschen schlechthin unaustauschbar und unvertretbar. Im Gewissen gewahrt er die begegnende Macht des Todes, der Sünde und des ewigen Scheiterns. „Es wird keiner für den anderen sterben. Sondern ein jeglicher muß in eigener Person für sich mit dem Tod kämpfen. In die Ohren können wir einander wohl schreien. Aber ein jeglicher muß für sich selber geschickt sein in der Zeit des Tods, ich werde dann nicht bei dir sein noch du bei mir. Hierin muß jedermann selber die Hauptstücke, die einen Christen belangen, wohl wissen und gerüstet sein ..." (WA 10/3, 1, 7 ff). Um diese Zurüstung geht es in Luthers Beitrag zum Thema Sterbebegleitung[6].

Er hat sich an zahllosen Stellen dazu geäußert; ich halte es für berechtigt, wenn H. J. Iwand vermutet, daß „Luthers Theologie dort überall falsch verstanden wird, wo sie beschränkt wird auf die Vergebung der Sünden"[7]. Tatsächlich geht es Luther um die Befreiung von allen den Menschen bedrohenden Mächten, gewiß also auch um die Befreiung von der Macht der Sünde, aber ebenso um die Erlösung vom Zorn Gottes und „von der Gewalt des Teufels" – und in alledem um die Überwindung des Todes[8]. Wer gegen eine dieser Mächte gewonnen hat, hat den Sieg über sie alle errungen. Wer der Vergebung in Christus gewiß ist, für den hat zwar der Tod noch sein schreckliches äußeres Erscheinungsbild, wie man denn auch vor einer toten Schlange noch erschrickt, obwohl sie einem nicht mehr schaden kann (WA 40/3, 549, 9 ff)[9]. Aber in Wahrheit handelt es sich

---

[6] Zu Luthers Verständnis des Todes vgl. *P. Althaus,* Die Theologie Martin Luthers, Gütersloh 1962, 339 ff; *U. Asendorf,* Eschatologie bei Luther, Göttingen 1967, 285–293; *H. Bornkamm,* Leben und Sterben, in: ders., Luthers geistige Welt, Gütersloh ⁴1960, 130–145; *H. J. Iwand,* Luthers Theologie (= Nachgelassene Werke), München 1983, 188 ff; *W. Thiede* (s. Anm. 2). Vgl. im übrigen G. Ebeling, Des Todes Tod. Luthers Theologie der Konfrontation mit dem Tode, in: ZThK 84 (1987) 162–194. Für einige Literaturhinweise zum gesamten Themenbereich habe ich Herrn Prof. Dr. Heinrich Leipold/Marburg zu danken.

[7] *H. J. Iwand* (s. Anm. 6) 188.

[8] „... von allen Sünden, vom Tod und von der Gewalt des Teufels" – formuliert Luther in seiner Auslegung des zweiten Glaubensartikels im Kleinen Katechismus.

[9] Vgl. WA 22, 101, 22 ff.

nun um einen „süßen" Tod – nicht zu verwechseln freilich mit einem „süßen Sterben" –, um einen „Schlaf" (WA 22, 102, 14), um das Ableben des Menschen nur in seiner äußeren, leibhaften Existenz, somit nicht um den eigentlichen Tod, sondern um das „Tödlein" (WA 22, 100, 3 ff). Wie aber kommt der Mensch – nicht erst und nicht nur der Sterbende! – dazu, den Tod in Christus zu durchschauen und als „Tödlein" zu erfassen, ja zu begreifen, daß der Tod ihm etwas Heilsames sein wird, endgültiger Durchbruch zu einem nicht mehr durch die Sünde gebrochenen, ewigen Leben? Gelänge dem Glaubenden das, so „könnte" er sterben: „Diese Kunst muß der heilige Geist und die rechte Hand Gottes lehren" (WA 31/1, 158, 27 ff). Wie geschieht das? Luther hat oft dazu Stellung genommen. Um die Breite seines Ansatzes und zugleich die zunehmende Klarheit Luthers in dieser Frage herauszuarbeiten, konzentriere ich mich nicht nur, wie dies naheliegt und oft geschieht, auf seinen „Sermon von der Bereitung zum Sterben" von 1519[10]. Einen interessanten, weil ganz anders angelegten Beitrag scheint mir das Pestgutachten „Ob man vor dem Sterben fliehen möge" von 1527 darzustellen[11]. Ein drittes Genus der Auseinandersetzung mit unserem Themenkreis bietet schließlich die Auslegung des 90. Psalms, insbesondere in dem Vers: „Herr, lehre uns bedenken, daß wir sterben müssen, auf daß wir klug werden!"[12]

1. Bereitung zum Sterben

Man würde Luther mißverstehen, wenn man meinte, angesichts seines radikalen Ansatzes würde für ihn der Tod mit dem Sterben sozusagen gar nichts zu tun haben. Natürlich präsentiert sich die allgegenwärtige Macht des Todes und seiner Verbündeten Sünde, Gesetz und Gotteszorn in der Sterbestunde auf eine ganz besondere

---

[10] WA 2, 685–697; dazu *H. Appel* (s. Anm. 2); *P. Brunner,* Luthers Sermon von der Bereitung zum Sterben, ausgelegt in einer textnahen Paraphrase mit einigen Erläuterungen, in: ZW 49 (1978) 214–228; *F. Gerke,* Anfechtung und Sakrament in Martin Luthers Sermon vom Sterben, in: ThBl 13 (1934) 193–204; *W. Goez* (s. Anm. 1); *Martin Luther,* Tröstungen. Vermittelt von *R. Bohren,* München 1983, 105 ff. Auf den Zusammenhang mit verwandten Ansätzen im Umkreis dieses Sermons – die weiteren Sermone von 1519, Tessaradecas 1520 – kann hier nicht eingegangen werden. Vgl. auch neuerdings *M. Treu,* Die Bedeutung der consolatio für Luthers Seelsorge bis 1525, in: LuJ 53 (1986) 7–25.

[11] WA 23, 338–379.

[12] WA 40/3, 484–594.

Weise. Luther kann daher vor allem in seiner Frühzeit die Fragestellungen der spätmittelalterlichen Ars-moriendi-Literatur gut aufnehmen. Aber im Lauf der Jahre verlagern sich die Akzente[13]. Luther wird klar, daß der Tod nicht so sehr die Frage nach dem Sterben wie die nach dem Leben stellt. Im Glauben an den in Christus sich dem Menschen zuwendenden Herrn über Leben und Tod verschieben sich die Grenzlinien. Die entscheidende Grenze verläuft nicht zwischen Leben und Tod, sozusagen im Bereich des Sterbeprozesses, sondern zwischen Glauben und Unglauben. Denn der Glaubende ist frei gegenüber Tod und Leben, er „kann" leben und er „kann" sterben: „Unser keiner lebt sich selber, und keiner stirbt sich selber. Leben wir, so leben wir dem Herrn; sterben wir, so sterben wir dem Herrn. Darum – wir leben oder sterben, so sind wir des Herrn" (Röm 14,7f). Was bedeutet dies für den Prozeß des Sterbens selbst?

1.1 Die Auseinandersetzung mit den Todesphantasien

Schon die spätmittelalterliche Ars moriendi wußte um das Problem der Todesphantasien, ja sie brachte diese Phantasien in Gestalt von Holzschnitten ins Bild[14]. Luther reduziert und konzentriert sie aufgrund seiner theologischen Einschätzung auf drei Bilder: das Bild des Todes, der Sünde und der Hölle – die „gräßliche Gebärde" des Todes (WA 2,687,3f), die Betrachtung der Sünde in der „Blödigkeit unseres Gewissens" (ebd. 687,19) und das Bild der Hölle, durch das der Teufel dem Glaubenden „seinen Gott verdächtig" macht (688,9), als wolle dieser ihm übel und werde ihn ewig verdammen. Diese Angstphantasien gehören, so ist Luthers Überzeugung, nicht in die Sterbestunde. Die Auseinandersetzung mit ihnen sollte zu Lebzeiten erfolgen, so daß sie in der Todesstunde keine Kraft mehr haben. Damit ist keineswegs gemeint, daß das ganze Leben mit der Vorbereitung auf das Sterben hingebracht werden solle; das Sterben allein hat solches Eigengewicht gar nicht. Aber die Auseinandersetzung mit dem Gesamtzusammenhang von Tod, Sünde, Gesetz, Gotteszorn und Teufel ist in der Tat ein Problem aller Tage eines Menschenlebens und nicht nur eine Sache der letzten Stunde. Sind

[13] Die protestantische Ars-moriendi-Literatur nach Luthers Tod konnte allerdings wieder am Sermon von 1519 anknüpfen; vgl. die Hinweise bei *R. Mohr,* Protestantische Theologie und Frömmigkeit im Angesicht des Todes während des Barock-Zeitalters hauptsächlich auf Grund hessischer Leichenpredigten, Marburg 1964, 20ff.

[14] Vgl. *R. Rudolf,* Art. Ars moriendi I, in: TRE 4, 143–149 (Lit.!).

solche Phantasien jedoch von einem Sterbebett nicht fernzuhalten, so hat es keinen Sinn und reicht es vor allem nicht aus, daß man „sich mit ihnen zerre und schlage" – auf diese Weise wird man sie nicht los. Die „Kunst" – „ars moriendi"? – besteht vielmehr darin, „sie fallen zu lassen" (WA 2,688,33f). Dies wiederum wird nur möglich, indem man sie integriert: „Du mußt den Tod in dem Leben, die Sünde in der Gnaden, die Hölle im Himmel ansehen" (WA 2,688,35f). „Christus ist nichts als lauter Leben, seine Heiligen auch" (WA 2,689,12f). Christus trägt und erwürgt deine Sünde, er fährt um deinetwillen in die Hölle! Es geht also nicht darum, die Schreckensbilder durch „positive" Bilder zu vertreiben, die Todesphantasien durch freundlichere Inhalte zu ersetzen und ‚auf andere Gedanken zu kommen'. Es handelt sich bei dem, worauf Luther hier abhebt, auch nicht eigentlich um „Gegenbilder"[15], sondern um Bilder, in welche die Schreckensphantasien aufgenommen werden können und in deren Zusammenhang sie von selbst verschwinden, „ohne alles Zerren und Streiten" (WA 2,689,14). Im letzten geht es dabei auch gar nicht um unterschiedliche Bilder, sondern ein einziges Bild, in das sich der Sterbende, ja jeder Angefochtene, bringen muß: „Suche dich nur in Christus, so wirst du dich ewiglich in ihm finden ... Er ist das lebendige und unsterbliche Bild wider den Tod ... Er ist das Bild der Gnade Gottes wider die Sünde ... Er ist das himmlische Bild", ein Verdammter, der durch seine Liebe die Hölle überwunden hat[16]. Wer sich in diesem Bild erfaßt, der „kann" sterben, loslassen, Abschied nehmen. Er wird dankbar, Liebe regt sich in ihm, und Luther weiß, daß „die Liebe und das Lob das Sterben gar sehr erleichtert" (WA 2,697,35). Ein solcher Mensch „kann" auch leben mit allem, was das Leben von ihm erfordert, wie Luther an anderer Stelle deutlich machen wird[17].

1.2 Hilfestellung durch Sakrament und Wort

Was kann den Sterbenden veranlassen, seine Phantasien umzuorientieren und einem Zusammenhang zuzuführen, innerhalb dessen sie

---

[15] Obwohl Luther selbst von „Gegenbildern" spricht. Es geht auch nicht um Gegenbilder im Sinne der Blockbücher – schon gar nicht nach dem Schema von Untugend/Tugend, vgl. *H. Appel* (s. Anm. 2) 75ff und Bildanhang, auch nicht um den Gegensatz von „Unbildern" und „Gutbildern", *P. Brunner* (s. Anm. 10) 221.

[16] WA 2,690,24f; 691,15ff; Paul Gerhardt: „... und laß mich sehn dein Bilde / in deiner Kreuzesnot ...", EKG 63,10.

[17] Vgl. unten 2.1–2.3

nicht nur unschädlich werden, sondern dem Aufkommen von Lob und Liebe Raum geben? Luther empfiehlt am Anfang seines Sermons ganz im Sinne der Tradition, die er vorgefunden hat, die Beichte, das heilige Abendmahl und die „Ölung“ (WA 2,686,10ff). Seine weiteren Ausführungen scheinen in erster Linie am Altarsakrament orientiert; vielleicht hält er es aber auch für überflüssig, hier zwischen den einzelnen sakramentalen Handlungen zu differenzieren: Wie es bei den Bildern letztlich nur um das eine Bild Christi geht, so in den Sakramenten nur um die eine sakramentale Gegenwart des sich selbst zusagenden Christus[18]. Nicht der Vollzug des Sakraments als solcher ist ihm dabei wichtig; vielmehr kommt es nach seiner Meinung darauf an, die „Tugend“, die „Kraft“ des Sakraments zu erfassen und zu nutzen[19], nämlich zu glauben, „es sei wahr und geschehe mir, was die Sakramente bedeuten und alles, was Gott darinnen sagt und anzeigt“, so daß der Sterbende in festem Glauben mit Maria sagen kann: „Mir geschehe nach deinen Worten und Zeichen“[20]. Man kann sich an den Sakramenten festhalten wie an einem „guten Stab“, wenn es über den Jordan des Sterben-Müssens geht; wie eine „Laterne“ geben sie einem Orientierung auf dem „finsteren Weg des Todes, der Sünde und Hölle“ (WA 2,692,38ff). Sie gewinnen diese Funktion durch die Zusage Gottes, die sie enthalten, mir durch das Wort des Priesters vermittelt[21]. So gibt es nichts auf Erden, was „betrübte Herzen und böse Gewissen lieblicher zu trösten vermag“. Denn die Sakramente enthalten „Worte Gottes, die dazu dienen, daß sie uns Christus zeigen und zusagen, mit all seinem Gut, das er selbst ist, wider Tod, Sünde und Hölle“ (WA 2,695,5ff). Es kommt darauf an, daß ich sie trotz meiner Unwürdigkeit in Anspruch zu nehmen mich getraue. Gott gewährt dir „um deiner Würdigkeit willen nichts“, sondern „aus lauter Gnaden baut er dich Unwürdigen auf sein Wort und Zeichen“ (WA 2,694,7ff). Er befähigt damit den leidenden Menschen dazu, nicht nur einen Ritus über sich ergehen zu lassen, sondern inmitten seiner

---

18 Es ist hier nicht der Ort, die Debatte um Luthers Sakramentsverständnis aufzunehmen. Deutlich sind die Bezüge zu Augustin; vgl. *K.-H. zur Mühlen,* Zur Rezeption der Augustinischen Sakramentsformel „Accedit verbum ad elementum, et fit sacramentum“ in der Theologie Luthers, in: ZThK 70 (1973) 50–76.

19 Vgl. *H.-M. Barth,* Die therapeutische Funktion des Heiligen Abendmahls, in: PTh 73 (1984) 512–525.

20 Lk 1,38 (!). WA 2,686,26f.

21 „... die Sakramente, das ist, die äußerlichen Worte Gottes, durch einen Priester gesprochen, gar ein großer Trost sind ...“, WA 2,692,35ff.

Anfechtungen durch die Todesphantasien selbst sprach- und widerstandsfähig zu werden, zu „pochen“: „Gott hat mir zugesagt und ein zuverlässiges Zeichen seiner Gnade in den Sakramenten gegeben, daß Christi Leben meinen Tod in seinem Tod überwunden hab ... Gott hat es gesagt ...!“ (WA 2, 693, 8 ff).

Luther hat, was er hier über die Sakramente insgesamt ausführt, später präzisiert: Die „Ölung“ gehört nicht in den Zusammenhang des Sterbens, wie es damals verbreitete Auffassung war[22]; er möchte sie daher in ihren essentiellen Bestandteilen Wort und Gebet in Verbindung mit der Krankenseelsorge fruchtbar machen[23]. Dagegen wäre vom Sakrament der Taufe her viel über die Freiheit des Christen gegenüber der Mächtekonstellation von Sünde, Tod und Teufel zu sagen; dies verweist erneut auf die Tatsache, daß es bei der Auseinandersetzung des Christen mit dem Tod nicht um eine isolierte letzte Phase, sondern um sein gesamtes Leben geht[24].

1.3 Die Assistenz der Engel, der Heiligen und aller Kreaturen

Es wurde oft darauf hingewiesen, daß sich zur Zeit des ausgehenden Mittelalters das Sterben des einzelnen Menschen als ein mehr oder weniger „öffentliches“ Ereignis vollzog und daß der einzelne auch auf der letzten Strecke seines Lebens nicht allein, sondern in die Gemeinschaft eingebunden war; im Gegensatz zu heute sei das Sterben eben damals nicht „tabuisiert“ gewesen[25]. Die „gesellschaftliche Solidarität, mit welcher man im Mittelalter selbst dem Tode zu begegnen trachtete“, habe aber zu Luthers Gedankengang – man mag es beklagen – nicht gepaßt[26]. Die Beobachtung ist richtig. Die Nicht-Tabuisierung des Sterbens implizierte für Luther aber keineswegs die Nicht-Tabuisierung des Todes, wenn man diesen in seiner letzten, vom Glauben her erschlossenen Wirklichkeit erfassen wollte. Im Gegenteil: Die Präsenz der Öffentlichkeit im Sterbezimmer hinderte den Sterbenden daran, sich der Situation, die doch zunächst ganz und gar ihn und ihn allein betraf, voll bewußt zu werden. Deswegen verweist Luther den Sterbenden in die Einsamkeit

[22] Vgl. bes. WA 6, 567 ff.
[23] Vgl. *H.-M. Barth,* Heilende Seelsorge. Wort und Sakrament als Heilsmittel im therapeutischen Zusammenhang, in: US 42 (1987) 213–222 (bes. 218).
[24] Vgl. *P. Althaus* (s. Anm. 6) 303–307, *H. J. Iwand* (s. Anm. 6) 279–285.
[25] Z.B. *W. Goez* (s. Anm. 1) 100 f.
[26] Ebd. 109.

des eigenen Gewissens. Der Sterbende soll sich selbst wahrnehmen, seine Sünde, seinen Tod, seine Hölle – und sich samt alledem in Christus. Der einzelne wird zu sich gerufen und zu Christus, sich selbst soll er in Christus finden; dazu dienen Wort und Sakrament. Deswegen schreibt Luther nicht ein Beratungsbuch für Sterbebegleitung, sondern sein Sermon wendet sich an denjenigen, der selbst sterben wird. Nicht menschliche Nähe wird dem Sterbenden letztlich helfen, sondern die Gewißheit einer anderen Gemeinschaft: Ein Christ soll in dieser Situation gewiß sein, daß „auf ihn gar viel Augen sehen. Zum ersten Gottes und Christi Augen selber, weil er seinem Wort glaubt und seinem Sakrament anhängt. Danach die lieben Engel, die Heiligen und alle Christen ..." (WA 2,695,18 ff). Das Sakrament des Altars verbindet den, der es empfängt, in Christus mit Gott und seinem Reich. „So aber Gott auf dich sieht, so sehen ihm nach alle Engel, alle Heiligen, alle Kreaturen; und wenn du im Glauben bleibst, halten sie alle die Händ' unter; geht die Seele aus, so sind sie da und empfangen sie, du magst nit untergehen!" (WA 2,695,31 ff)[27]. Mit dem Tod eines einzelnen Glaubenden begibt sich etwas, das die gesamte Christenheit, ihren gesamten Leib, betrifft; sie „reagiert" in ihrem Gesamtzusammenhang[28]. Ja mehr noch, und das ist Luther letzten Endes wichtiger: Die gesamte himmlische – und die von ihr umschlossene irdische – Welt ist tangiert und aufgeboten, den Sterbenden zu stützen und zu trösten. Nicht der Mensch kann und soll sich somit groß auf den Tod vorbereiten, sondern Gott selbst leistet die Bereitung des Menschen zu einem seligen Sterben, indem er in Christus seine Gnade vergegenwärtigt, in Wort und Sakrament sie vermittelt, auf das Gebet zu antworten verspricht. „Nun sieh, was soll dir dein Gott mehr tun, daß du den Tod willig annimmst, ihn nicht fürchtest, und ihn überwindest?" (WA 2,697,14 f). Wer sich auf diesen Gott verläßt, der „kann" sterben – und er „kann" leben!

---

[27] Im Sermon hält es Luther noch für möglich, die Engel, die Heiligen und die Mutter Gottes direkt um ihren Beistand in der Todesstunde anzurufen – eine Anschauung, die sich unter dem überwältigenden Eindruck der Nähe des gnädigen Gottes selbst in den späteren Jahren erübrigen und damit verlieren wird; vgl. *L. Pinomaa,* Die Heiligen bei Luther, Helsinki 1977, sowie neuerdings *V. Vajta,* Die Kirche als geistlich-sakramentale communio mit Christus und seinen Heiligen bei Luther, in: LuJ 51 (1984) 10–62.

[28] Der ganze Leib der Christenheit ist betroffen; daraus folgert *R. Bohren* (s. Anm. 10) 114: „Der Christenmensch, dessen Sterbestunde kommt, darf wissen: seine Stunde ist die des kleinen Zehleins".

2. *Flucht vor dem Tod – vor dem Leben?*

Im Sommer 1527 war in Wittenberg eine Pestepidemie ausgebrochen. Viele verließen die Stadt; die Universität war nach Jena ausgelagert worden, Kurfürst Johann hatte Luther nahegelegt, ebenfalls dorthin zu folgen[29]. In dieser Situation, kaum von den schweren Anfällen im Juli genesen, schreibt Luther, während in seinem Haus mehrere Kranke gepflegt werden, seine Schrift „Ob man vor dem Sterben fliehen möge“[30] – formal eine Antwort auf eine entsprechende Anfrage aus Breslau. Es handelt sich dabei also um ein gänzlich anderes literarisches Genus als bei dem Sermon von der Bereitung zum Sterben – nicht um unmittelbaren seelsorgerlichen Rat an den einzelnen, sondern um eine öffentliche Stellungnahme von gutachterlicher Qualität, auf die hin öffentliche Konsequenzen erwartet werden konnten. Nicht der von der Pest bereits Erfaßte wird hier angeredet und auf seinen möglicherweise bald zu erwartenden Tod vorbereitet, sondern die gesunde, mitten im Leben stehende Bevölkerung in ihrer Angst vor Ansteckung und einem unerwartet rasch zu befürchtenden Lebensende. Die Leser werden mit einer Frage konfrontiert, die in der Ars-moriendi-Literatur so wohl nicht gestellt wurde: Was heißt in dieser Situation „sterben ‚können‘“?

Luther gibt keine vollmundigen Antworten. Er ruft seine Leser auf, sich selbst ein Urteil zu bilden (WA 23,339,20ff). „Christus ist bei euch (in Breslau), der wird euch wohl ohne unser Zutun reichlich lehren“ (WA 23,373,27f). Luther weigert sich, allgemein verbindliche Regeln aufzustellen: Christus will „seine Schwachen nicht verworfen haben“ (WA 23,341,20). Eindeutig klar ist nur, daß eine Verleugnung des Wortes Gottes und somit die Flucht vor dem Martyrium für einen Christen nicht in Frage kommt (WA 23,341,23ff). Welche Gesichtspunkte lassen sich aber darüber hinaus ins Feld führen?

---

[29] Zur Situation vgl. *M. Brecht,* Martin Luther. 2. Band. Ordnung und Abgrenzung der Reformation 1521–1532, Stuttgart 1986, 205f.

[30] WA 23,338–379; Zur Textgeschichte vgl. ebd. 323–337 sowie die Anmerkung S. 380–386.

2.1 Orientierung an der Liebe

Ob ich als Christ mich dem Risiko tödlicher Ansteckung entziehen darf, ist kein Problem, das ich im Binnenraum privater Frömmigkeit lösen kann: Es wird sich an der Liebe entscheiden. Dabei geht es Luther nicht um allgemeine Erörterungen über das Wesen der Liebe, sondern um die höchst konkreten Beziehungen und Strukturen, innerhalb derer meine Liebe ihr Aufgabengebiet findet. Daraus ergeben sich sehr nüchterne, wenig „religiös" klingende Erwägungen. Sind die nächsten Menschen, denen ich durch das Beziehungsgefüge, in dem ich stehe, zugeordnet bin, zureichend versorgt, so habe ich die Freiheit, „vor dem Sterben zu fliehen". Gerade Prediger und Seelsorger werden in Todesgefahr die ihnen anvertrauten Menschen nicht verlassen. Doch wo es genügend viele Prediger gibt und diese sich über eine geordnete Versorgung der Gemeinde verständigt haben, denkt Luther, „es sollt' nicht in Sünde sein", wenn einzelne die Risikozone verlassen[31]. Nach diesem Modell ergibt sich für die Inhaber weltlicher Ämter, daß es natürlich unverantwortlich wäre, wenn sie ihre Gemeinden im Stich ließen; tun sie es dennoch, so müßten sie wenigstens eine Vertretung organisieren (WA 23,345,9 ff). Derselbe Gesichtspunkt gilt für alle Dienst- und sogar für die Familienverhältnisse, ja für Nachbarschaftsbeziehungen: Ist jemand in meiner Nachbarschaft erkrankt, der niemanden zur Pflege hat, so bin ich verpflichtet, um seinetwillen die Gefahr, daß ich ums Leben komme, auf mich zu nehmen. Abgesehen von den solchermaßen durch die Liebe erfaßten Verpflichtungen ist jedermann frei, zu „fliehen" oder zu „bleiben" (WA 23,347,1). Wer bleiben muß, wird zu Gott sagen: „Herr, in deiner Hand bin ich, du hast mich hier angebunden: Dein Wille geschehe ...", und das Gebet des vor dem Tod Fliehenden wird lauten: „Herr Gott, ich bin schwach und furchtsam, darum fliehe ich das Übel ..., aber ich bin gleichwohl in deiner Hand ..., dein Wille geschehe!" (WA 12,351,16 ff).

2.2 Befreiung zur Sachlichkeit durch den Glauben

Die befreiende Kraft des Glaubens angesichts konkreter Todesgefahr äußert sich zunächst darin, daß ich zur Situation Distanz gewinne, indem ich sie auf Gott hin hinterfrage. Die Antworten

[31] WA 23,343,8 ff; Luther verweist auf Begebenheiten im Leben des Athanasius sowie des Paulus, Apg 9,25; 19,30.

mögen als solche noch nicht sehr beruhigend sein: Das „Sterben ist eine Strafe Gottes“, die ich geduldig hinzunehmen habe (WA 23,339,27). Gott versucht unseren Glauben und unsere Liebe, „damit wir sehen und erfahren“ – wir, nicht er! –, wie es mit unserem Verhältnis zu Gott und den Menschen bestellt ist (WA 23,355,14ff). Die widergöttliche Macht des Teufels ist es, die sich hier austoben möchte, damit wir „als im dunklen Wetter, Christus, unser Licht und Leben, vergäßen und verlören, und den Nächsten in (seinen) Nöten ließen“ (WA 23,357,3ff). Aber der Glaubende durchschaut das!

Im Glauben gewinnen wir darüber hinaus die Kraft, den Dienst am Nächsten selbst unter Todesgefahr aufzunehmen: „Hat Christus sein Blut für mich vergossen und sich um meinetwillen in den Tod gegeben, warum sollt' ich nicht auch um seinetwillen mich in eine kleine Gefahr geben und eine ohnmächtige Pestilenz ansehen dürfen? Kannst du, Pest, schrecken, so kann mein Christus stärken; kannst du töten, so kann Christus Leben geben; hast du Gift im Maul, Christus hat noch viel mehr Arznei“ (WA 23,357,29ff). Weil ich weiß, daß es den Teufel „verdreußt“, will ich gerade ihm zum Trotz meinem kranken Nächsten helfen; Gott „und allen Engeln“ gefällt dieser mein Einsatz[32]. Auf diese Weise vollzieht sich wahrer Gottesdienst: „Gottesdienst ist freilich, so man dem Nächsten dient“ (WA 23,359,16f).

Schließlich wird dem Glaubenden bewußt, daß Gott selber auf der Seite dessen steht, der sich unter Lebensgefahr für seine Mitmenschen einsetzt: Gott wird sein „Wärter“ und sein „Arzt“ sein – und was für ein „Wärter“ und „Arzt“! „Lieber, was sind alle Ärzte, Apotheken und Wärter gegen Gott? Sollte einem das nicht Mut machen, zu den Kranken zu gehen und ihnen zu dienen, wenngleich so viele Geschwüre und Pestilenz an ihnen wären, wie Haare am ganzen Leib ...“[33]? Gott selbst will unseren Widerstand gegen Krankheit und Tod!

---

[32] WA 23,357,11ff; vgl. die Rolle der Engel im „Sermon von der Bereitung zum Sterben“, oben 1.3. An eine Assistenz der Heiligen ist nur indirekt gedacht; auch sie haben sich vor dem Tod entsetzt, WA 23,341,7f. Gerade angesichts des Sterbens ist die Verbundenheit im Glauben nötig, WA 23,355,9f; in seinen eigenen Nöten hatte Luther die Fürbitte der „Heiligen“, nämlich der Christen in Wittenberg, erbeten; vgl. *M. Brecht* (s. Anm. 29) 205. Maria bekommt eine völlig andere Funktion als im Sermon: Vgl. 23,363,9ff.

[33] WA 23,359,31ff; Luther beobachtet, daß gerade diejenigen, die sich furchtlos auf die Gefahr einlassen, oft behütet werden; WA 23,359,17f.

2.3 Widerstand gegen den Tod

Von einer romantischen oder auch religiös begründeten Todessehnsucht kann bei Luther nicht die Rede sein. „Sterben und Tod zu fliehen und das Leben retten zu wollen, ist natürlich, von Gott eingepflanzt und nicht verboten, wo es nicht wider Gott und den Nächsten ist" (WA 23,347,6ff). Sich um Nahrung, Kleidung und allerlei Bedürfnisse des leiblichen Lebens zu kümmern und dafür zu arbeiten, entspricht dem Willen Gottes. Wenn es brennt, muß man löschen; wer ins Wasser fällt, muß sehen, daß er wieder ans Ufer gelangt, wer sich das Bein bricht, muß es sich kurieren lassen; bei Frost muß man heizen. Wohl mag ein Moment der Strafe Gottes in alledem liegen. Andererseits weist uns das Vaterunser an, gegen alles Übel zu bitten und uns entsprechend zu verhalten (WA 23,351,6ff). Daher wäre es grobe Verantwortungslosigkeit, auf medizinische Hilfsmittel zu verzichten, obwohl diese aus heutiger Warte sich reichlich bescheiden ausnehmen: „Gebrauche die Arznei, nimm zu dir, was dir helfen kann, räuchere Haus, Hof und Gassen", meide die Ansteckungsgefahr (WA 23,365,24ff); wer seinen Leib verwahrlosen läßt, wird zum Selbstmörder. „Gott hat die Arznei geschaffen und die Vernunft gegeben, dem Leib vorzustehen und ihn zu pflegen, daß er gesund sei und lebe" (WA 23,365,6ff). Gott will einen gottesfürchtigen Glauben und nicht einen Glauben, der „dummkühn" und „frech" ist (WA 23,367,8f). Zudem kommt der Widerstand des einzelnen gegen Ansteckung und Erkrankung nicht nur diesem selbst, sondern auch der Gemeinschaft insgesamt zugute. Wer sich mutwillig seiner Verantwortung im Gesundheitsbereich entzieht oder wer gar bewußt versucht, mit seiner Krankheit einen anderen Menschen zu infizieren, der ist der öffentlichen Gerichtsbarkeit zu übergeben – in der Sprache Luthers: dem „Meister Hans", dem Henker. Auch die öffentlichen Instanzen haben im Widerstand gegen den Tod ihren klaren Auftrag. So ergibt sich: Wenn man „keck im Glauben wäre", wo es die Not des Nächsten erfordert, dagegen „vorsichtig", wo dies nicht angezeigt wäre, in solch einer Stadt sollte es wohl – Luther folgert nicht: zu einer raschen Beendigung der Gefahr, sondern – zu einem „seligen Sterben" kommen. Letztlich geht es nicht um Leben oder Tod, sondern um die selige Nähe Gottes. Wer in solcher „Gottseligkeit"[34] lebt, der „kann" leben und er „kann" sterben.

---

[34] WA 23,359,14f – Mit Bezug auf 1 Tim 4,8.

2.4 Seelsorge für Lebende und Sterbende

Luther weiß sehr wohl, daß man gerade im Sterben „des geistlichen Amtes am allerhöchsten" bedarf (WA 23,343,4f), soll es doch durch Gottes Wort und Sakrament die Gewissen für die Auseinandersetzung mit der Mächtekonstellation von Sünde, Tod und Teufel zurüsten helfen. Andererseits zeigt er mindestens in unserem Zusammenhang eine merkwürdige und uns Heutigen schwer nachvollziehbare Reserve gegen eine spezielle Sterbeseelsorge. Menschen, die sich in gesunden Tagen nicht um das Wort Gottes gekümmert haben, soll man „liegen lassen in ihrer Krankheit", es sei denn, sie gäben ihren Sinneswandel deutlich zu erkennen. Wer „wie ein Heide oder Hund" leben will, dem soll das Sakrament nicht gereicht werden – „er mag sterben, wie er gelebt hat" (WA 23,371,12ff). Es hat keinen Sinn, dem Sterbenden ohne Rücksicht darauf, ob er will oder nicht oder ob er überhaupt noch bei Bewußtsein ist, das Sakrament, wie es vor der Reformation geschehen sei, in den Hals zu stoßen „wie in einen Brotsack" (WA 23,373,16f). Wenn Krankenseelsorge, so hat sie zu beginnen, solange die Krankheit sich im Anfangsstadium befindet. Aber man kann ohnehin nicht an jedem Krankenbett eine Kanzel und einen Altar aufbauen, wenn die öffentliche und allen zugängliche Verkündigung nicht rechtzeitig in Anspruch genommen wurde. In Zeiten einer Epidemie reichen die vorhandenen Seelsorger sowieso nicht aus, sich um jeden einzelnen Erkrankten zu kümmern[35]. In der Gemeinde fehlt es weder „am Predigen, Lehren, Vermahnen, Trösten, Besuchen" noch an anderen Diensten (WA 23,371,28ff). Die eigentliche Seelsorge für Leben und Sterben erfolgt im öffentlichen Gottesdienst (WA 23,371,10ff). Wer bereit sein will, wenn „der Herr anklopft", der gehe regelmäßig – alle ein bis zwei Wochen – zu Beichte und Sakrament, er versöhne sich mit seinen Mitmenschen und mache sein Testament (WA 23,371,23ff). Im Glauben leben und im Glauben sterben ist nicht prinzipiell zweierlei!

So ist es wohl auch nicht als ein spezieller Beitrag Luthers zur Entfaltung einer Ars moriendi zu verstehen, wenn er am Ende seiner Schrift über die „Flucht vor dem Sterben" auf den Friedhof als einen Ort zu sprechen kommt, an dem man „eitel Andacht schöpfen" und Tod und Auferstehung bedenken könnte (WA 23,377,10).

---

[35] In diesem Zusammenhang erfolgt kein Hinweis auf das allgemeine Priestertum der Getauften; vgl. aber unten 3.3.

Er empfiehlt daher – und nicht nur aus hygienischen Gründen –, die Friedhöfe außerhalb der Ortschaften anzulegen. Dann wäre es nämlich (im Gegensatz zur Situation vielerorts im 16. Jahrhundert) in ihnen still, so daß man dort „mit Andacht gehen und stehen könnte, den Tod, das Jüngste Gericht und die Auferstehung zu betrachten, und beten ...“ Man würde dessen inne werden, daß es sich hier in gewissem Sinne um eine heilige Stätte handelt, „weil ohne Zweifel etliche Heilige da liegen“ (WA 23,375,29ff); Bilder an den Friedhofsmauern könnten ein übriges tun. Doch soll der andächtige und glaubensvolle Gang über den Friedhof gewiß nicht dazu dienen, sich trübsinnig in die Welt des Todes einzustimmen. Vielmehr geht es alsbald wieder zurück in die Stadt, wo die lebenden „Heiligen“ warten[36]. Gedanken über den Tod und seine Überwindung helfen dem Menschen dazu, im Glauben sterben und leben zu können.

3. Bedenken, daß wir sterben und auferstehen werden

Luther hat den Themen Tod und Sterben in späteren Jahren keine eigene Schrift mehr gewidmet. Der „Sermon von der Bereitung zum Sterben“ hatte in den Jahren unmittelbar nach seinem Erscheinen über 20 Nachdrucke erlebt[37]; Luther versuchte nicht, ihn etwa durch ein umfassenderes oder reiferes Werk aus seiner Feder zu ersetzen. Der Tod stellte für ihn kein „eigenes“ Thema mehr dar[38]. Im christlichen Glauben geht es immer um Tod und Leben, um ein Leben angesichts der Machtkonstellation von Sünde, Tod und Teufel und um ihre Überwindung durch den Gott Jesu Christi. Zusammenhängend wird dies von Luther noch einmal in seinen Vorlesungen über den 90. Psalm 1534/35[39] ausgeführt. Tod und Leben erscheinen hier in der reformatorischen Grundperspektive von Gesetz und Evangelium. Dabei ergibt sich für Luther ein Blick zurück auf eine überholte ars moriendi, die nach seinem Urteil zu kurz greift, und ein zuversichtlicher Ausblick auf die überwältigende

---

[36] Vgl. Anm. 32.

[37] Vgl. den Bericht WA 2,680ff. Zum Boom der Ars-moriendi-Literatur vgl. *W. Goez* (s. Anm. 1) 97f.

[38] Allerdings äußert sich Luther später gelegentlich zur Pestgefahr, vgl. WA 41,375–381 (Predigt über Röm 6,19ff); ebd. 381–386 (Predigt über Röm 8,12ff); ebd. 385–390 (Predigt über 1 Kor 10,1ff); WA 41,468–472 (Predigt über 1 Kor 4,1ff).

[39] Enarratio psalmi XC per D. M. Lutherum in schola Witenbergensi anno 1534 publice absoluta, WA 40/3,484–594.

Macht des gnädigen Gottes: „Gott ist Leben, deshalb werden diejenigen, denen er Zuflucht ist, ebenfalls leben!“ [40]

3.1 Der Tod mitten im Leben

Im 90. Psalm findet Luther seine eigene Lebens- und Todeserfahrung wieder. Wer kann die Kürze des menschlichen Lebens wirklich erfassen? Es ist eigentlich kein „Lauf“, sondern eher wie ein „ungestümer Wurf, durch den wir zum Tod hingerissen werden“ [41]. Er, Luther, sei jetzt 51, aber es komme ihm vor, als ob er heute geboren sei. Die Philosophen sehen richtig, wenn sie sagen, angesichts der Zeit, die vergangen ist, und derjenigen, die noch nicht da ist, bleibe uns nichts als der Augenblick des „Jetzt“ [42]. Das Leben erscheint wie ein Traum, den man erst bemerkt, wenn er vorbei ist (WA 40/3, 528, 25 f). Unentwegt ist uns der Tod auf den Fersen, und „niemals ist er uns nicht ganz nahe“ (WA 40/3, 524, 17 f). An seiner Übersetzung von Psalm 90, 9 – ‚dies nostri abeunt ... unsere Tage fahren dahin‘ – gewinnt Luther ein eindrucksvolles Bild: „Unser Leben wendet uns nämlich nicht das Gesicht zu, als ob es komme, sondern eher den Rücken, in schnellstem Lauf flieht es vor uns.“ [43] Wir „bringen unsre Jahre zu wie ein Geschwätz“ (Ps 90, 9): Luther deutet den Begriff für „Geschwätz“ nicht negativ, sondern erläutert die Flüchtigkeit des Lebens an der Hinfälligkeit des menschlichen Sprechens: Was dies seiner Substanz nach ist, weiß man ohnehin nicht – woher kommt es, wohin geht es, woraus gestaltet es sich? Ist es etwas anderes als bloßer Klang, Echo, flüchtige Bewegung, aber zugleich unwiderruflich dahin? Die Nachtigall erfüllt mit ihrer Stimme Himmel und Erde – „woher aber diese Stimme kommt, wo sie anfängt, wo sie aufhört, weißt du nicht: So ist unser Leben“ (WA 40/3, 557, 11 ff, 558, 21). Für den Menschen aber ist der Tod schlimmer als für die außermenschliche Kreatur: Das Gras kommt hervor und stirbt aufgrund göttlicher Anordnung, unter „Gottes wohlwollendem Lächeln“ [44]. Freilich trägt auch die unschuldige Kreatur ihre Leiden nicht mühelos; das Schwein quiekt ängstlich, wenn es geschlachtet

---

[40] „Vita est, itaque quibus est habitaculum, hi quoque vivent“. WA 40/3, 497, 15 f.

[41] Zu Ps 90, 4; „... impetuosum iactum ..., quo ad mortem rapimur“; WA 40/3, 523, 24 f.

[42] „nihil habemus, quam quod NUNC est“, WA 40/3, 525, 14 ff.

[43] „Significat enim, quod vita nostra non vertat ad nos faciem quasi veniat, Sed dorsum potius, quae celerrimo cursu fugiat ...“, WA 40/3, 555, 23 ff.

[44] „Deo favente et ridente“, WA 40/3, 536, 15.

werden soll; „wenn ein Baum geschlagen wird, fällt er nicht ohne Knarren“ (WA 40/3, 537, 11 ff). Aber am schlimmsten erfahren den Tod doch die Menschen: Sie sind „nicht zum Sterben geboren“[45]. Der Mensch ahnt den Zusammenhang zwischen seinem Todesgeschick und seiner Entfremdung von Gott, zwischen Sünde, Tod und Gottes Zorn.

3.2 Das Gesetz des Todes und das Evangelium vom Leben

Gottes Zorn macht es, „daß wir so vergehen“ (Ps 90, 7). Als Mönch, berichtet Luther, habe er, wenn er diesen Psalm gelesen habe, oft das Buch aus den Händen legen müssen; er habe damals noch nicht erfaßt, daß sich die Rede vom Zorn Gottes an diejenigen Menschen wende, die verhärtet oder stumpf ihr Schicksal hinnehmen, ohne nach Gott zu fragen (WA 40/3, 501, 22 ff). Gott, der Schöpfer des Himmels und der Erde – unsere Zuflucht! Wenn er aber zürnen sollte, dann bleibt uns schlechterdings kein Ausweg, dann bleibt nichts, was uns retten könnte (WA 40/3, 512, 12 ff). Hier gelte es, hinsichtlich der Zielrichtung des Wortes Gottes wohl zu unterscheiden[46]. Durch den Gedanken an den Tod und den Zorn Gottes wird ein Mensch auf die Gnade vorbereitet[47]. Gott gebraucht den Teufel und unsere Niedergeschlagenheit und Verzweiflung dazu, daß wir anfangen, „zu ihm zu seufzen und zu stöhnen“ (WA 40/3, 547, 20). Gott selbst behält es sich vor, uns für den Empfang des Lebens und der Gnade vorzubereiten (WA 40/3, 584, 29). Gott tötet und macht lebendig, er führt in die Hölle und wieder herauf, das ist sein „titulus“, sein Ehrenname (WA 40/3, 518, 22 f; vgl. 1 Sam 2, 6). Er wirkt in den Menschen Reue und Demut, so daß sie durch ihn, den Schöpfer ihres Lebens, schließlich auch den Tod besiegen werden. Den Menschen erscheint als negativ, was in Wahrheit und in seinem letzten Sinn positiv ist; wir bekommen gleichsam nur den Abdruck oder die wächserne Hohlform der Gemme zu sehen – Gott hat die Gemme selbst vor Augen (WA 40/3, 533, 30 ff). So ergibt sich für unsere Wahrnehmung unter der Perspektive des Gesetzes: „Mitten wir im Leben sind mit dem Tod umfangen.“ Aber „die Stimme des

---

[45] „homo ... talis creatura, quae ... non est creata ad moriendum“, WA 40/3, 513, 24 f.

[46] „... ‚recte secare verbum‘, ut aliter doceas superbos et securos, aliter eos qui jam antea territi pavent“, WA 40/3, 512, 26 f.

[47] „... praeparentur ad gratiam“, WA 40/3, 499, 25; vgl. 553, 25 ff.

Evangeliums richtet uns auf und singt (!): ‚Mitten im Tod sind wir im Leben!'“[48]

3.3 Sterben können

Bei der Erklärung des 90. Psalms erinnert Luther noch einmal an die Ars moriendi, wie er sie als Mönch kennengelernt hatte. Auch er, der Reformator, spricht ja nun davon, daß es durchaus sinnvoll sei, den Tod nicht zu verdrängen, sondern sich mit ihm auseinanderzusetzen. Er kritisiert: Die Mönche haben viel über die Verachtung des Todes disputiert, „aber schlecht“. Sie ließen sich entweder zu falscher Sicherheit angesichts des Todes verführen oder aber in tiefe Gewissensqualen (WA 40/3, 520, 10ff) hineinziehen. Wenn man über die Sünde unangemessen reflektiert, kann man selbst über der Meditation von Schriftworten in einen Geist der Lästerung geraten (WA 40/3, 551, 21ff). Es fällt Luther auf, daß die spätmittelalterliche Ars moriendi gemeinsame Wurzeln mit der vorchristlichen Antike hat: „Aristoteles meint, wie die Mönche, das Bedenken des Todes sei ein Heilmittel, das den Tod erträglicher mache“[49]. Aber wenn nicht die Hoffnung auf das ewige Leben hinzukomme, dann werde man wohl besser ein Epikuräer! Luther weist diese Ansätze in Antike und spätmittelalterlicher Ars moriendi nicht grundsätzlich ab, aber sie erscheinen ihm nicht ausreichend[50]. Wie sieht nun die von ihm ins Auge gefaßte „bessere“, „höhere“, aus dem Glauben gewonnene „Kunst des Sterbens“ aus?

In einem äußerlich-technischen Sinne gibt Luther drei Hinweise: Zum einen entnimmt er offenbar Hilfreiches der von ihm vorgefundenen spirituellen Tradition; manches empfindet er als „weise“ und „aufgrund eines reichlichen Gebrauchs geistlicher Dinge überliefert“ (WA 40/3, 547, 12f). Ausdrücklich nennt er Johannes Gerson, der gegen den Geist der Lästerung zu trösten vermöge[51]. Sodann empfiehlt er die gegenseitige Seelsorge der Christen aneinander[52].

---

[48] „... At Euangelii vox iterum erigit et canit: Media morte in vita sumus“. WA 40/3, 496, 16f; vgl. EKG 309, 1 und die beiden von Luther hinzugedichteten Strophen 2 und 3.

[49] „... meditationem mortis esse remedium ...“, WA 40/3, 493, 22, vgl. 520, 10.

[50] „Longe melius Moses docet ...“, WA 40/3, 520, 15; „Altius nobis adscendendum est ...“, ebd. 494, 14.

[51] WA 40/3, 546, 18f; kritisch zu Gerson jedoch WA 40/3, 630, 4f.

[52] Vgl. *J. Henkys,* Seelsorge und Bruderschaft. Luthers Formel „per mutuum colloquium et consolationem fratrum“ in ihrer gegenwärtigen Verwendung und ursprünglichen Bedeutung, Stuttgart 1970.

Hier erscheint die Erinnerung an die Grundeinsichten des „allgemeinen Priestertums“[53], nämlich daß „du aufgrund des Gebotes Gottes auf mich hörst, und daß ich dich, der du dich in Trauer und Gefahr befindest, tröste, daß du mir glaubst, und umgekehrt ich dir, wenn ich in eine ähnliche Gefahr gerate“ (WA 40/3, 543, 22 ff). Luther selbst werde oft getröstet durch Menschen, die sich ihm weit unterlegen fühlten; immer aber hätten nach dem Gesetz Christi die jeweils Stärkeren die Schwächeren zu tragen[54]. Der dritte äußerlich-technische Hinweis: Es komme darauf an, die Gedanken zu „lenken“ („gubernare“) – weg von Selbstvorwürfen und Zweifeln an sich selbst und an Gott – hin zu Gottes Gnade (WA 40/3, 539, 11 – 542, 30; 549, 14–23). Solches „Lenken“, das vom heiligen Geist erbeten sein will, erfolgt nicht durch Verdrängung, sondern dadurch, daß wir unsere Gedanken zu einem Seufzen (WA 40/3, 539, 11 ff) und zu demütigem Bekenntnis werden lassen (WA 40/3, 542, 18 f). Damit ist ansatzweise die inhaltliche Struktur der reformatorisch verstandenen ars moriendi schon bestimmt.

Die Auseinandersetzung mit dem Tod und mit der Mächtekonstellation von Sünde und Verdammnis, innerhalb derer er begegnet, ist durchaus „wünschenswert“[55]. Es kommt nur darauf an, diese schrecklichen Gedanken – die Todesphantasien des Sermons von der Bereitung zum Sterben – richtig zu gebrauchen[56]. Beten soll man darum, daß einen solche Anfechtungen nicht erst in der Todesstunde überfallen (WA 40/3, 550, 13). Sie sind nützlich, wenn sie das Ackerland aufreißen und empfänglich machen für die Aufnahme des Samens, dessen Frucht das ewige Leben sein wird (575, 16 ff).

Die Angst vor dem Tod ist zu durchschauen als etwas, womit uns der Teufel schrecken will – in Gottes Auftrag (WA 40/3, 547, 14 ff). Letztlich gilt es, alles, was uns widerfährt, Tod und Leben, auf Gott zu beziehen; Gott lebt und herrscht jenseits dessen, was wir erfahren und was uns „sichtbar“ bedrängt (WA 40/3, 570, 20 ff). Dann „kalkulieren“ wir neu. Der heilige Geist lehrt uns, unsere Tage zu „zählen“,

---

[53] Vgl. *H.-M. Barth,* Il sacerdozio universale in Martin Lutero, in: StEc 6 (1988) 9 ff.

[54] Auch die gerade in einer Krise befindlichen Glaubenden gehören zum Leib Christi – wie man denn auf seine Nase ebenfalls nicht verzichten wolle, wenn sie durch einen üblen Katarrh verstopft ist – „... impuro phlegmate abundat, et quasi cloaca cerebri est“, WA 40/3, 544, 17; die Vorlesung wurde vermutlich Anfang März gehalten!

[55] „Optandus itaque hic est sensus mortis et irae, humiliatio et contritio illa“. WA 40/3, 568, 20 f.

[56] WA 40/3, 542, 27 ff; 542, 31 – 543, 13 – interessante Bemerkung zu Dionysius Areopagita!

und macht uns deutlich, daß auch hundert Jahre eines Menschenlebens vor Gott zu einem „punctum Mathematicum" werden (WA 40/3, 572, 24). Dann lernen wir, den 90. Psalm zu beten: „Herr Gott, du bist unsere Zuflucht für und für ..."; schon der Anfang dieses Psalms „atmet Leben" (WA 40/3, 496, 24). Gott unser „habitaculum", unsere „Wohnstatt", und wir deren „Bewohner" (ebd. Z. 27f.)! Nicht Himmel und nicht Erde wird unsere ewige Wohnstätte sein, nicht das Paradies, sondern „Gott selbst" (WA 40/3, 498, 24ff)!

Luther beendet seine Auslegung des 90. Psalms mit der nüchternen Feststellung, in diesem Gebet gehe es erstens um Sündenvergebung und ewiges Leben, und zweitens um die Tröstung der Seele durch Gottes Wort, so daß Frömmigkeit und Friede bestehen können. Haben wir dies, „dann haben wir alles, und leben im Frieden des Leibes und der Seele, und wachsen täglich im Glauben, bis wir in den Himmel enteilen" (WA 40/3, 593, 21 ff). Das Sterben-Können wird nicht als eine besondere „Kunst" neben dem Leben-Können empfohlen, sondern im Glauben als dessen selbstverständliche andere Seite erfaßt. Mitten im Leben-Können wird damit auch das Sterben-Können gegenwärtig. Wenige Tage vor seinem Tod, während seiner letzten Reise, in Eisleben, sagt Luther humorvoll-grimmig: „Wenn ich wieder heim nach Wittenberg komme, will ich mich in den Sarg legen und den Maden einen feisten Doktor zu fressen geben"[57]. Er weiß, daß Gott seine Zuflucht ist – im Leben und im Sterben.

4. Kunst des Sterbens – dem Leben zurückgegeben

Vergleicht man die Äußerungen Luthers zum Themenbereich der Ars moriendi von 1519, 1527 und 1534/35 miteinander, so wird man ein Doppeltes sagen müssen: Der „Sermon von der Bereitung zum Sterben" enthält – trotz seiner spätmittelalterlichen Einkleidung – bereits im Ansatz, was Luther später zu diesem Thema ausführen wird. Andererseits ist deutlich, daß die Theologie des Reformators auch im Blick auf Tod und Sterben im Lauf der Jahre an Kontur und Klarheit gewonnen hat. Die im Sermon von 1519 beschriebene

---

[57] Vgl. *H. A. Oberman,* Luther. Mensch zwischen Gott und Teufel, Berlin 1981, 11–16 (13).

„Gemeinschaft der Heiligen“ verliert ihre Bedeutung nicht, sondern sie wird transformiert zur Gemeinschaft der Fürbittenden und einander Beistehenden (1527) und schließlich zur Gemeinde der Glaubenden, in der geschwisterlich einer den anderen mit Gottes Wort tröstet (1534/35). Das Sakrament, das 1519 im Mittelpunkt zu stehen scheint, wird bereits dort auf dasjenige hin befragt, was an Verheißung es dem Sterbenden „sagt“; das „Wort Gottes“ gewinnt in den Äußerungen von 1527 und 1534/35 so sehr an Gewicht, daß das Sakrament nur noch assistierend im Hintergrund steht, ja 1534 gar nicht eigens in den Blick genommen wird (was allerdings mit dem Anlaß, nämlich der Auslegung eines Psalms, zusammenhängen mag). Die Bereitung zum Sterben, schon 1519 in klarer christologischer Konzentration verstanden, wird 1534/35 in den Grundkategorien reformatorischer Theologie, nämlich denen von „Gesetz“ und „Evangelium“ entfaltet. Die Frage nach dem rechten Sterben wird, ansatzweise bereits 1519, mehr und mehr von der Sterbestunde gelöst und dem Leben zugewiesen.

Man kann aus Luthers Äußerungen direkte Übernahmen nur sehr begrenzt vollziehen; allzusehr haben sich die sozialen, psychologischen und schließlich vor allem medizinischen Bedingungen des Sterbens inzwischen gewandelt. Es wäre verhängnisvoll, wollte man aus Luthers ordnungspolitischen Äußerungen zum Umgang mit verantwortungslos sich verhaltenden Pestkranken direkte Folgerungen etwa im Blick auf die Aids-Problematik ziehen. Seine Anweisungen zur Krankenseelsorge stehen in einem Kontext, der von dem unseren gänzlich verschieden ist; ein Memento scheinen sie mir allerdings gleichwohl darzustellen. Manche Beobachtungen aber sind auch heute gut nachzuvollziehen und vermutlich von bleibendem Belang. Dazu gehört der Hinweis auf die Bedeutung des Zeitpunkts, zu dem man sich mit dem Tod auseinandersetzt, oder die Bedeutung der Gemeinschaft, innerhalb derer diese Auseinandersetzung erfolgt. Auch das Problem des Umgangs mit Phantasien und Schrekkensbildern ist weitsichtig erfaßt: Nicht Abweisung, Tabuisierung oder Verdrängung wird hier weiterführen, sondern das demütige Stehen zu den eigenen Schreckensvisionen und deren Integration in umfassende, heilvolle Bilder und Erfahrungen von Gnade.

Die theologische Relevanz von Luthers Aussagen über das „Sterben-Können“ besteht vor allem darin, daß Luther das anthropologische Problem des Todes nicht auf das Phänomen des Sterbens reduziert. Die Herausforderung des Todes reproduziert sich zwar in unserer Angst vor dem Sterben, aber sie ist darin keineswegs zureichend erfaßt. Luther bringt dies zum Ausdruck, indem er den Tod innerhalb der Mächtekonstellation von Sünde, Tod und Teufel (bzw. Zorn Gottes) ortet. Das heißt: Das Problem des Todes ist nicht sachgemäß zu erörtern, wenn man die Problematik menschlicher Identität und der damit verbundenen Verantwortung vernachlässigt und wenn man der Frage nach unserem letzten Horizont von Sinn und Erfüllung ausweicht. Luther wußte, daß mit dem Tod das menschliche Leben insgesamt zur Debatte steht. Die gesamte vom Tod beherrschte Situation des Menschen muß aufgebrochen werden, wenn es hier Schritte zur Freiheit geben soll. Für die therapeutische wie für die seelsorgerliche Begleitung Sterbender heute heißt das: Ihre Reichweite bleibt begrenzt – noch stärker begrenzt als ohnehin –, wenn sie die Frage nach der Identität des Sterbenden und nach seiner Verantwortlichkeit, somit auch nach seiner konkreten Schuld, ausklammert, und wenn sie seine – vielleicht stumme – Frage nach Sinn und Erfüllung angesichts des drohenden Todes übergeht. Die Zuversicht, mit der Luther – trotz der auch ihn immer wieder einholenden Ängstlichkeit – über den Tod spricht, läßt sich nicht künstlich übertragen. Auf den, der sich mit Luther und dessen Kraftquellen im biblischen Zeugnis befaßt, überträgt sie sich aber mitunter von selbst.

III

„Wer mich zum Freunde hat, dem kann's nicht fehlen“ [1]

Versuch einer spirituellen Theologie zur Ars moriendi heute

Von Josef Manser, Speicher (Schweiz)

Der Tod als Freund? Nein, der Tod ist für mich ein Übel, ein Feind, ja der Feind meines Lebens schlechthin. Die Überschrift dieses Beitrags mag erstaunen, gar befremden. Der Tod als Freund?

Das Märchen „Der Gevatter Tod“ [2] will uns vertraut machen, mit dem Tod zu leben wie mit einem guten Freund, weil er „ein unentbehrlicher Ratgeber für ein sinnvolles Leben angesehen wird“.[3]

Ein armer Mann sucht für sein 13. Kind einen Paten. Er wählt nicht den lieben Gott, der's mit den Reichen hält, nicht den Teufel, weil er die Menschen verführt und betrügt, sondern den Tod, der mit den Reichen und den Armen gerecht umgeht. Der Tod verspricht, ein guter Freund zu sein, und verhilft dem jungen Mann dazu, als Arzt berühmt zu werden. Dieser führt ihn hinters Licht, und deshalb fällt er selber in die Hände des Todes, der ihm zuvor noch die verschieden großen Lebenslichter der Menschen sehen läßt.

Der Vater gibt dem Sohn mit dem Paten „Tod“ den Auftrag, sich mit Sterben und Tod auseinanderzusetzen, sie vertraut zu machen, gar den Tod als seinen Freund zu haben.[4] Das Märchen lehrt uns, den Tod nicht nur als Katastrophe, als Vernichtung anzusehen. Es mahnt, uns auf die Auseinandersetzung mit der eigenen Sterblichkeit und auf die Begegnung mit dem Tod, gerade auch mit dem eigenen Tod einzulassen. Es ermuntert, den Tod als unseren Freund, der uns ein ganzes Leben lang begleitet, anzunehmen.

Einer heutigen Ars moriendi muß es auch darum gehen, anzuleiten, mit dem Tod als Freund das Leben zu gestalten. Was das genau heißt, weiß wohl niemand. Die vorliegenden Gedanken wollen als

---

[1] *H. Hark,* Der Gevatter Tod. Ein Pate fürs Leben, Zürich 1986, 12.
[2] Vgl. ebd. 11–15.
[3] Ebd. 7.
[4] Vgl. *J. W. Worden / W. Proctor,* Leben ohne Todesangst, Köln 1977, 53.

Anregungen verstanden sein, mitten im Leben dem Tod zu begegnen, Leben und Tod als untrennbares Ganzes zu betrachten.

1. Neues Suchen nach einer ganzheitlichen Sicht des Lebens

Die Wirkungsgeschichte des Descartesschen Denkens führte zur Ausgestaltung der neuzeitlichen Naturwissenschaften. Diese betrachteten das Leben und die Welt zunehmend nur noch unter dem Gesichtspunkt der Erforschung der Gesetzmäßigkeiten und des Versuchs des wiederholbaren Experimentes. Das Einzelne, das Detail wurde und wird möglichst genau untersucht, beschrieben und erklärt. Eine solche Haltung führte dazu, daß die Wirklichkeit des Daseins und des Lebens fast nur noch unter dem spezifischen Gesichtspunkt des naturwissenschaftlichen Denkens angesehen wurde.

Niemand bestreitet heute wohl die riesigen Fortschritte der Menschheit und die reichen Möglichkeiten etwa im technischen und medizinischen Bereich, die uns dadurch gegeben sind.

Mit dieser Entwicklung trat aber das Einzelne so stark in den Vordergrund, daß schließlich das Ganze der Wirklichkeit aus dem Blickfeld des Interesses verschwunden ist. Dies zeigt sich nicht nur in den naturwissenschaftlichen, technischen, psychologischen, medizinischen, soziologischen und wirtschaftswissenschaftlichen Bereichen, sondern auch in Lebenshaltungen und Weltanschauungen. Eine ursprünglich ganzheitliche Sicht des Lebens ging verloren. Das Leben wurde in viele einzelne Teile auseinandergerissen, die je unter einem spezifischen Blickwinkel durch einen eigens dafür ausgebildeten und zuständigen Spezialisten untersucht werden.[5]

Es ist so kein Wunder, wenn auch der Tod im Bewußtsein der heutigen Menschen vom Leben abgetrennt und abgespalten wird. Der Tod ist nicht mehr Thema des Menschen, sondern Thema des Arztes, insofern er ihn verhindern, des Seelsorgers, der ihm einen Sinn geben sollte, und der Beerdigungsunternehmen, die ihn zu beseitigen haben. Ansonsten wollen die Menschen der zweiten Hälfte des 20. Jahrhunderts mit dem Tod nichts zu tun haben, in dem Sinn: hier

---

[5] Vgl. *F. Capra,* Wendezeit. Bausteine für ein neues Weltbild, Bern – München [13]1986; *U. Ruh,* Theologie im Übergang, in: HerKorr 41 (1987) 301–303.

und jetzt lebe ich, und dort (nachher) ist der Tod. Der Tod wird heute wie kaum zuvor verdrängt.[6]

In den letzten zwanzig Jahren ist das Thema Tod von den Philosophen und Theologen neu entdeckt worden. Eine kaum mehr zu überschauende Flut an Todesliteratur[7] vermag ansatzweise anzudeuten, daß es Anzeichen gibt, das Leben wieder stärker in seiner Ganzheitlichkeit sehen und verstehen zu lernen. Zur ganzheitlichen Sicht des Lebens gehört unabdingbar die Dimension des Todes dazu. In philosophischen und theologischen Gedankengängen wird das Leben nicht mehr vom Tod getrennt betrachtet, sondern als ein einziges Sterben (Auf-den-Tod-Zugehen), und der Tod mitten im Leben wird zunehmend stärker als *die* Lebensschule verstanden.

Hier ist der Ort, wo wieder neu eine alte Tradition der Ars moriendi des Mittelalters – freilich im Kontext heutiger Lebenserfahrungen – eine Bedeutung bekommen darf, ja bekommen muß. Die „Kunst des heilsamen Lebens und Sterbens" ist wieder neu zu entdecken. Dies ist ein langsamer Prozeß und keine leichte Aufgabe, zumal in unserer schnellebigen Zeit und Gesellschaft.

Aussagen zu einer spirituellen Theologie einer Ars moriendi für den heutigen Menschen sind deshalb äußerst vorsichtig zu suchen, wenn sie tragen sollen. Sie werden eher eine Art indirekter Theologie des Todes sein müssen. Der Theologe wird gut hinsehen, was in der Philosophie, in der Psychologie und in der Soziologie über den

---

[6] Vgl. zum Verdrängen des Todes: *P. Berger / P. Liban,* Kulturelle Wertstruktur und Bestattungspraktiken in den Vereinigten Staaten, in: Kölner Zeitschrift für Soziologie und Sozialpsychologie 12 (1960) 224–236; *G. Condrau,* Der Mensch und sein Tod. Certa moriendi condicio, Einsiedeln 1984, 406–409. 432/433; *St. Grof / J. Halifax,* Die Begegnung mit dem Tod, Stuttgart 1980, 18–25; *W. Fuchs,* Die These von der Verdrängung des Todes, in: Frankfurter Hefte 26 (1971) 177–184; *A. Hahn,* Einstellungen zum Tod und ihre soziale Bedingtheit. Eine soziologische Untersuchung, Stuttgart 1968, 84ff; *Im Angesicht des Todes leben,* Freiburg 1983, 308–316 = Christlicher Glaube in moderner Gesellschaft, Bd. 36, Quellenband 6; *A. v. Jüchen,* Das Tabu des Todes und der Sinn des Lebens, Stuttgart 1984, 13ff, 112f, 120 ff; *J. Mitford,* Der Tod als Geschäft, Berlin 1966; *E. Waugh,* Tod in Hollywood, Freiburg 1966. Zur Auseinandersetzung mit der Verdrängungsthese vgl. *Chr. Ferber,* Soziologische Aspekte des Todes. Ein Versuch über einige Beziehungen der Soziologie zur philosophischen Anthropologie, in: ZEE 7 (1963) 338–360; *W. Fuchs,* Todesbilder in der modernen Gesellschaft, Frankfurt 1969. Vgl. auch *H. Rolfes,* Ars moriendi. Eine Sterbekunst aus der Sorge um das ewige Heil (in diesem Band).

[7] Vgl. *J. Manser,* Der Tod des Menschen. Zur Deutung des Todes in der gegenwärtigen Philosophie und Theologie, Bern – Frankfurt 1977, 8–9, 303–328; *ders.,* Der Tod des Menschen. Deutungen des Todes in der Philosophie des 20. Jahrhunderts, in: *H. J. Bekker / B. Einig / P. O. Ullrich* (Hrsg.), Im Angesicht des Todes. Ein interdisziplinäres Kompendium, St. Ottilien 1987, 46–48 = Pietas Liturgica 3.

Tod ausgesagt wird, um dann still und bescheiden solche Erfahrungen in einer spirituellen Theologie zu integrieren.

Dieser Beitrag will ein Versuch sein, vor allem philosophische Gedanken und Überlegungen zur ganzheitlichen Sicht des Menschen und der Welt, des Lebens und des Todes zusammen mit der jüdisch-christlichen Tradition zu lesen, um einen spirituellen Horizont für die Begegnung mit dem Tod mitten im Leben aufzuzeigen.[8]

2. Ausgangspunkt einer heutigen Ars moriendi

Die im Mittelalter verbreiteten literarischen Werke, die die „Kunst des Sterbens" lehren wollten, entstanden auf dem Boden damaliger Todeserfahrungen.[9] Die Sterblichkeitsziffer war hoch. Menschen kamen zu Tausenden in Kriegen und durch Seuchen um. Die Pest rottete gebietsweise bis zur Hälfte der Bevölkerung aus. Die Menschen waren beim Sterben und beim Tod von Angehörigen, Verwandten, Freunden und Nachbarn dabei. Fast täglich war das Leuten der Todesglocke zu hören. Leichenzüge und Prozessionen mit Särgen gehörten zum Alltag.

Auf solche Erfahrungen zurückgreifend, verfolgte die Ars-moriendi-Literatur ein zweifaches Ziel:

1. Sie wollte auf die Bedeutung des Todes im Leben aufmerksam machen, d. h., sie wollte die Kunst des richtigen Lebens lehren. Die Meditation über den Tod sollte zeigen: Nichts ist gewisser als der Tod und nichts ungewisser als die Stunde des Todes. Die Menschen sollten deshalb jeden Augenblick des Lebens so leben, als wäre es der letzte. „Die Angst vor dem Tod ist der Anfang aller Weisheit; sie führt zu ständiger Wachsamkeit im Leben und zu dem Bemühen, schändliches Verhalten zu vermeiden."[9a] Vergänglichkeit und Nichtigkeit des Lebens und des weltlichen Tuns und damit Weltverachtung wurden den Menschen gepredigt. Memento-mori-Gedichte erinnerten den Menschen an seine Sterblichkeit, und Streitgedichte

---

[8] Da eine Spiritualität des Todes den Menschen existentiell treffen soll, werde ich viele Aussagen in der Ich-Form machen oder es wird ein Wechsel von objektiven Aussagen zu mehr persönlich betreffenden Aussagen festzustellen sein, weil diese Aussagen den Leser zum eigenen Nachdenken über den Tod bringen sollen.

[9] Vgl. *H. Rolfes* (s. Anm. 6).

[9a] *St. Grof / J. Halifax* (s. Anm. 6) 206; vgl. zu diesem Punkt ebd. 205ff; *R. Rudolf*, Ars moriendi. Von der Kunst des heilsamen Lebens und Sterbens, Köln – Graz 1957 = Forschungen zur Volkskunde, hrsg. von G. Schreiber, Bd. 39.

zeigten Dialoge zwischen Menschen und Tod, Leben und Tod, Welt und Menschen, Seele und Leib.[10] Die später aufkommenden Totentänze[11] waren dramatischer Ausdruck der Beschäftigung mit dem Tod.

2. Die Ars-moriendi-Literatur beschäftigte sich mit den Erfahrungen des Sterbens selbst und wollte den Menschen in seinen letzten Stunden Beistand und Geleit geben. Sie war ein seelsorglicher Leitfaden für junge Geistliche und vor allem für Laien, um sie für die Begleitung Sterbender vorzubereiten. Es gab auch Werke, die dem Sterbenden selbst Anweisungen gaben, wie er sich in Gebeten auf den Tod vorbereiten, wie er den Anfechtungen des Teufels standhalten, wie er sein Sterben annehmen, wie er auf die Hilfe Gottes vertrauen durfte. Andere gaben den Angehörigen Anleitungen, wie sie den Sterbenden in den letzten Stunden beistehen konnten, damit sie in der rechten Einstellung sterben durften.[12] „Die Konfrontation mit dem Tod wurde als absolut entscheidend angesehen und das Ausweichen davor als eine der Hauptgefahren, denen der Sterbende gegenübersteht.“[13]

Die Ars moriendi des Mittelalters wurde durch kulturelle und religiöse Traditionen, durch Erfordernisse der damaligen Zeit und durch die bewußte Erfahrung des Sterbens und des Todes bestimmt.

Wenn wir uns heute an einer Theologie der Ars moriendi versuchen, dann müssen wir zunächst fragen: Wo und wie erfahren wir heute besonders Sterben und Tod?

Als Antwort drängt sich sofort auf: In Berichten über einen Unfall, in Krankheitserfahrungen, in Mord, Krieg, Herzversagen, Aids. Solche Todeserfahrungen sind wohl alltägliche, scheinen einem tieferen Nachdenken jedoch reichlich oberflächlich. Nach einer Zeitungsmeldung wenden wir uns etwas anderem zu. Nach

---

[10] Vgl. *H. Rosenfeld,* Das Oberaltaicher Vado-mori-Gedicht von 1446 und Peter von Rosenheim, in: Mittellateinisches Jahrbuch 1965, Bd. 2, 190–204; *B. J. Zaddach,* Die Folgen des schwarzen Todes (1347–51) für den Klerus in Mitteleuropa, Stuttgart 1971 = Forschungen zur Sozial- und Wirtschaftsgeschichte, Bd. 17.

[11] Vgl. *G. Condrau* (s. Anm. 6) 304ff; Im Angesicht des Todes leben (s. Anm. 6) 29ff; *H. Rosenfeld,* Der mittelalterliche Totentanz. Entstehung, Entwicklung, Bedeutung, Köln – Graz 1968 = Beihefte zum Archiv für Kulturgeschichte, Heft 3; *W. Stammler,* Der Totentanz, Entstehung und Deutung, München 1948.

[12] Vgl. *B. Fischer,* „Ars moriendi“. Der Anselm von Canterbury zugeschriebene Dialog mit einem Sterbenden. Ein untergegangenes Element der Sterbeliturgie und der Sterbebücher des Mittelalters, in: *H. J. Becker / B. Einig / P. O. Ullrich* (s. Anm.7) 1363–1370. – Vgl. *H. Rolfes* (s. Anm. 6).

[13] *St. Grof / J. Halifax* (s. Anm. 6) 209.

einem Bericht über eine kriegerische Auseinandersetzung, in dem vor allem die Zahl der Toten von großer Bedeutung ist, schauen wir uns eine Unterhaltungssendung an. In solchen Berichten – und mögen sie noch so tragisch und traurig sein – werden wir nicht in der Tiefe unserer Existenz von Sterben und Tod berührt und betroffen.

Es ist deshalb notwendig, nach intensiven, möglichst ursprünglichen Todeserfahrungen zu fragen. Diese aber verlangen von uns die Anstrengung des Nach-Denkens. Wer sie nicht scheut, kann drei Möglichkeiten ursprünglicher, existentiell treffender Todeserfahrungen finden.

a) Grundlegende Todeserfahrung: in der Erfahrung des Todes eines geliebten Mitmenschen

Gabriel Marcel[14], *Fridolin Wiplinger*[15] und *Bernhard Welte*[16] zeigen, wie ich als Mensch eine ursprüngliche Todeserfahrung machen kann, wenn ich aufgrund meines personalen Mit-Seins mit einem Menschen zutiefst in der Liebe verbunden bin. Ich merke deshalb im Tod eines geliebten Mitmenschen erschrocken, daß der andere ein Teil meiner selbst war und wie sehr ich mit ihm mit-gestorben bin.

Ich bin – vielleicht nur für ein paar Augenblicke – in den unbegreiflichen Tod meines Freundes, meines Ehepartners hineingenommen. Solches ursprüngliche Mit-Sterben zeigt, wie sehr der Tod allzeit mitten in meinem Leben gegenwärtig ist. In meiner ontologischen Grundbefindlichkeit[17] bin ich ganz auf das Du des geliebten Menschen ver-wiesen und bekomme letztlich mein Selbst-Sein nur von ihm her. Deshalb lehnt sich meine ganze Person gegen seinen Tod auf, weil ich wesentlich mit-betroffen bin, mit in seinen Tod hineingehalten bin. In seinem Tod mache ich eine ursprüngliche Erfahrung auch meines Todes. Ich werde als personales Mit-Sein mit in seinen Tod hinabgerissen, „erfahre den Verlust jeglichen Halts am Leben, am Sein, absolute Haltlosigkeit, das Nichten des Nichts".[18] *G. Marcel* formuliert diese Erfahrung eindrücklich in einer philosophischen Auseinandersetzung mit Léon Brunschwicq:

---

[14] Vgl. *G. Marcel,* Gegenwart und Unsterblichkeit, Frankfurt 1961.
[15] Vgl. *F. Wiplinger,* Der personal verstandene Tod, Freiburg 1970.
[16] Vgl. *B. Welte,* Der Ernstfall der Hoffnung. Gedanken über den Tod, Freiburg 1980.
[17] Vgl. *F. Wiplinger* (s. Anm. 15) 68 f.
[18] Ebd. 44.

„was zählt, ist weder mein Tod noch der Ihre, sondern der Tod dessen, den wir lieben".[19]

b) Grundlegende Todeserfahrung: in der Erfahrung des eigenen Todes

Eine ganze Reihe von Philosophen[20] verstehen den Tod nicht einfach als punktuelle Erfahrung am Ende des Lebens, sozusagen als den letzten Augenblick des sterblichen Daseins, sondern als ein dauerndes „Sein-zum-Ende".[21] Das heißt konkret: Schon im Leben wird etwas von der Nichtigkeit des Todes grundsätzlich erfahren: im Alter, im fortschreitenden Vergehen des Lebens, im Verfall der Kräfte, im Scheitern, in Enttäuschung, im Abschied. Der Tod ist nicht ein einmaliges Ereignis, das uns überfällt, nicht ein Dieb, der überraschend kommt, kein bloßes Zu-Ende-Sein, das noch aussteht, aber bestimmt eintreten wird. Vielmehr ist der Tod eine Weise des Daseins, eine Weise, wie der Mensch zu sein hat. Er nimmt den Tod auf sich, der ihn sein ganzes Leben hindurch bestimmt. Der Tod ist ein dem Menschen innewohnendes Prinzip, ein Existential, das zum menschlichen Dasein gehört. Im bewußten Vorlaufen in den Tod, d.h. im bewußten Vorwegnehmen des Seins-zum-Ende kann der Mensch seine nächstliegende Erfahrung des eigenen Todes machen.[22] Der Tod ist also in jedem Augenblick meines Lebens gegenwärtig. Ich sterbe andauernd bis der endgültige Tod mein Leben als Ganzes beschließt, mein Dasein vollendet.[23]

---

[19] *G. Marcel* (s. Anm. 14) 287.

[20] Vgl. *S. Kierkegaard,* An einem Grab, in: *ders.,* Religiöse Reden, übersetzt von Th. Haecker, München 1950, 141–173; *ders.,* Die Krankheit zum Tode. Eine christliche psychologische Erörterung zur Erbauung und Erweckung, in: *ders.,* Gesammelte Werke, übersetzt von E. Hirsch, Düsseldorf 1954, 24. und 25. Abt.; *G. Simmel,* Lebensanschauung. Vier metaphysische Kapitel, Leipzig 1918; *M. Scheler,* Tod und Fortleben, in: *ders.,* Schriften aus dem Nachlaß, Bd. 1, Bern ²1957, 9–64; *M. Heidegger,* Sein und Zeit, Tübingen ¹¹1967, 231–266.

[21] Vgl. *M. Heidegger* (s. Anm. 20) 234.

[22] Interessant in diesem Zusammenhang ist, daß St. Grof und J. Halifax mittels LSD in psychedelischen Erfahrungen eine solche mögliche Vorwegnahme des Sterbens und des eigenen Todes ermöglichen konnten, die selbst ein äußerst schmerzhaftes Sterben in einem anderen Licht sehen ließ. Vgl. dazu die eindrücklichen Berichte in *St. Grof / J. Halifax* (s. Anm. 6) bes. 83ff.

[23] Nicht erst M. Heidegger wußte, daß die Vergänglichkeit, das Nichts des Todes jeden Augenblick das menschliche Leben durchdringt und zwar auch vor dem wirklichen Eintreten des biologischen Todes, der dem Leben seine ihm eigene Form gibt, sondern es scheint dies eine mehr oder weniger bewußte Erfahrung in der ganzen jüdisch-

c) Grundlegende Todeserfahrung:
in der Erfahrung des selbstproduzierten kollektiven Holocaust

Verschiedene Autoren, darunter besonders *Robert Jay Lifton*[24] und *Hans Ebeling*[25] versuchen zu zeigen, daß es heute angesichts einer unvorstellbaren nuklearen Aufrüstung auf der ganzen Welt nicht mehr um meinen oder deinen Tod, sondern im allzeit möglichen Kollektivtod als vom Menschen selbstproduzierten Holocaust um den Tod von uns allen geht. Bevor steht drohend der allgemeine und gemeinsam geteilte Tod durch kollektive Selbstvernichtung, in der sich die Willkür und Unsinnigkeit des Todes besonders deutlich zeigt.[26] Tod wird erfahren als bestialisches Tun, das Menschen Menschen bringen, indem sie es sind, die einander den Tod als Ware schicken.[27] Unsere Zeit ist eine Zeit der Todesproduktion geworden, die den endgültigen Tod aller bringt. Wir können – setzen wir uns dieser Tatsache aus – die dauernde Bedrohtheit, Endgültigkeit, Absurdität, Brutalität und Sinnlosigkeit spüren.

Seit Tschernobyl 1986 steckt uns die dauernde Bedrohtheit auch durch die sogenannte friedliche Kernenergie im Nacken. Sie weckt besonders intensive Ängste und Gefühle, da in den Atomkraftwerken der kollektive Tod in unsere unmittelbare Nachbarschaft gerückt ist und uns täglich die Vorstellung vom Massentod und die Möglichkeit des totalen und endgültigen Kollektivtodes der Menschen vor Augen führt.

4. *Ars moriendi als konkrete Auseinandersetzung mit dem Tod*

Diese drei ursprünglichen Todeserfahrungen, die im konkreten Leben auf ganz verschiedene Weisen gemacht werden können, sind

---

christlichen Tradition zu sein. Vgl. *J. Manser,* Tod und Ewiges Leben in der Sicht des christlichen Glaubens. Theologische Bemerkungen, in: Rabanus-Maurus-Akademie (Hrsg.), Stichwort: Tod, Frankfurt 1979, 143–145.

[24] Vgl. *R. J. Lifton,* Der Verlust des Todes. Über die Sterblichkeit des Menschen und die Fortdauer des Lebens, München 1986, 409–473.

[25] Vgl. Der Tod in der Moderne, hrsg. und eingeleitet von Hans Ebeling, Hanstein 1979; *H. Ebeling,* Selbsterhaltung und Selbstbewußtsein. Zur Analytik von Freiheit und Tod, Freiburg 1979; *ders.,* Rüstung und Selbsterhaltung, Paderborn – München 1983.

[26] Vgl. *H. Ebeling,* Rüstung und Selbsterhaltung, 92.

[27] Vgl. *J. Schuhmacher,* Die Angst vor dem Chaos. Über die falsche Apokalypse des Bürgertums, Frankfurt 1978, 147; vgl. auch *J. Manser,* in: *H. J. Becker / B. Einig / P. O. Ullrich* (s. Anm. 7) 39–41.

nun der Boden, auf dem eine Auseinandersetzung mit dem Tod als eine Ars moriendi geschehen kann.

Diese tiefen Erfahrungen des Todes sollen sozusagen das Fundament dafür sein, auf der eine spirituelle Theologie einer Ars moriendi versucht werden kann. Eine Ars moriendi, die uns heute lehrt, den Tod als Wirklichkeit des ganzen Daseins zu akzeptieren, wird uns auch lehren, daß ein angenommener Tod zur Triebfeder für ein geglücktes, erfülltes Leben werden kann. So kann eine Kunst des Sterben-Lernens auch zur Kunst der Lebensführung werden. Sterben lernen heißt dann auch leben lernen.

In der Entfaltung der folgenden Gedanken sprechen die ersten vier Überlegungen grundsätzliche Bestimmtheiten des Menschen an, während die letzten drei eher praktische Konsequenzen sind, die aus der grundlegenden Befindlichkeit des Menschen erwachsen.

a) Der Tod als Grundbefindlichkeit des Menschen

Wir Menschen unterscheiden uns von anderen Lebewesen gerade dadurch, daß wir nicht einfach nur leben, vegetieren, da sind, sondern im Wissen, daß wir in der Welt sind, auch ein ursprüngliches Wissen haben, daß wir sterben müssen, grundsätzlich sterblich sind. *M. Heidegger* hat in seiner Daseinsanalyse gezeigt, daß sich die Sterblichkeit des Menschen nicht erst am Ende des Lebens ankündigt, sondern daß das Dasein als ein „Sein-zum-Tode" zu verstehen sei. Er meint damit, daß sich der Mensch existierend immer in dieser oder jener Weise zum Tod verhält. Der Tod ist nicht vom Leben ausgeschlossen und abgespalten, sondern eine Möglichkeit unseres Daseins selbst. Das Sein-zum-Tode ist eine Grundbestimmung, ein Existential, eine Grundverfassung, die zum menschlichen Dasein ontologisch dazugehört. Wir Menschen sind nur wirklich Menschen als solche, die den Tod als Grundbefindlichkeit in unser Leben hineinnehmen.

Dies im Bewußtsein zu halten ist aber im Konkreten des Lebens nicht immer einfach. Deshalb wird der Tod zumeist aus der Alltäglichkeit unseres Lebens verbannt. Wir versuchen uns diesem Wissen zu verschließen, indem wir uns in die Geschäftigkeit des Lebens werfen und uns der Leistungs- und Konsumgier ausliefern. Als Menschen, die um die Unausweichlichkeit des Todes wissen, können wir aber auch die Tatsache des in uns wesenden Todes annehmen als die Chance unseres Lebens. Wir können uns entscheiden,

den Tod als unser Sein-zum-Tod bewußt zu akzeptieren. Wir dürfen dem Tod ins Auge schauen als einer ontologischen Gegebenheit der eigenen Existenz und unser Leben entsprechend gestalten. Leben heißt dann „Sterben lernen“, heißt die dauernde Auseinandersetzung mit dem Tod und mit der eigenen Sterblichkeit aufgreifen.[28]

Daß wir Menschen sterben, solange wir auf Erden sind, ist auch ein ursprüngliches Wissen aller Menschen, die es wagen, sich dem Tod auszusetzen. So wollen beispielsweise das tibetanische und ägyptische Totenbuch den Menschen befähigen, jeden Augenblick des Lebens mit dem gleichen Ernst zu leben, als wäre er der letzte.

Im Alten Testament wird der Tod nicht als Gegensatz zum Leben gesehen, sondern mitten im Leben wird jede Minderung des Lebens durch Krankheit und Unglück als zum Leben dazugehörender Tod verstanden. Die Grenze zwischen Tod und Leben ist deshalb fließend. Tod bestimmt das ganze Leben. Die alttestamentlich glaubenden Menschen wissen, der Tod gehört zum Leben dazu, der Mensch ist ein sterblicher. So braucht der Prophet Jesaja eindrückliche Bilder, um die Sterblichkeit des Menschen darzustellen, wenn er sie mit Gras[29] vergleicht, das verdorrt, mit Blumen, die verwelken.[30]

Für griechische Philosophen (z. B. Parmenides, Heraklit, Sophokles)[31] steht fest, „daß der Mensch sich von dem Zeitpunkt an, da er um sein spezifisch menschliches Leben weiß, auch Kenntnis davon hat, daß er nur als Sterblicher existiert.[32]

Norbert Brox[33] zeigt auf, wie es den Kirchenvätern ein stetes Anliegen war, den Christen das Einüben ins Sterben zur Lebensaufgabe zu machen,[34] „sich durch die Gewißheit des Todes und durch seine Anwesenheit schon in diesem Leben betreffen [zu] lassen und im Angesicht des Todes, d. h. verändert [zu] leben“.[35] Besonders für Augustinus – vom Tod lieber Menschen immer wieder sehr betroffen – ist der Tod mitten im Leben schon dabei, wenn er sagt: „Die ganze Zeit des irdischen Lebens ... arbeitet die Wandelbarkeit

---

[28] Vgl. *H. Hark,* (s. Anm. 1).
[29] Vgl. Ps 103, 15.
[30] Vgl. Jes 40,5–8; auch Ijob 14,1–2.
[31] Vgl. *G. Condrau* (s. Anm. 6) 139 ff.
[32] Vgl. ebd. 145.
[33] Vgl. *N. Brox,* „Den Tod einüben“. Gedanken der Kirchenväter über das Sterben, in: *W. Beinert* (Hrsg.), Einübung ins Leben – der Tod. Der Tod als Thema der Pastoral, Regensburg 1986, 55–82.
[34] Vgl. ebd. 55.
[35] Ebd. 58.

daran, daß man zu Tode kommt. Dem Tod ist jeder nach einem Jahr näher, als er vor einem Jahr war, morgen näher als heute, als gestern, gleich näher als jetzt und jetzt näher als eben ... Die ganze Lebenszeit ist so weiter nichts als ein Todeslauf (cursus ad mortem) ... Dies und nichts anderes geht vor sich Tag für Tag, Stunde für Stunde und jeden Augenblick."[36] Der Mensch ist für Augustinus ein unaufhörlich Sterbender, sobald er zu leben beginnt.

Die Totentänze des 14. und 15. Jahrhunderts wollen in bildhafter Form zeigen, daß der Mensch jederzeit vom Tod bedroht ist, ja daß der Tod der ständige Begleiter des Menschen ist. Jeder trägt seinen eigenen Tod mit sich und tanzt mit ihm durchs Leben. Der Tod wird als unvermeidlicher Begleiter und wesentlicher Teil des Lebens verstanden.

Aus dem psychologischen Bereich versucht *R. J. Lifton* in einem umfangreichen Werk[37] diese ontologische Sterblichkeit des Menschen aufzuzeigen, indem er in immer wieder neuen Ansätzen viele Lebensbereiche auf ihr Durchwirktsein von Sterblichkeit und Tod untersucht. An Phänomenen wie Geburt, Trennung, Angst, Schlaf, Liebe, Gewalt, in den verschiedenen Lebensphasen je spezifisch, in Schuld, in psychischen Abweichungen und Krankheiten, in Selbstmord weist er die grundsätzliche Todes-Bestimmtheit des Menschen auf, die je neue konkrete Formen annimmt.

Auch *Karl Rahner,* um ein Zeugnis aus dem heutigen theologischen Denken anzuführen, versteht den Tod nicht als Enden wie beim Tier, sondern der Tod als menschliches Geschehen ist eine das Leben begleitende Tat: „Weil wir dauernd lassen, dauernd Abschied nehmen, dauernd durchschauen auf das Ende hin, dauernd enttäuscht werden, dauernd durch Wirklichkeiten hindurch in ihre Nichtigkeit hindurchbrechen, dauernd durch die tatsächlichen Entscheidungen und das wirklich Gelebte die Möglichkeiten des freien Lebens einengen, bis wir das Leben in die Enge des Todes getrieben und verbraucht haben, weil wir immer das Bodenlose erfahren, immer über das Angebbare hinausgreifen ins Unverfügbare, ins Unbegreifliche, und weil wir überhaupt nur so eigentlich menschlich existieren, darum sterben wir durch das ganze Leben hindurch und ist das, was wir Tod nennen, eigentlich das Ende des Todes, der Tod des Todes ..."[38]

---

[36] *Augustinus,* Civ. Dei XIII 10.
[37] Vgl. *R. J. Lifton* (s. Anm. 24).
[38] *K. Rahner,* Zur Theologie des Todes, Freiburg 1958 = Quaestiones Disputatae,

Diese Beispiele – sie stehen stellvertretend für unzählige andere – wollen in immer wieder anderen und neuen Formen zeigen, daß der Tod zum Leben dazugehört oder, wie *B. Welte* im Anschluß an *M. Heidegger* schreibt, daß der Tod mitten im lebendigen Dasein steht als die beständig drohende, äußere Möglichkeit, an deren Drohung unser Wissen und unsere Tüchtigkeit scheitern.[39] Das Leben als ganzheitliches annehmen heißt deshalb das Leben auch als sterbliches annehmen.

b) Die Radikalität der Endlichkeitserfahrungen ernst nehmen

Die Erfahrung, der Mensch ist grundlegend ein Sterblicher, verweist täglich auf unsere Endlichkeit. Aber gerade die Dimension „Endlichkeit" ist heute ausschließlich negativ geprägt. Das hat zur Folge, daß niemand ein endlicher Mensch sein will. Was zählt, ist das Leben: das junge, das gesunde, das lange, das geglückte und erfüllte Leben. Wir leben in einer Gesellschaft, in der niemand einen Fehler machen, eine Schwäche zeigen darf. Jeder hat jederzeit perfekt zu sein, besser gesagt, perfekt zu funktionieren. Was solchen verrückten Perfektionismus in Frage stellt, wird peinlich genau vermieden. Alles ist darauf aus, dem Menschen ein langes, ein gesundes, ein erlebnisreiches Leben zu bieten. So versucht die Medizin mit ihren großartigen Möglichkeiten, das Leben zu verlängern. Menschen nehmen in einem fanatischen Gesundheitskult große persönliche Opfer auf sich, um ihr Leben jung und gesund zu erhalten. Viele glauben, je mehr sie in möglichst allen Lebensbereichen erfahren, um so mehr gelebt zu haben. Viele Menschen suchen geradezu gierig das Leben. Ja, leben wollen sie, nichts als leben.

In einem solchen Lebenskontext haben die verschiedensten alltäglichen Erfahrungen von Endlichkeit keinen Platz mehr. Treten sie auf, entschuldigen wir uns oder verschweigen und verdecken sie verschämt. In der Suche nach dem vermeintlich gelungenen Leben stressen wir uns, hetzen, rennen, raffen, lassen uns leben. Eine innere Leere lähmt uns schließlich, macht unser Dasein leb- und freudlos.

Aber zuweilen in unserem rastlosen Suchen nach dem Leben, nach noch mehr Leben erahnen wir vielleicht unbewußt etwas von

---

Bd. 2, 76f; vgl. auch *ders.*, Das Ärgernis des Todes, in: *ders.*, Schriften zur Theologie, Bd. 7, Einsiedeln 1966, 141–144. [39] *B. Welte* (s. Anm. 16) 24.

der Zerbrechlichkeit menschlichen Daseins. Es gehört zu uns als Menschen, ehrlich zu unserer Endlichkeit zu stehen und sie anzunehmen.

Nicht erst in sogenannten Grenzsituationen oder in höchster Todesgefahr werden wir uns unserer Grenzen, unserer Endlichkeit bewußt. Mitten im alltäglichen Leben schon können wir menschlicher Endlichkeit und Unzulänglichkeit begegnen:[40]

- Wir können immer nur eine Möglichkeit wählen. Wir müssen viele andere mögliche Chancen an uns vorbeiziehen lassen.
- Wir müssen uns in unserem Handeln, in unserem Vermögen und Können als begrenzt erkennen. Niemand kann alles wissen, niemand kann alles tun, kann alles verwirklichen, was er sich vorstellt und vornimmt.
- Wir sind eingenommen von ganz bestimmten Möglichkeiten, sind in eine ganz bestimmte geschichtliche Situation hineingeboren oder in ein bestimmtes soziales und familiäres Milieu eingebunden, mögen wir auch im Verlauf unseres Lebens noch so sehr unseren Lebensraum erweitern.
- Auch sind wir immer nur wir selber, können niemals ein(e) andere(r) sein. Darin zeigt sich unsere Endlichkeit in aller Schärfe, weil wir ganz auf uns verwiesen und zurückgeworfen sind.
- Wir erfahren tagtäglich die Gefährdung unserer eigenen Existenz. Wir wissen uns angewiesen auf die Fürsorge anderer. Wir leben von unseren Mitmenschen her.
- Wir erfahren bei all unserem Tun unser Unvermögen, unser Versagen, unser Überfordertsein. Wir möchten gerne dieses hohe Ziel erreichen, jene einmalige Chance ergreifen, aber stoßen dauernd auf Grenzen, machen Fehler, versagen.
- Besonders deutlich verweisen uns Krankheit und Leiden auf unsere Bedrohtheit und Gebrechlichkeit.[41]
- Zeit und Raum verweisen uns in ihrer Veränderlichkeit und Vergänglichkeit auf die sicher auf uns zukommende Möglichkeit, einmal nicht mehr „da", nicht mehr anwesend zu sein.

In all diesen verschiedenen Erfahrungen von Endlichkeit zeigt sich uns ein offenes oder verstecktes „Nicht", das uns das „Nicht des

---

[40] Vgl. *B. Welte,* Im Spielfeld von Endlichkeit und Unendlichkeit. Gedanken zur Deutung des menschlichen Daseins, Frankfurt 1971, 21–30.
[41] Vgl. *J. Manser* (s. Anm. 23) 148–152.

Todes“ schmecken läßt. Im Tod zeigt sich die Macht der Endlichkeit. So können wir Tag für Tag im wachen Bewußtsein unseren Endlichkeiten begegnen und darin unserem sich ankündigenden Tod. Diese Endlichkeitserfahrungen, die sich in jeder Minderung des Lebens zeigen: in Krankheit und Leiden, Mißerfolg, Grenzen der Leistungsfähigkeit, in Mißachtetwerden, Nichtangenommensein in der Gesellschaft rufen jedem von uns zu: du mußt sterben. Alles, was uns in Frage stellt, erinnert uns an unser Sterben, an unseren Tod.[42]

Es fällt uns Menschen eben nicht leicht, einzugestehen, daß wir endlich sind. Im Annehmen unserer Endlichkeit geht es aber um die Wahrheit unserer Existenz. Wir sind endliche Menschen, und Gott will uns als endliche Menschen. Eine Besinnung auf die eigene Endlichkeit kann und darf uns dem Tod mit ruhiger Gelassenheit entgegengehen lassen. Sie darf uns aufgrund innerer Reife oder religiösen Glaubens lehren, mit der eigenen Endlichkeit umzugehen und so zu ihr ein angstfreies Verhältnis zu finden. *Peter Nolls* eigener Nachruf[43] sowie all seine niedergeschriebenen Gedanken während seines tödlichen Krebsleidens sind Beispiele, die für viele andere stehen können. Es ist ein großes Anliegen der beiden Amerikaner *J. William Worden* und *William Proctor*[44] in Übungen uns zu einer angstfreien Begegnung mit der eigenen Endlichkeit und Sterblichkeit anzuleiten.

Versuchen wir, uns eine ehrliche Antwort zu geben, wenn sie uns vorschlagen:
- zu überlegen und zu notieren, was uns einfällt, wenn wir das Wort „Tod“ hören[45] oder an den Tod denken[46]
- einen eigenen Nachruf zu schreiben und dabei die Gefühle wahrzunehmen, die sich melden[47]

---

[42] Vgl. *P. Hünermann,* Sterben, Tod und Auferstehung. Ein interdisziplinäres Gespräch, Düsseldorf 1984, 114.
[43] Vgl. *P. Noll,* Diktate über Sterben und Tod mit Totenrede von M. Frisch, Zürich 1984, 114.
[44] Vgl. *J. W. Worden / W. Proctor* (s. Anm. 4).
[45] Vgl. ebd. 13f.
[46] Vgl. ebd. 45ff.
[47] Vgl. ebd. 36f. Im Zusammenhang des Erarbeitens dieses Aufsatzes habe ich meinen eigenen Nachruf geschrieben, der an meiner Beerdigung gelesen werden soll. Die Erfahrung, mich derart dem Tod zu stellen, hat mich dem Tod und dem Leben gegenüber eine neue Beziehung einnehmen lassen. Ich fühlte mich danach völlig frei, und diese freie, natürliche Beziehung zu meinem Sterben und Tod hat sich seither vertieft. Ich spüre, daß ich, obwohl ich noch gerne lebe, auch bereit bin zu sterben.

- die Frage zu beantworten: Was macht mir angesichts des Sterbens und des Todes Angst[48]
- ein Testament zu schreiben
- die eigene Totenfeier und Beerdigung zu gestalten
- Beziehungen zu unseren Mitmenschen zu klären
- zu versuchen, freier zu werden, meine Wohnung zu entrümpeln und wegzuwerfen, was ich nicht mehr brauchen kann (Wie soll ich mein Leben weggeben können, wenn ich immer alles behalten möchte?).

Oder sie fordern uns auf, Entscheidungen zu treffen:
- wie wir dem Tod entgegentreten wollen
- zu erkennen, daß unser Leben begrenzt ist, und es dementsprechend in Ordnung zu bringen
- festzulegen, was nach unserem Tod mit unserem Körper geschehen soll
- vorzustellen, wie wir in der Erinnerung unserer Angehörigen und Freunde weiterleben wollen
- nachzusinnen, wo wir sterben möchten
- zu lernen, ungezwungener über den Tod zu sprechen
- zu entscheiden, unser Leben nicht künstlich verlängern zu lassen.[49]

Einüben ins Sterben, die eigene Endlichkeit radikal anzunehmen kann auch heißen, sich befragen zu lassen. *Max Frisch* hat in seinem Tagebuch 1966–1971 eine Reihe von Fragen zusammengestellt:

„1.
Haben Sie Angst vor dem Tod und seit welchem Lebensjahr?
2.
Was tun Sie dagegen?
3.
Haben Sie keine Angst vor dem Tod (weil Sie materialistisch denken, weil Sie nicht materialistisch denken), aber Angst vor dem Sterben?
4.
Möchten Sie unsterblich sein?
5.
Haben Sie schon einmal gemeint, daß Sie sterben, und was ist Ihnen dabei eingefallen:
a. was Sie hinterlassen?
b. die Weltlage?
c. eine Landschaft?
d. daß alles eitel war?

---

[48] Vgl. *J. W. Worden / W. Proctor* (s. Anm. 4) 101. [49] Vgl. ebd. 33.

e. was ohne Sie nie zustande kommen wird?
f. die Unordnung in den Schubladen?

6.
Wovor haben Sie mehr Angst: daß Sie auf dem Totenbett jemand beschimpfen könnten, der es nicht verdient, oder daß Sie allen verzeihen, die es nicht verdienen?

7.
Wenn wieder ein Bekannter gestorben ist: überrascht es Sie, wie selbstverständlich es Ihnen ist, daß die anderen sterben? Und wenn nicht: haben Sie dann das Gefühl, daß er Ihnen etwas voraushat, oder fühlen Sie sich überlegen?

8.
Möchten Sie wissen, wie Sterben ist?

9.
Wenn Sie sich unter bestimmten Umständen schon einmal den Tod gewünscht haben und wenn es nicht dazu gekommen ist: finden Sie dann, daß Sie sich geirrt haben, d.h. schätzen Sie infolgedessen die Umstände anders ein?

10.
Wem gönnen Sie manchmal Ihren eigenen Tod?

11.
Wenn Sie gerade keine Angst haben vor dem Sterben: weil Ihnen dieses Leben gerade lästig ist oder weil Sie gerade den Augenblick genießen?

12.
Was stört Sie an Begräbnissen?

13.
Wenn Sie jemand bemitleidet oder gehaßt haben und zur Kenntnis nehmen, daß er verstorben ist: was machen Sie mit Ihrem bisherigen Haß auf seine Person beziehungsweise mit Ihrem Mitleid?

14.
Haben Sie Freunde unter den Toten?

15.
Wenn Sie einen toten Menschen sehen: haben Sie dann den Eindruck, daß Sie diesen Menschen gekannt haben?

16.
Haben Sie schon Tote geküßt?

17.
Wenn Sie nicht allgemein an Tod denken, sondern an Ihren persönlichen Tod: sind Sie jeweils erschüttert, d. h. tun Sie sich selbst leid oder denken Sie an Personen, die Ihnen nach Ihrem Hinschied leidtun?

18.
Möchten Sie lieber mit Bewußtsein sterben oder überrascht werden von einem fallenden Ziegel, von einem Herzschlag, von einer Explosion usw.?

19.
Wissen Sie, wo Sie begraben sein möchten?

20.
Wenn der Atem aussetzt und der Arzt es bestätigt: sind Sie sicher, daß man in diesem Augenblick keine Träume mehr hat?

21.
Welche Qualen ziehen Sie dem Tod vor?
22.
Wenn Sie an ein Reich der Toten (Hades) glauben: beruhigt Sie die Vorstellung, daß wir uns alle wiedersehen auf Ewigkeit, oder haben Sie deshalb Angst vor dem Tod?
23.
Können Sie sich ein leichtes Sterben denken?
24.
Wenn Sie jemand lieben: warum möchten Sie nicht der überlebende Teil sein, sondern das Leid dem anderen überlassen?
25.
Wieso weinen die Sterbenden nie?“ [50]

Gewiß, es braucht Mut, sich solchen Fragen und Übungen zu stellen, sich in die Endlichkeit einzuüben, wichtige Entscheidungen zu treffen, aber wir gewinnen dadurch ein gesundes Verhältnis zur eigenen Endlichkeit, zu Sterben und Tod.

c) Annahme meiner Geschöpflichkeit

Die radikale Erfahrung der Endlichkeit des Menschen bekommt im Horizont des Glaubens nochmals eine neue Dimension. Unsere Endlichkeitserfahrungen zeigen, daß wir nicht aus uns Leben haben und letztlich unser Leben nicht machen können, sondern daß wir unser Leben bekommen, empfangen haben.

Die Erfahrung menschlicher Endlichkeit ließ den alttestamentlich Glaubenden Leben und Tod nie einfach nur je für sich verstehen, sondern immer im Zusammenhang mit dem Leben und damit mit dem lebendigen Gott. Der glaubende Israelit ist fest davon überzeugt, daß der Mensch von Gott sein Leben empfängt. Der lebendige Gott ist der Schöpfer und Spender des Lebens, die wahre Quelle des Lebens. Der Mensch versteht sich nicht als der Herr, sondern als Empfänger des Lebens von Gott. Er weiß sich bei ihm geborgen, weiß um das neue Leben, das Jahwe immer wieder zusagt.

Unter dieser Gewißheit stellt sich für den alttestamentlichen Menschen das Problem des Todes nicht als ein bedrängendes dar. Es ist für ihn selbstverständlich, daß er sterben muß. So nimmt er den Tod mit großer Gelassenheit an. Er gehört ganz allgemein zum menschlichen Geschick. Es ist eine selbstverständliche Voraussetzung, daß

[50] *M. Frisch,* Tagebuch 1966–1971, Frankfurt 1972, 424ff („Fragebogen“).

das Leben einmal zu Ende geht, genommen wird, wie es zunächst geschenkt ist. Der Mensch verfügt nicht über sein Leben.

Vielleicht haben wir heute diese Tatsache vergessen, daß wir unser Leben von Gott bekommen haben. Wir verstehen uns allzu sehr als Herren über das Leben und meinen, über unser und das Leben anderer verfügen zu dürfen. Sicher ist uns das Leben als Geschenk in die Hand gegeben, damit wir es verantwortungsvoll gestalten. Eine glaubende Haltung alttestamentlicher Menschen kann uns aber anleiten, gelassener dem Tod entgegenzusehen, in der Gewißheit, daß Gott der Herr und Spender des Lebens ist und wir Gottes Geschöpfe sind. Erst durch den Tod erfahren wir, daß das Leben nicht selbstverständlich ist, sondern daß es ein Geschenk, eine Gabe ist. Da unser Leben ständig vom Tod bedroht ist, wird es als kostbar erfahren, als ein unwiederholbares Wagnis und Abenteuer. Endlichkeit, Sterben und Tod verweisen uns auf den Urgrund des Lebens und lassen uns Menschen in unserer Kreatürlichkeit verstehen, damit wir unser Leben als geschöpfliches und damit als sterbliches gestalten. Wir dürfen unser Leben und Sterben annehmen im Bewußtsein, daß Gott auch im Tod mit uns ist und bleiben wird. Wir dürfen vertrauensvoll mit dem Psalm 90 beten: „Herr, lehre uns bedenken, daß wir sterben müssen, auf daß wir klug werden." Klugheit heißt hier zu erkennen, daß wir endlich sind und von Gott als endliche Menschen gewollt sind. Es darf deshalb eine frohe Botschaft an uns sein: daß nicht wir krampfhaft unser Leben hervorbringen müssen, sondern wissen dürfen: Gott gibt uns Leben. Er hat uns geschaffen, nicht als kleine Götter, sondern als andere, als endliche, geschöpfliche Menschen. Wenn aber Gott uns so, wie wir sind, geschaffen hat, dann sind unsere Sterblichkeit und unsere Endlichkeit nicht ein Fehlschlag, keine Begrenzung, sondern sie gehören zu uns Menschen als so von Gott gewollte. Wir dürfen lernen – es wird ein lebenlanges Lernen sein – unsere sterbliche Bedingtheit zu lieben, weil Gott sie will, weil Gott sie liebt. Nicht mehr der Sterblichkeit und dem Tod unterworfen zu sein hieße kein Mensch mehr zu sein. Gott hat den Menschen als endlichen, sterblichen geschaffen und danach gesagt: und es ist sehr gut. Das heißt: es ist sehr gut, daß wir keine unsterblichen Wesen sind, sondern sterbliche, endliche, bedingte. Als kreatürliche sind wir ganz Menschen.[51] Geschöpflichkeit besagt dann nicht nur Kleinheit, Angewiesenheit, Sterblichkeit,

[51] Vgl. *J. Pohier,* Wenn ich Gott sage, Olten 1980, 153–175.

Bedingtheit und Endlichkeit. Geschöpflichkeit heißt dann, daß ich als Mensch in meiner Bedingtheit, Kleinheit, Schwachheit und Sterblichkeit ein Gegenüber Gottes sein darf und er mich als solcher restlos annimmt. „Das ist das Heil Gottes, einen Menschen zu erschaffen, der trotz seiner Sterblichkeit und Fehlbarkeit fähig ist, mit Gott zu sein, und daß Gott ein Gott ist, der zum fehlbaren und sterblichen Menschen kommen kann.“ [52]

Die Geschöpflichkeit anzuerkennen heißt den Tod nicht als Letztwirklichkeit,[53] ohne Hoffnung, stehen zu lassen. Wer sein Dasein als geschöpfliches versteht, lebt als ein um seine Endlichkeit Wissender, lebt aber als solcher von Gott her, bejaht – wenn vielleicht auch nur unbewußt – den Schöpfer, der seine Schöpfung liebend trägt. So wird auch in Sterben und Tod die Liebe Gottes erfahren. Nicht der Tod bleibt dann Letztwirklichkeit für den glaubenden Menschen, sondern Gott, der den Menschen, wie die biblischen Bilder sagen, aus Erde, also erdhaft,[54] endlich geschaffen, ihm aber auch seinen Atem, sein Leben gegeben hat.[55]

Wie ernst Gott die Geschöpflichkeit des Menschen nimmt, zeigt sich gerade auch in Jesus Christus. Er wurde geschöpflich Mensch und trägt „körperliche Schmerzen, die Urangst des Sterbenmüssens … . Er erfährt das Grauen vor dem Dunkel des Todes, Durchkreuzung seiner Hoffnungen, Verzweiflung, Einsamkeit, Verlassenheit.“ [56] Die Geschöpflichkeit des Menschen ist zu verstehen als die glaubende Haltung, das glaubende Sein des endlich begrenzten Menschen vor Gott.

Die Annahme meiner Geschöpflichkeit eröffnet einen Horizont, von dem her ein anderes Licht auf mein Leben, auf mein Sterben und meinen Tod fällt. Aus diesem Licht erwächst dann auch eine massive Kritik an der heutigen Lebens- und Todeshaltung, wie sie A. v. Jüchen beschreibt: „Hier ist der Tod nur ein privates Ereignis, das Sterben ist aus einem personalen Widerfahrnis zu einem mechanischen Vorgang geworden. Die Zukunft ist erloschen. Der Sterbende vernichtet sich bereits, ehe er stirbt, als Person. Er empfindet sich wie ein Autowrack, das seinen Einzug auf den Schrottplatz hält. Vielleicht hat er sich die Sinnfrage niemals gestellt, vielleicht hat er

[52] Ebd. 168.
[53] Vgl. *A. v. Jüchen* (s. Anm. 6) 45.
[54] Vgl. Gen 2, 7; 3,19; auch Ps 90,3; 104,29.
[55] Vgl. *A. v. Jüchen* (s. Anm. 6) 44–50.
[56] Ebd. 81.

den Sinn in einer der faden Lebenslügen gesucht, die sich zu Dutzenden anbieten. Sicher ist, daß all seine eigenmächtigen Sinnsetzungen der Vergänglichkeit genauso preisgegeben sind wie er selbst."[57]

d) Leben im Horizont des Glaubens

Mit diesen Gedanken zur Geschöpflichkeit des Menschen sind wir in eine Dimension eingetreten, die noch angesprochen werden soll: die Dimension des Glaubens als Hilfe für den Menschen, den Tod anzunehmen.[58]

Es ist eine menschliche Grunderfahrung, daß dem Glauben an ein Ewiges Leben eine phänomenale Bedeutung für die Sterbehilfe als Ars moriendi zugesprochen werden darf.

Unvoreingenommene Zeugnisse aus dem Bereich der Todesnäheerlebnisse[59] und der psychedelischen Behandlungen mittels LSD und DPT[60] zeigen bereits, wie Menschen in eine religiöse Dimension im weitesten Sinn geführt werden können und lassen naturwissenschaftlich orientierte Psychologen zur Erkenntnis gelangen: „es gibt keinen Zweifel, daß der feste Glaube an das Jenseits das Sterben leichter macht."[61] Ungezähle Experimente haben gezeigt, daß Menschen, die z. B. solche psychedelische Erfahrungen machen, die sich darin sozusagen transzendieren, ins Bewußtsein zurückgekehrt, den Tod und das Sterben – sehr oft ein äußerst schmerzhaftes – viel leichter, gefaßter und ruhiger ertragen und bestanden haben.[62]

In verschiedenen Variationen taucht in solchen letzten Erfahrun-

---

[57] Ebd. 46.

[58] Vgl. *J. W. Worden / W. Proctor* (s. Anm. 4) 105–118.

[59] Vgl. *J. Chr. Hampe,* Sterben ist doch ganz anders. Erfahrungen mit dem eigenen Tod, Stuttgart 1975; *R. A. Moody,* Leben nach dem Tod. Die Erforschungen einer unerklärten Erfahrung, Hamburg 1977.

[60] Vgl. *St.* und *Chr. Grof,* Jenseits des Todes. An den Toren des Bewußtseins, München 1984; *St. Grof / J. Halifax,* (s. Anm. 6).

[61] *St. Grof / J. Halifax* (s. Anm. 6) 191.

[62] Vgl. ebd. 192: „Die psychedelischen Forschungen der beiden letzten Jahrzehnte haben wichtige, phänomenologische und neurophysiologische Daten erbracht, aus denen hervorgeht, daß Erfahrungen, die komplexe, mythologische, religiöse und mystische Erlebnisse vor, während und nach dem Sterben enthalten, sehr wohl der klinischen Realität entsprechen könnten. In (diesen) Darlegungen wollen wir den Versuch machen, das uralte Wissen und die Mythologie von Kulturen vor der Stufe der schriftlichen Überlieferung mit modernen klinischen und experimentellen Beobachtungen in Einklang zu bringen und einen neuen methodischen Ansatz zum Verständnis der Todeserfahrung vorzulegen."

gen die Vorstellung auf, daß der Gerechte nach dem Tod eine endgültige Heimat findet.[63]

Uralte Sterbebücher, etwa das ägyptische und tibetanische Totenbuch, wollen den Menschen in seinem Bewußtsein stärken, daß er nach dem Tod in ein anderes seliges Leben eintreten wird.

Auch Sokrates[64] versucht das große Unheil des Todes zu relativieren, im Wissen, daß er das Letzte seiner Sendung, seiner Existenz nur durch den Tod hindurch vollendet. Der Tod ist für ihn ein Schritt ins eigentliche Leben, und er wird von ihm so als Durchgang zum vollendeten Leben erkannt und angenommen.

Albert Camus, sicher ein unverdächtiger Zeuge, sagt: „Ich kann dich nicht zwingen, an Gott zu glauben. An Gott glauben heißt, den Tod akzeptieren. Wenn du den Tod akzeptiert hast, wird das Problem Gott gelöst sein.“[65]

Diese wenigen und allzu kurz umschriebenen Zeugnisse wollen keineswegs als Beweise für religiöse Vorstellungen eines Weiterlebens nach dem Tod verstanden werden. Sie möchten lediglich zeigen, daß tiefe menschliche Erfahrungen im Nachdenken tatsächlich in die Nähe dessen führen können, was wir als Christen mit „Ewigem Leben“, mit „Weiterleben nach dem Tod“ umschreiben. Viel wichtiger scheint zu sein, daß diese Zeugnisse uns auf einen Weg verweisen, den Tod aus der religiösen mystischen Erfahrung, aus dem Horizont des Glaubens heraus annehmen zu können, weil es eine Urgewißheit des Menschen ist, daß der Tod als Vernichtung nicht die Letztwirklichkeit bleibt. Aus christlicher Perspektive ist es – wie wir gesehen haben – die Gewißheit der tragenden Gemeinschaft mit Gott, wie diese auch immer symbolisch, bildlich oder theologisch verstanden wird,[66] die den Menschen in die Verwiesenheit mit Gott hineinführt. Diese grundlegende Bezogenheit des Menschen auf Gott, der den Menschen gewollt und geschaffen hat, so, wie er ist, der ihn in seiner Liebe und Versöhnungsbereitschaft begleitet in seinem Leben als Sein-zum-Tod und der ihn nicht fallen läßt im Sterben und Tod, wird den glaubenden Menschen in großer Gelassenheit Tod und Sterben als Grunddaten seines Lebens annehmen lassen.

---

63 Vgl. ebd. 192 ff.
64 Vgl. *R. Guardini,* Der Tod des Sokrates, Mainz – Paderborn [5]1987.
65 *A. Camus,* Tagebuch. Januar 1942 bis März 1951, Hamburg 1967, hier aus: Im Angesicht des Todes leben (s. Anm. 6) 102.
66 Vgl. *J. Manser* (s. Anm. 23) 138 ff.

Die Perspektive „Glauben" kann einen Horizont weit über den realen Tod hinaus eröffnen, wenn sie Wiederdaheimsein, Geliebtsein, Gemeinschaft, Angenommensein, Verbundenheit und Nähe, letzte Geborgenheit als Auslegungen und Interpretamente[67] Gottes versteht und damit als Quelle neuen Lebens. Die Letztwirklichkeit des Todes wird überwunden durch die Zusage: ich komme von Gott (bin von Gott geschaffen) und gehe auf Gott als des Lebens letzter Sinn, als das Ziel meines Lebens zu und darf in seine Gemeinschaft aufgenommen werden. Damit aber wird eine Sicht eröffnet, die nicht nur die Angst und Ungewißheit vor der Zukunft nimmt, sondern auch ihre Konsequenzen hat für das jetzige Leben als endlicher Mensch Spuren zu Gott zu suchen im Einsatz und der Hingabe für den Menschen, in letzter Verantwortlichkeit für eine humane Lebenswelt, die dem Leben und dem Tod Sinn, letzten Sinn verleihen. Damit fällt nicht nur auf Sterben und Tod ein neues Licht, sondern auch das Leben bekommt neue Tiefe und Farbe. Dem Leben und dem Tod kommt eine neue Gelassenheit zu.

e) Los-lassen als Einüben ins Sterben

Wir leben in unserer westlichen Gesellschaft in einer Konsumhaltung, in der es den Menschen fast ausschließlich darum geht, möglichst viel Geld, Eigentum, Macht zu haben. Unser ganzes Dasein ist ausgerichtet auf das Haben von Dingen, selbst wenn wir sie nicht brauchen. Und wir hüten mit großer Angst vor Verlust diese Dinge, die wir haben, die wir unser Eigentum nennen. Diese Haltung färbt sich denn auch auf unsere Beziehungen zu unseren Mitmenschen ab. Wir *wollen* sogar unsere Ehepartner, unsere Kinder, unsere Freunde *haben*. In dieser Haltung werden die menschlich-personalen Dimensionen immer mehr unterdrückt, weil unsere Mitmenschen uns dienen sollten, weil wir sie brauchen, um die Befriedigung unserer materiellen und persönlichen Bedürfnisse zu erlangen.

Selbst das eigene Leben wollen wir in der Hand haben. Das zeigt sich in der verrückten Haltung, den Tod immer weiter hinauszuschieben – obwohl das Leben an Maschinen bestimmt kein humanes mehr ist, obwohl bei aller Anstrengung nur wenige Stunden oder Tage zu gewinnen sind. Menschen leben in der Haltung: das Leben, *mein* Leben, das gehört mir, das mache und gestalte ich aus meiner

---

[67] Vgl. *A. v. Jüchen* (s. Anm. 6) 92f.

eigenen Kraft. Dies führt in eine egoistische Verstricktheit, die sich darin zeigt: nur ich bin mir wichtig, ich muß vorwärtskommen, ich muß möglichst viel erleben und erfahren.

So machen wir unser Leben aber zu einer einzigen Lebenslüge, weil wir unsere wahre Grundbefindlichkeit, d. h. unsere Endlichkeit und Geschöpflichkeit, leugnen. Möglicherweise haben wir alles erreicht, was wir erreichen wollten: Geld, Erfolg, Einfluß, Ansehen; möglicherweise sind wir von bester Gesundheit, glücklich verheiratet, beschenkt mit Kindern, auf deren Entwicklung wir stolz sind, aber eines sind wir nicht geworden, authentische Menschen. Vor dem Tod und der uns als Menschen angeborenen Kreatürlichkeit, der schlechthinnigen Abhängigkeit von der Unendlichkeit haben wir die Augen geschlossen.[68]

In einer solchen Haltung müssen wir Sterben und Tod weit aus unserem Lebenshorizont verdrängen, weil Sterben und Tod ein solches Leben radikal in Frage stellen. Der Tod einer 80jährigen Frau wird dann als unerwartet und viel zu früh in Todesanzeigen angekündigt. Der Tod macht uns hilflos und ohnmächtig, wenn er viel zu früh als Folge eines Unglücks eintritt.

Zum Tod eine gesunde Beziehung zu gewinnen beginnt deshalb nicht erst beim Eintreten des konkreten Sterbens, sondern beginnt in der Veränderung unserer Lebenshaltung. E. Fromm sagt: „In dem Maße, in dem wir im Habensmodus leben, müssen wir das Sterben fürchten, und keine rationale Erklärung wird uns von dieser Angst befreien.“[69] Wir fürchten in der Habenshaltung weniger den Tod und das Sterben als vielmehr all das, was wir haben, zu verlieren: meinen Körper, mein Ego, meinen Besitz, meine vermeintliche Identität. Sterbenlernen fängt an in der Bereitschaft, immer mehr von der Habenshaltung zur Seinshaltung überzugehen. Sterben lernen wir, wenn wir los-lassen können, uns nicht nur an das Leben klammern und unser Leben nicht als unseren Besitz betrachten. Jesus, aber auch Buddha, die Stoiker und viele andere geben ein Beispiel dafür. Die Gewißheit des Sterben-Müssens vermag uns eine tiefere Weise des Lebens zu eröffnen. Mit Sterben und Tod kann der umgehen lernen, der bereit ist, materielles und geistiges Besitztum aufzugeben, gar mitmenschliche Beziehungen zu lösen.[70] „So gibt es

---

[68] Vgl. ebd. 65.
[69] *E. Fromm,* Haben oder Sein. Die seelischen Grundlagen einer neuen Gesellschaft, Zürich 1978, 126.
[70] Vgl. *G. Condrau* (s. Anm. 6) 233.

Menschen, die dem Tod in ‚heiterer Gelassenheit' entgegensehen. Es sind jene, die ihn als den letzten Vollzug ihrer Existenzmöglichkeit betrachten und ihr Leben in Offenheit beenden.“ [71]

Freilich ist diese Bereitschaft, im Los-Lassen unserer Dinge, unserer Beziehungen uns in den Tod einzuüben und ihn als end-gültiges Los-Lassen zu verstehen nicht einfach gegeben. Es bedarf eines täglich neuen Einübens in diese Haltung des Sterbens als Los-Lassen, in die Haltung der Hingabe für die Menschen, in die Haltung des Sein-Leben-Weggebens für den anderen im Sinn der Aussage Jesu: Wer sein Leben nicht hingibt, wird es verlieren,[72] oder des anderen Wortes: Was nützt es dem Menschen, wenn er die ganze Welt gewinnt.[73]

Vielleicht könnte in solchem Los-Lassen des Lebens ein tieferer Sinn der sogenannten Evangelischen Räte liegen: Gehorsam als Los-lassen der eigenen Macht, Ehelosigkeit als letztliches Nichtgebunden-Sein an Menschen und Armut als Los-Lassen all dessen, was ich habe, selbst meines Lebens. Vielleicht könnten, ja müßten Menschen, die diese Evangelischen Räte zu leben versuchen, Menschen sein, die zu streben lernen und lehren, Meister des Sterbens zu werden.

f) Erst Sterben und Tod führen zum bewußten Leben

Ein Blick in das persönliche Leben vieler Künstler und ein genaues Verstehen ihrer Werke zeugen von einer intensiven Auseinandersetzung mit dem Tod. Der Tod ist für sie eine treibende Kraft, vieles zu sehen, zu spüren, zu erahnen, was Menschen der Oberfläche nicht sehen und hören.

Große Philosophen betrachteten ihr Nachdenken als ein einziges Einüben ins Sterben. Den Tod als Herausforderung annehmen heißt wach werden für das Leben, für die Mitmenschen, für das Bewußtsein, daß jedem menschlichen Leben eine Grenze gesetzt ist, daß die begrenzte Lebenszeit radikal zu nutzen ist.

Der Tod als die Grenze unseres Lebens lehrt uns zunächst, daß er der „Ernstfall aller Ernstfälle“ [74] ist. Er ist ernst deshalb, „weil er alles, um was es uns geht, die ganze Wirklichkeit unseres Lebens,

---

[71] Ebd.
[72] Vgl. Mt 16,25f; Lk 17,33.
[73] Vgl. Mt 16,26.
[74] *B. Welte* (s. Anm. 16) 19.

unwiderruflich betrifft, entscheidet und in sein Dunkel hineinnimmt. Im Tod geht es in diesem Sinn um alles, in ihm verdichtet sich alles das, was wir die Wirklichkeit unseres Lebens nennen."[75]

Dieser Ernst des Todes[76] darf nicht nur unter dem Aspekt des Dunkels und der Schwere gesehen werden, er vermag dem Menschen die Augen zu öffnen, bewußt seine Wirklichkeit zu erfahren, ja die Schönheiten, die Tiefe, die Farbe, das Geschenk und die Sinnhaftigkeit des Lebens als einmalig wahrzunehmen.

Erst der Tod gibt dem Leben den ihm eigenen Wert des erfüllten Augenblicks. Erst vom Tod her weiß der Mensch, daß er nicht unbegrenzt Zeit hat. Ginge die Zeit des Lebens endlos gleichbleibend weiter, gäbe es also nicht den Ernstfall, so wäre alles einerlei, und der Mensch könnte alles vor sich herschieben. Das Leben würde sich in einer ungeheuren Langeweile und Leere dahinschleppen. Ohne Tod gäbe es keine echte Erfahrung des Glücks. Jede Tat, jede Erfahrung des Schönen und Beglückenden, aber auch jedes Versagen, jede Schuld stehen in ihrer Einmaligkeit da. Ohne Tod verliert jede Entscheidung ihre Dringlichkeit. Sie kann beliebig nachgeholt werden. Alles könnte ein andermal getan werden. Nichts muß, alles könnte geschehen. Das Leben bliebe dadurch aber ohne Schärfe, Farbe, Qualität; ohne wirkliche Überraschung, ohne Staunen, ohne Empfänglichkeit für Neues und ohne Kreativität. Der Tod zeigt, daß *jetzt* die Stunde der Liebe ist, daß diese Begegnung entscheidend ist, daß die Menschen in ihrer Einmaligkeit jetzt uns geschenkt sind. Wo man der Realität des Todes ausweicht, wo man ihn verdrängt, leidet die Mitmenschlichkeit Schaden. Wenn Beobachtungen etwa in der Bundesrepublik Deutschland ergeben, daß nur 15% der Sterbenden von ihren Angehörigen bisweilen besucht werden, zeigt dies nicht nur die ungemein grobe Weise menschlichen Umgangs miteinander bis in die letzten Stunden hinein, sondern verweist auch darauf, wie es um unsere Beziehungen und unsere Liebe steht, wie sehr der Mitmensch zum Objekt entwürdigt ist, das seinen Wert nur hat, solange es etwas bringt und nützt, das aber abgeschrieben und abgestoßen wird, sobald dies dahinfällt. Das Ernstnehmen des Todes kann uns in unseren Beziehungen offener und wahrer werden lassen, selbst not-wendende Konflikte zu wagen, kann uns tiefer verbinden. Der Tod lehrt uns, unsere Beziehungen zu unseren Mitmenschen persön-

---

[75] Ebd. 20.
[76] Vgl. *J. Manser,* Der Tod des Menschen (s. Anm. 7) 117–122; 296–301.

licher, weniger oberflächlich, liebender, aufmerksamer und bewußter zu gestalten. Dies zeigt sich in kleinen Gesten. Ein Lob, ein Zeichen der Liebe, Versöhnung muß jetzt gegeben werden, sonst könnte der Tod dazwischenkommen.

Die Herausforderung des Todes ruft also nicht nur den Künstler zum Auszeugen seines Werkes heraus, die Herausforderung „Tod" verleiht auch unserem Leben einen höchst positiven Sinn. Sie kann uns auf die Kürze unseres Lebens verweisen und das Bewußtsein steigern, wie wichtig es ist, mein Leben jetzt zu leben und nichts auf morgen zu verschieben. So kann der Tod uns sogar eine neue, tiefe Freude am Leben geben.[77] Bewußter leben führt uns in die Tiefe des menschlichen und mitmenschlichen Daseins, führt in die Tiefe der Welterfahrung und in die Tiefe der Begegnung mit den Mitmenschen und mit Gott. Im bewußten Leben im Angesicht des Todes erahnt der Mensch durchaus etwas vom Geheimnis, das die Welt und den Menschen trägt, das wir Gott nennen. Im Tod wird das Ganze unseres Lebens endgültig. Er birgt unser Leben in sich hinein und voll-endet es schließlich.

Ein mit seinem Leben abgedecktes Zitat von P. Noll vermag diese Positivität des Todes zusammenfassend beeindruckend zu umschreiben:

„Sie alle werden sterben, einige von Ihnen sehr bald, andere viel später. Meine Erfahrung war die: Wir leben das Leben besser, wenn wir es so leben, wie es ist, nämlich befristet. Dann spielt auch die Dauer der Frist kaum eine Rolle, da alles sich an der Ewigkeit mißt ... Nicht nur die Christen, sondern besonders die Nichtchristen, von Seneca bis Montaigne bis, wenn Sie wollen, zu Heidegger, waren der Meinung, daß das Leben mehr Sinn habe, wenn man an den Tod denkt, als wenn man den Gedanken an ihn beiseite schiebt, verdrängt. Sie sagten auch, es sei leichter zu sterben, wenn man sich sein ganzes Leben lang mit dem Tod beschäftigt habe, als wenn man von ihm überrascht werde. Ich habe erfahren, daß das alles stimmt. Ich hatte Zeit, den Tod kennenzulernen. Das ist das Gute am Krebstod, den alle so fürchten. Ich wußte, daß die Zeit kürzer ist, als ich früher dachte, zumal ich an die Zeit und ihre Begrenzung vorher zuwenig gedacht hatte. Es gab viel Traurigkeit, auch echte Heiterkeit, keine Verzweiflung, erstaunlicherweise. Natürlich wissen wir alle, daß wir sterben müssen, und doch tun wir so, als hätte das Leben kein Ende, als würde die Situation des Todes immer nur andere betreffen, von denen wir hören, daß sie endlich im Spital gestorben sind, und an deren Beerdigung wir dann gehen. Aus Pietät, gemischt mit einer gewissen Abscheu. – Was soll sich denn ändern im Leben, wenn wir an den Tod denken? Vieles, nicht alles. Wir werden ein weiseres Herz gewin-

[77] Vgl. *J. W. Worden / W. Proctor* (s. Anm. 4) 41.

nen, wie der Psalmist sagt. Wir werden sorgfältiger umgehen mit der Zeit, sorgfältiger mit den anderen, liebevoller, wenn Sie so wollen, geduldiger – und vor allem freier. Niemand kann uns mehr nehmen als das Leben, und dieses wird uns ohnehin genommen. Dieser Gedanke gibt Freiheit, gibt geradezu frische Luft. Die Zwänge der vermeintlichen Bedürfnisse, die Karriere, die Statussymbole, die gesellschaftlichen Zwänge, sie werden mehr und mehr gleichgültig, und wir können zum Beispiel einfach sagen, was wir denken, rücksichtslos gegenüber den Konventionen oder Mächten, die es uns verbieten wollen ... Ich kann Ihnen sagen, weil ich es in den letzten Monaten erlebt habe, daß der Gedanke an den Tod das Leben wertvoller macht."[78]

g) Die Bedrohung durch den Tod fordert eine Entscheidung für das Leben

Schließlich wird uns die Erfahrung der Todesbedrohtheit durch den selbstgemachten Holocaust lehren, uns dieser totalen Todessituation bewußt zu werden, und ruft uns in die Verantwortung, uns restlos für das Leben einzusetzen. Eine solche Verantwortung für das Leben verweist uns auf unsere geschichtliche und gesellschaftliche Situation, die eine Ars moriendi zur Ars vivendi werden läßt, die heute wie nie zuvor von uns gefordert ist.

Der jederzeit mögliche totale Holocaust ringt dem Menschen eine unbedingte Entscheidung für das Leben ab. Es geht um ein radikales Engagement des Menschen für das Leben, um einen gezielten Einsatz, in dem die Botschaft Jesu vom Reich Gottes Gestalt annimmt.

Jesus entschied sich immer für das Leben. Er führte einen ununterbrochenen Kampf gegen das Unrecht, gegen Lieblosigkeit, gegen Hoffart und Verachtung von Diffamierten. Die Evangelien geben dafür Zeugnis. Er brachte mit seiner Entscheidung für das Leben einen Horizont in die verwirrte und düstere Situation seiner Zeit und vermochte so in verzweifelter Lage der Kraft des Lebens zum Durchbruch zu verhelfen. Dürfen wir dann aber die Todesbedrohungen unserer Welt einfach als Schicksal hinnehmen? Dürfen wir, wenn sie uns den Tod in scheinbar unvermeidlicher Katastrophe vor Augen halten, mit der frommen Formel uns anlügen: „Es hat Gott dem Allmächtigen gefallen, diesen oder jenen geopferten Menschen, dieses oder jenes Opfer unter den Völkern oder gar die ganze einem Moloch geopferte Menschheit zu sich zu rufen?"[79]

---

[78] *P. Noll* (s. Anm. 43) 115ff.
[79] *A. v. Jüchen* (s. Anm. 6) 131.

Wir haben uns als Menschen, und zumal als Christen, eindeutig und lautstark gegen die Maschinerie des Holocaust und Holozid aufzulehnen und uns für das Leben der Menschen, für das Leben unserer zukünftigen Generation zu entscheiden, wollen wir uns von einem Hauptsatz der jüdisch-christlichen Tradition nicht distanzieren: Unser Gott ist ein Gott des Lebens. Wir haben Menschen zu werden, die sich heute wie nie zuvor für das Leben entscheiden. Der Ernst der Stunde gebietet das, denn es geht nicht mehr um meinen und deinen Tod, sondern um den Tod von uns allen.

Wir alle müssen uns vom selbstgemachten Tod bedroht fühlen, wenn etwa 30 Millionen Menschen in den Rüstungsindustrien der Welt arbeiten – für den Tod. Noch einmal 30 Millionen müssen in den Armeen der Welt mit der Möglichkeit rechnen, den Tod zu organisieren und zu praktizieren oder ihn selbst zu erleiden. Vierhunderttausend Wissenschaftler, die ihr Spezialfach Jahrzehnte lang studiert haben, verwenden viele Jahre ihres Lebens Tag um Tag dafür, den Tod zu planen. Sie lassen es nicht genügen an den vorhandenen Waffen. Ihr ganzes Denken zielt dahin, tödliche Waffen noch „effizienter" und d.h. noch tödlicher zu machen.[80] Und liegt der Geruch des Todes nicht buchstäblich in unseren Ländern und Städten, „wenn SS-20-Raketen auf alle wichtigsten Punkte Europas und Pershing-Raketen auf alle Lebenszentren der Sowjetunion gerichtet sind, wenn die Flugzeiten der Geschosse so kurz geworden sind, daß für die umständlichen Präliminarien früherer Kriege wie Ultimatum, Kriegserklärung, Mobilmachung, letzte Verhandlungen, aber auch für Rote-Telefon-Gespräche keine Zeit bleibt, wenn keine Zeit mehr da ist für verantwortliche Gewissensentscheide, Befragungen, Konsultationen, wenn man die letzten und für die Menschheit wichtigsten Entscheidungen automatischen Sensibilisatoren und blitzschnell rechnenden Computern überlassen muß, dann sind das Todeserfahrungen von solcher Radikalität und Universalität, daß die humane Vernunft sie nicht mehr zu deuten vermag."[81]

Noch bedrohlicher wird diese Erfahrung, wenn wir bedenken, daß wir die Bombe schon seit vierzig Jahren kennen und wir „pfeifen in den Wald". Wir kennen also das unter der Oberfläche lauernde Entsetzen, und wir wissen, daß die Bomben nur noch zahlreicher und schlagkräftiger geworden sind. Wir leben in der Hal-

---

[80] Vgl. ebd. 125f.
[81] Ebd. 125.

tung: „Egal, wie viele gebaut werden, und egal, wie groß sie sind, das Leben geht weiter.“ Keiner will diese Todeserfahrungen für wahr halten, sie sind restlos ignoriert.

Wir Menschen haben aus dem Halbschlaf aufzuwachen, der uns die wahnsinnige Rüstungsmaschinerie als Träume der Sicherung der eigenen Freiheit vortäuscht, bevor dieser Halbschlaf zum tödlichen Schlaf wird. Wir haben Resignation und das Gefühl der Hilflosigkeit angesichts dieser ungeheuren Kräfte der Zerstörung hinter uns zu lassen und an die Kraft des Guten in uns und in den Menschen wirklich neu zu glauben.

Wir haben unsere Betroffenheit von diesen unheimlichen Geschehnissen miteinander zu teilen, um uns zu solidarisieren, um miteinander den letztendlichen Bedrohungen zu begegnen. Da die Vorstellung der nuklearen Apokalypse jedes menschliche Handeln in Frage stellt, gilt es nicht mehr länger abzuwarten, die freventliche Lüge zu entlarven, bevor absolute Sinnlosigkeit des Todes aller das Sagen hat auf Erden. Atomwaffenarsenale, durch das Fernsehen in unsere Stuben gebracht, und Kühltürme der Atomkraftwerke sollten bildliche Mahner sein in heutiger Zeit, sozusagen die Knochengerüste des Todes im bildhaften Totentanz, der mit jedem von uns tanzt.

Erste Schritte tun wir – zu solchen Schritten zu ermutigen wäre für Theologie und Kirche im Namen des lebendigen Gottes eine wichtige Aufgabe –

– wenn wir die Menschen ermutigen, das Wagnis des Lebens auf sich zu nehmen und die Welt vor der eigenen Vernichtung zu retten;
– wenn wir die nukleare Aufrüstung als Götze einer weltlichen Religion des Machbarkeitswahns entlarven;
– wenn wir die lähmende Fühllosigkeit, die sich in unbestimmten Ängste und Gefühlen zeigt, überwinden und „unsere Sensoren wieder [zu] finden für die Gefahren der Kernwaffen und jenen anderen Holocaust, der uns bedroht, wie die Zerstörung der Umwelt und massiven Hungersnöte“[82];
– wenn wir sensibel werden, nicht nur für Wachsamkeit, Vorsicht und Auf-der-Hut-sein – was helfen die uns schon –, sondern zur Kenntnis, Informiertheit, Sensibilität zu tun, zu handeln;

Als Christen müßten wir unserer atomaren Todesbedrohtheit uns bewußt werden, um sie zu erkennen, um uns über sie hinaus für das

---

[82] *R. J. Lifton* (s. Anm. 24) 467; vgl. zu diesem Abschnitt ebd. 409–473.

Leben zu entscheiden. Erst dann sind wir Gottes würdig, der ein Gott des Lebens ist.

Der Holocaust scheint deshalb kein drängendes und bewußtes Problem zu sein, weil die Person des Menschen immer mehr entpersonalisiert wird. Tendenzen dazu sind deutlich zu sehen, wenn wir an die Entwicklung immer neuer Computersysteme und Roboter, die den Menschen ersetzen, denken, oder wenn wir feststellen, wie wir Menschen vermaßt und kollektiviert (Mode, Urlaub, Auto) werden.

Aus der christlichen Botschaft heraus bekommen Theologie und Kirche eine ganz zentrale Aufgabe in unserer Zeit: die Würde der Person, die Würde des Menschen zu wahren, und zwar bei uns, wo wir doch meinen, dies sei ohnehin eine Selbstverständlichkeit. Dieser Auftrag wird nicht nur eine große Idee bleiben dürfen, sondern wird Menschen ermutigen, eigenständig nachzudenken, eine eigene persönliche Meinung zu bilden, ein mutiges Wort zu sagen, wo es notwendig wird, gegen Ungerechtigkeiten und faule Kompromisse sich aufzulehnen, nein zu sagen, wo es das Gewissen verbietet, mitzumachen, die Wirklichkeit zu sehen, wie sie ist, kritisch zu sein gegenüber den Einlullungsmechanismen der sogenannten Großen. Christliche Botschaft hat Impulse zu geben, damit Menschen wagen, Persönlichkeiten zu werden, die sich für die Würde der Menschen, gerade der Stummen und Getretenen, einsetzen, damit Menschen wagen, Verantwortung für das Leben, für den Mitmenschen zu übernehmen und die entmenschlichenden Faktoren des Lebens zu benennen und zu beseitigen. Christen haben den Ruf Jesu: Kehrt um! zu hören, d. h. anzuhalten, in eine neue Richtung zu gehen, mit allen verfügbaren Kräften die Vernichtung des Lebens und des Menschen als Person zu verhindern. Christen haben sich für Heil und Frieden, Gerechtigkeit und Befreiung einzusetzen, wollen sie dem Gott des Lebens verpflichtet bleiben.[83]

h) Der Tod als Freund des Lebens

Der Tod als Freund des Lebens. Hat uns diese Aussage zu Beginn dieses Beitrages eigenartig berührt, so dürfte dieses Gefühl jetzt noch nicht ganz gewichen sein. Der Tod als Freund des Lebens, die-

---

[83] Vgl. *J. Wallis,* Bekehrung zum Leben. Nachfolge im Atomzeitalter, Moers 1984, 96–125.

ses Bild dürfte uns ein Auftrag für unser Leben sein. Eines ist sicher, der Tod kann ein Freund des Menschen, des Lebens sein, wenn dieser sich auf das Miteinander mit ihm einläßt. Gewiß, wie jede Freundschaft langsam wächst und mit wachem Sinn gehütet werden will, so will auch die Freundschaft mit dem Tod mit viel Einfühlungsvermögen gepflegt werden, damit sie tiefer, inniger, gar lebensspendend werden kann. Das menschliche Leben ist ein einziges Hineinwachsen in die Freundschaft mit dem Tod, die *die* Freundschaft des Lebens schlechthin ist. Leben und Tod gehören unabdingbar zusammen, wie zwei gute Freunde miteinander verbunden sind.

Die christliche Tradition bringt uns diesen Gedanken mit der Taufsymbolik nahe, nach der der Mensch durch die Taufe, durch sein Sterben des alten Menschen zum neuen Menschen wird, zum Menschen mit Jesus Christus oder eben zum Freund Jesu, mit dem wir ständig in den Tod hineingehalten sind. Die auf Jesus Christus getauften Menschen müßten also Menschen sein, die den Tod zu ihrem besten Freund haben, denen der Tod ständig hilft, ihr Leben zu erneuern, ihr Leben hin-zu-geben für die Menschen, so wie das Samenkorn sich verliert (stirbt), um neues Leben hervorzubringen.[84] So wird der Tod als Freund des Menschen für ihn auch zum Geber des Lebens, das ganz von ihm (dem Tod) durchdrungen ist, das aber zugleich offen ist für „neue Räume", „neue Welten", nennen wir es „Leben mit Jesus bei Gott", „Ewiges Leben".

Immer wieder treffen wir Menschen, die beim Nahen des Todes bezeugen, daß es ihnen hell und licht wurde. So dürfen wir in der Freundschaft mit dem Tod nach Licht Ausschau halten, und zwar schon mitten im Leben, wie eine einfache Frau dies wunderschön ausdrückt:

„Immer wieder kommt er,
der Tod
und überschattet mich,
führt mich an Grenzübergänge,
geht mit mir zu Tränenseen
und überläßt mich dem Sterben.
Ich fürchte ihn nicht mehr,
den Tod,
der mir Freund und Verwandter wurde,
der mich zu Falle brachte,
um die Rückkehr zu ermöglichen,

---

[84] Vgl. Joh 12,23–26.

der mich in die Knie zwang,
um das Auf-stehen
  Auf-erstehen zu erfahren,
der mich in Abgründe warf,
um dem Ur-Vertrauen zu begegnen,
der mich mit Wasser überflutete,
um die Wahrheit zu erkennen,
der mir meine Versteinerungen vor
Augen führte,
um das Los-lassen zu üben.
Tod – ich liebe Dich
als Durchgang zu neuem Leben
  neuen Räumen
    neuen Welten."[85]

---

[85] *H. Hark* (s. Anm. 1) 104.

IV

Ars moriendi

Aufgabe und Möglichkeit der Medizin

Von Torsten Kruse, Gießen

1. Geschichtliche Aspekte

a) Heilkunst im Dienst der Religion

In fast allen Kulturen war der Tod eines Menschen Gegenstand religiöser Handlungen, fand seine Deutung aus dem jeweiligen religiösen Kontext, der eine Kultur prägte. Wie besonders in den alten Kulturen die Priester Träger der Kultur sind, sind sie auch die ersten „Heil-Kundigen", sind jene, die Deutung und Leitung von Leben und Tod verantworten. Diese sehr allgemeine Aussage, die in dieser generellen Form als gesichert gelten darf,[1] müßte natürlich im einzelnen erläutert, begründet und auch differenziert werden, je nachdem, um welche (alte) Kultur es sich handelt. In diesem Zusammenhang mögen einzelne Beispiele genügen.

So liegt in der sogenannten „primitiven" Medizin der Naturvölker[2] die Heilkunst in den Händen der „Medizinmänner", die ihre Kunst so ausüben, daß jeweils mit der Wirksamkeit guter und böser Mächte gerechnet wird. Das, was nach unseren Denkvorstellungen empirisch greifbar ist, „rational" und „natürlich", verbindet sich dort mit der übernatürlichen Welt der Magie. Unbeschadet der Ausprägungen im einzelnen läßt sich doch sagen, daß der Übergang vom Leben zum Tod keineswegs den Charakter einer qualitativen Veränderung hat: Der Mensch ist eingebettet in das übernatürlich-natürliche Kontinuum des Miteinanders und Gegeneinanders guter

---

[1] Siehe u.a. die große Darstellung der Medizingeschichte von *P. Diepgen,* Geschichte der Medizin. Die historische Entwicklung der Heilkunde und des ärztlichen Lebens, bes. I. Band: Von den Anfängen der Medizin bis zur Mitte des 18. Jahrhunderts, Berlin 1940.

[2] Neben vielen Hinweisen bei Diepgen siehe bes. den Beitrag von *U. Lind,* Medizin bei Naturvölkern, in: *H. Schipperges* u.a. (Hrsg.), Krankheit, Heilkunst, Heilung, Freiburg – München 1978, 35–89.

und böser Mächte. In einer religiös bereits differenzierteren Welt, wie der des alten Tibet, in der gleichwohl die religiöse Verankerung der Heilkunst dominant und unbestritten ist, gehen „Kunst des Lebens“ und „Kunst des Sterbens“ ineinander über, es handelt sich um zwei Seiten derselben Sache. „Schon in der Krankheit, ja bei bester Gesundheit konnte der Tibeter bei seinem persönlichen geistigen Berater ... sich in der ‚Kunst des Sterbens‘ unterweisen lassen, so daß *ars vivendi* und *ars moriendi* praktisch nur eines waren. Ein verantwortungsbewußtes, dem religiösen Ziel zugewandtes Leben machte es möglich, daß der Belehrte sich mit den Erfahrungen des ‚Zwischenzustands‘, den Erlebnissen direkt nach dem Tode des irdischen Körpers, vertraut machen konnte und somit in die Lage versetzt wurde, die täuschenden Visionen zu durchschauen und das zur Befreiung führende ‚Klare Licht‘ zu erfassen.“ [3] Zwar ist der Tod nicht erstrebenswert, auch nicht in Kulturen, die sehr stark vom Jenseitsglauben geprägt sind (wie die altägyptische), aber er bleibt auch hier unabdingbare Voraussetzung für das Jenseitsleben. Deshalb ist die aus der Religion kommende Deutung von Leben und Tod Grundlage des Umgangs mit dem sterbenden Menschen, die Ars moriendi ist (wie auch die Heilkunst) bei den Priestern bzw. „Priesterärzten“ in den entsprechenden Händen.

Die hippokratische Medizin ist nach allgemeiner Überzeugung ein gewisser Wendepunkt und Neuansatz in der Medizingeschichte überhaupt.[4] Es kommt zu einer ersten wissenschaftlichen Theorienbildung für die Medizin, es entsteht so etwas wie ein „klinischer“ Betrieb. Global gesagt, bleibt aber auch hier der Tod in jener Dimension des Menschen eingebettet und ihr zugeordnet, die man im weitesten Sinn die religiöse nennen kann. Krankheit bleibt letztlich Schickung der Götter. Deshalb soll sich der Arzt bei Kranken zurückhalten, die evident dem Tod geweiht sind, bzw. er soll diese etwa dem Asklepios anempfehlen, dem Sohn des Apoll, der dem Menschen zu einem sanften Tod verhilft und ihn auch in der letzten Stunde nicht verläßt.[5]

Die Ars-moriendi-Literatur des Mittelalters stammt nicht aus der Feder von Ärzten, sondern wurde von Klerikern als Handreichung für die Seelsorge verfaßt. Sofern diese auch ärztlich gebildet sind, ist

---

[3] *H. Hoffmann,* Tibet, in: *Schipperges* (s. Anm. 2) 179–192, Zitat 190.

[4] Dies hat u. a. überzeugend *Ch. Lichtenthaeler* erarbeitet: Geschichte der Medizin, Köln ^{4}1937, bes. 113 ff.

[5] Siehe *H. Schipperges,* Antike und Mittelalter, in: *Schipperges* (s. Anm. 2) 229–269.

die religiöse Perspektive maßgeblich. Ärztliche Gesichtspunkte – etwa kundige Deutung äußerer Symptome, die auf den herannahenden Tod hinweisen – haben letztlich nur eine Hilfsfunktion. Trotz aller Eigenständigkeit der Medizin, deren diese sich schon im Mittelalter erfreut, gilt der Primat der religiösen Perspektive[6]. Die Krankheit ist Erscheinungsform des Bösen, von Gott auferlegtes Kreuz und kann insofern auch anthropologisch-psychologisch integriert werden, sofern nur die Grundperspektive des Glaubens erhalten bleibt. Der Tod ist überwunden, im Jenseits tut sich dem Menschen ein neues Leben auf. Eigentlich kann auch der Arzt am Bett des Todkranken nichts anderes tun, als diesen auf einen „guten" Heimgang bereiten. Jede Form von „Sterbehilfe" steht unter dem Vorzeichen christlicher Hoffnung. Das gilt selbst noch für einen Paracelsus. Ein grundsätzlicher Wandel konnte (mußte) erst eintreten, als sich die Medizin, wie auch die anderen Naturwissenschaften, als eigene und eigenständige Wissenschaft etablierte. Gelingt es ihr, so etwas wie eine eigenständige Ars moriendi zu entwickeln? Hat sie überhaupt ein genuines Interesse, dies zu tun?

b) Medizin contra Religion

Es ist hinlänglich bekannt, daß die Aufklärung einen nahezu absoluten Glauben an die Macht der Vernunft und zugleich eine stürmische Entfaltung der Naturwissenschaften mit sich bringt. Daß sich diese Entfaltung unreligiös gibt und teilweise sogar gegen die Religion gerichtet ist, hat verschiedene Gründe – sicher auch den, daß es den Vertretern der Religion, also vor allem der Theologie, nicht gelungen war, die wissenschaftstheoretischen und praktischen Neuansätze von Medizin und Technik mit dem christlichen Weltverständnis zu verbinden. Die Ergebnisse jener naturwissenschaftlich-technischen Entwicklungen schienen indes auch den Prämissen recht zu geben. Charles Lichtenthaeler überschreibt seine Vorlesung über das Selbstverständnis der Medizin im ausgehenden 18. und im 19. Jahrhundert mit dem vielsagenden Titel: „Medicina triumphans", und er zitiert den Kliniker Adolf Kussmaul, der 1899 bekennt: „Ich preise mich glücklich, als ein Kind dieses Jahrhunderts durch das Leben gegangen zu sein, denn kaum einem von den unzähligen, in der Zeiten Schoß versunkenen, ist die Menschheit zu

[6] Siehe hierzu bes. den Beitrag von *H. Rolfes,* Ars moriendi. Eine Sterbekunst aus der Sorge um das ewige Heil (in diesem Band).

größerem Danke verpflichtet. Keines ist ihm vergleichbar an Mut und Geschick, in die tiefsten Geheimnisse der Natur einzudringen, keines hat mit gleich erfinderischem Geiste und gleichen Erfolgen die allgemeine Wohlfahrt gefördert und das Leben verschönert und veredelt, keines endlich entschlossener und siegreicher in allen Weltteilen die Ketten der Sklaverei gesprengt."[7] Lichtenthaeler bemerkt aber auch, daß die Ärzte der damaligen Zeit wie Generäle und Priester sprechen. Sie vertreten eine „neue Religion" (treten mindestens an die Stelle der alten), haben ihre eigenen „Priester", diese „in schwarzem Gehrock und steifem Kragen, asketisch und humorlos", mit eigenen „Tempeln", den Laboratorien. Die sich so verstehende Medizin übernimmt offensichtlich das Erbe der Religion. Ihr Selbstverständnis konzentriert sich auf Heilung des beschädigten Lebens, dieses muß erhalten werden. Dieses Verständnis findet sich selbst bei *Hufeland,* der seiner Zeit sicher in vielem voraus war und gewiß nicht jenen zuzurechnen ist, die Medizin nur in einer naturwissenschaftlichen Engführung begreifen. In der Vorrede zu seinem bekannten Werk „Makrobiotik oder die Kunst, das menschliche Leben zu verlängern" (1796/97) heißt es:

„Das menschliche Leben ist, physisch betrachtet, eine eigentümliche animalisch-chemische Operation, eine Erscheinung, durch die Konkurrenz vereinigter Naturkräfte und immer wechselnder Materien bewirkt. – Diese Operation muß, so wie jede andere physische, ihre bestimmten Gesetze, Grenzen und Dauer haben, insofern sie von dem Maß der verliehenen Kräfte und Materie, ihrer Verwendung und manchen anderen äußeren und inneren Umständen abhängt; – aber sie kann, so wie jede physische Operation, befördert oder gehindert, beschleunigt oder retardiert werden ..."[8].

Derselbe Hufeland entwickelt dann aber die Makrobiotik, die er von der „Medizin" abhebt und mehr in eine Sicht der Ganzheitlichkeit menschlicher Existenz integriert:

„Der Zweck der Medizin ist Gesundheit, der Makrobiotik hingegen langes Leben; die Mittel der Medizin sind nur auf den gegenwärtigen Zustand und dessen Veränderung berechnet, die der Makrobiotik aber aufs Ganze; dort ist es genug, wenn man imstande ist, die verlorene Gesundheit wieder herzustellen ..."[9]

---

[7] Zit. bei *Lichtenthaeler* (s. Anm. 4) 561 f. Für das folgende vgl. ebd. 563.

[8] *Christoph Wilhelm Hufeland,* Die Kunst, das menschliche Leben zu verlängern, I, Jena 1802, III (Vorrede).

[9] Ebd.

Bemerkenswert ist, daß schon zur damaligen Zeit dieser große Arzt betont, daß die Abwesenheit von Krankheit oder deren Überwindung mittels Medizin noch kein langes, sinnerfülltes Leben gibt. Mitten in einer Zeit, die sich lossagt von herkömmlichen Denkmustern des Lebens, weist ein vorausschauender Arzt schon darauf hin, daß der Mensch, gerade der kranke Mensch, nicht aufgeht im Erfassen der, wie er sagt, physischen Betrachtung der animalisch-chemischen Operation.

c) Sterbebegleitung und Sterbehilfe – medizinische Ars moriendi des 19. Jahrhunderts

Bemerkenswerterweise finden sich im 19. Jahrhundert Schriften, aus denen deutlich wird, daß sich gerade eine Medizin, die sich von der Religion getrennt hat, aber deren Erbe übernehmen möchte, bemüht, Konzepte von Sterbebegleitung zu entwickeln. Von Interesse ist, daß eine dieser Schriften von einem Schüler Hufelands stammt, *Friedrich Kessler*. Er schreibt 1828 in seiner Berliner Dissertation „Über medizinische Euthanasie oder Überlegung, wie Sterbenden zu helfen ist (De euthanasia medica sive de moribundorum adjuvandorum ratione)“: „Während zu allen Zeiten viele und vielerlei Werke und Schriften zu jedem medizinischen Problem – auch dem kleinsten – erschienen sind, findet man nur wenige Autoren, die sich jenem Feld zugewandt haben, was nicht nur den Arzt, sondern alle barmherzigen Menschen angeht. Ich meine jenes Feld, wo es darum geht, sterbenden Menschen beizustehen (ihnen zu helfen, sie zu trösten) oder solchen, die nach heutigem medizinischem Wissen als aussichtslose, unheilbare Fälle angesehen werden müssen. Daß das Studium dieses Gebietes zur Aufgabe des Arztes gehört, dessen erste und einzige Pflicht es doch zu sein scheint, die Gesundheit der Kranken wiederherzustellen, sagen uns hochberühmte Autoren, Ärzte und Philosophen, allen voran Baco, jener geniale und hochgebildete Naturforscher: Ich bin auch ganz und gar der Meinung, daß es nicht nur zur Aufgabe des Arztes gehört, die Gesundheit wiederherzustellen, sondern auch, daß er Schmerzen und Leiden der Kranken lindert. Und zwar nicht nur, daß er dies im Blick auf Gesundung tut (also die Schmerzen gleichsam als gefahranzeigende Symptome beseitigt), sondern auch in der Absicht, einen sanfteren und angenehmeren Tod (exitus) herbeizuführen, wenn es keinerlei Hoffnung mehr gibt. Diese Meinung favorisieren auch Fr. Hoffmann, Reil,

Marx und die meisten anderen Autoren: Wo es keinerlei Hoffnung auf Wiederherstellung der Gesundheit gibt, sei es dennoch Aufgabe des Arztes, die letzten Lebenstage angenehm zu gestalten und jenen Menschen, die dem hadernd gegenüberstehen, ein ruhiges, sanftes Ende zu verschaffen. Dem ist hinzuzufügen, daß hervorragende Ärzte in jenen Fällen, wo es keine Hoffnung auf Gesundung mehr gibt, doch wenigstens Palliativtherapie (cura palliativa dicta) anwenden. Es wird also kein Mediziner in Abrede stellen, daß Euthanasie (im Sinne eines guten und versöhnten Sterbens: in mortem benignam pacatamque adliciendam) so eng mit unseren Aufgaben verbunden ist ..." [10]

Weiter führt Kessler aus, daß man Sterbehilfe (Euthanasie) eigentlich nur im Falle des nicht natürlich eintretenden, aber doch vorhersehbaren Todes (mors praenaturalis sed opinata provisaque), etwa verursacht durch eine schwere Krankheit, leisten könne. Der Arzt wird diesen Menschen helfen müssen, auch aus Gründen der Menschlichkeit und Barmherzigkeit (propter humanitatem et propter misericordiam). Er muß deshalb helfen, weil ja der unheilbar Kranke selbst niemals aufgeben wird und beim Nahen des Todes noch alles Vertrauen auf den Arzt setzt.[11] Der Arzt solle nur noch „euthanasia" durchführen, wenn der Tod unter medizinischen Gesichtspunkten als sicher erwartet werden darf, selbst dann, wenn man ihn beschuldigen sollte, etwas zur Wiederherstellung der Gesundheit unterlassen zu haben.[12] Er sei angesichts von Religion und Menschlichkeit gerechtfertigt (purgatus et religioni et humanitati satisfaciet). Ärztliche Hilfe sei dann somatischer und psychischer Art.[13]

---

[10] „etiam plane censeo, ad officium medici pertinere, non tantum ut sanitatem restituat: verum etiam, ut dolores et cruciatus morborum mitiget: neque id ipsum solummodo, cum illa mitigatio dolores, veluti symptomatis periculosi, ad convalescentiam faciat et conducat; imo vero cum abjecta prorsus omni sanitatis spe, excessum tantum praebeat e vita magis lenem et placidum" (p. 5s.).

[11] „Omnem vitae spem nunquam abjiciant et miserrimi quidem mortique jam vicini medicum omni fiducia adspiciant" (p. 20).

[12] „Quodsi igitur medicus, quum causis naturaque morbi assidue exploratis observatisque ac signis symptomatibusve morbi omnibus rite collectis, aegrotum organo, a quo vita dependeat, letaliter et mortifere affecto laborare edoctus, efficacissima remedia probatissimaque frustra in usum vocasset, propter virium collapsum manifestum, propter colliquationis signa distincta, faciemque hippocraticam, Euthanasiae solius rationem habuerit et in hanc solam incubuerit" (p. 20).

[13] „Quem ad modum et nobis omnia adjumenta remediaque, quae aegrotis insanabilibus ac desperatis offerri possunt, disponantur in psychica et somatica" (p. 20).

Euthanasia, so Kessler, könne direkter und indirekter Natur sein. Die indirekte Euthanasie schaffe im Gegensatz zur direkten, die am Kranken selbst Veränderungen vornimmt, eine Linderung der Leiden durch Verbesserung der äußeren Umstände des Kranken. Hier wird deutlich, daß Euthanasie in einem ganz anderen Sinnzusammenhang gebraucht wurde, als dies heute der Fall ist.

Im folgenden gibt Kessler über Einzelheiten der Betreuung Auskunft, unter anderem Sauberkeit, frische Luft, das Einhalten von Ruhe und was man beim „Aufliegen" (decubitus) tun solle, sowie detaillierte Angaben zur Schmerzbekämpfung. Zum Schluß faßt er zusammen, daß das Ziel aller medikamentösen Hilfen letztlich die psychische Stützung des Kranken sei[14]. In dieser Hinsicht sei er sogar dem Pfarrer überlegen, der sich in den medizinischen Sachzusammenhängen nicht auskenne und unter Umständen seine Trostworte zum falschen Zeitpunkt vortrage. Der Arzt kenne genau den Krankheitsverlauf, wisse, wann es besser ist, auf Änderungen äußerer Umstände zu achten, wann es richtiger ist, mit Worten zu trösten, wann das religiöse Wort am Platze ist. Zu dem, was der Arzt sagt, habe der Kranke ohnehin das meiste Vertrauen[15]. Hier wird das „ersatzpriesterliche" Arztbewußtsein besonders deutlich!

Weiterhin wird vorgeschlagen, dem Kranken für dessen jeweilige Gemütsverfassung geeignete Musik vorzuspielen und schöne Bilder zu zeigen. Die Euthanasie müsse, so Kessler, dem einzelnen Bedürfnis gemäß modifiziert werden nach Eigenart der Krankheit, dem Geschlecht des Kranken, dem Alter (Kind, Jugendlicher, Erwachsener, Greis), dem Temperament und der psychischen Konstitution. Ebenso gelte es, Faktoren wie Bildung, Erziehung, Gewohnheit, Verhältnis zu Angehörigen etc. zu berücksichtigen[16].

---

[14] „Cunctis autem adjuvantibus medicaminibus aut frustratis aut non sufficientibus medicus ducitur, ut in dynamicam agendi rationem incumbat et psychica adminicula in auxilium adducat" (p. 31).

[15] „Medicus autem solus moribundi internam conditionem ex morbo praegresso et malo praesente dijudicans, tempus et statum optime discernet" (p. 32).

[16] „Ad remedia vero psychica omnia quoque mihi pertinere videntur, quae sensus afficiunt et per hos animum grate jucundeque movere possunt. Quorum musica maximi aestimanda, quae secundum quamque aegroti conditionem moderata, nunc exhilarare, nunc exaltare, nunc tristitiam provocare, nunc sensationem voluptuosam efficere potest. Quibus moribundis, quo in aegrotorum statu desperato musica in usum vocanda sit, quonam modo haec singulis accommodari debeat, definire, multo meas vires excederet. In singulis enim medicus rationalis ac peritus, tempus aptum aptasque conditiones discernet, quibus musica aliquid conferre possit. Hoc autem ubique ratum est, quod arte musica mens a corpore et ab ejus ingratis sensationibus tanquam abducatur et

Ganz ähnliches ist der zwei Jahre früher (Göttingen 1826) erschienenen Abhandlung von *C. F. H. Marx* „De euthanasia medica" zu entnehmen. Auch Marx unterscheidet zwischen den verschiedenen Todesarten. Es folgt dann eine sehr genaue Beschreibung des zeitlichen Geschehens des physiologischen Sterbens (homo per partes moritur). Angefangen vom Bewußtsein über den Todeskampf, über Sistieren der Atmung, erlösche als letztes das Gehör[17].

Es sei genau Aufgabe der Euthanasia, sagt Marx, dieses schrittweise Sterben zu erleichtern, indem Schmerzen und andere Krankheitssymptome beseitigt werden und die letzte Stunde so angenehm wie möglich gemacht wird, wie dies auch sinngemäß bei Baco zum Ausdruck komme. Im einzelnen habe der Arzt die Aufgabe, erstens die Verzweiflung des Kranken zu mildern, zweitens Schmerzen und andere Beschwerden zu beseitigen, drittens zu trösten und aufzurichten, viertens sich der Umgebung, den Angehörigen, zuzuwenden.

Neben der guten Pflege sei die Palliativbehandlung angezeigt (symptomaticam et palliativam indicationem). Der wahre Arzt würde nicht nur den Zustand des gesamten Organismus zur Gesundung führen, sondern er wird auch um die spezifischen Fälle des Kranken und dessen Schicksal besorgt sein. Er wird sich der jammervollen Symptome der Natur annehmen, als da sind: Ängste, Schmerzen, Qualen, Spasmen, Konvulsionen, Unruhen, nächtliches Wachen, Verdauung; er wird dieses beseitigen und lindern[18].

Marx geht sogar noch einen Schritt weiter als Kessler, indem er sagt, daß der Arzt eher priesterliche Aufgaben habe als der Priester, da dieser ja nur als beunruhigender Todesbote erscheinen könne. „Wenn immer ein Priester ans Bett eines Kranken tritt, um diesem

---

grato modo et voluptate quadam occupetur. Arti pictoriae nec non statuariae multum in moribundis adjuvandis debemus, cum picturae pulchrae vel statuae eleganter elaboratae visum hominis incitabilis oblectant eumque a molestiis suis per quandam temporis moram detrahere valent" (p. 32 s.).

[17] „Primo sensus evanescunt, delirium et somnolentia in locum intellectus succedunt, sanguinis motus et cum eo caloris generatio diminuitur, musculi voluntarii et involuntarii languent, tandemque respiratio, circulatio et intestinorum motus inhibentur. Sicut autem in sene gustus is est sensuum, qui eum quasi supremis vinculis cum terrae bonis adhuc connectit, sic auditus morientem postremus omnium derelinquit" (p. 3 s.).

[18] „Medicus vero, non quomodo totius organismi statum in integrum restituat, sed quomodo singulos morbi casus eventusque sollicitantes, tristiaque naturae luctantis signa (ut anxietates, dolores, cruciatus, spasmos, convulsiones, inquietudines, vigilias protractas, secretiones atque excretiones nimias) tollat et compescat, solum ante oculos habebit" (p. 7).

die letzten Tröstungen der Religion und Zuspruch zu spenden, muß er einsehen, daß er durch diesen ungewohnten Auftritt, der gewissermaßen das Nahen des Todes ankündigt, den Kranken aufs stärkste erschüttert. Der Arzt hingegen weiß, daß er erwartet ist, daß ihm stets Linderung der Leiden zugetraut wird, daß er Hoffnung gibt[19]. Vielmehr gehe es darum, daß der Arzt sogar die Hoffnung auf Unsterblichkeit stützen solle. In allem habe er sich darum zu bemühen, Hoffnung zu erhalten bis zum Schluß.

Ganz anders *Alexander Lipschütz,* der (in: „Warum wir sterben müssen", einem Band einer naturwissenschaftlichen Reihe, 1914 erschienen) der Frage nachgeht, ob es für den Menschen einen natürlichen, nicht durch Krankheit bedingten Tod gibt, was er verneint. Darüber hinaus versucht er Fragen nach Leben und Tod zu beantworten und geht dabei von den physiologisch-anatomischen Beobachtungen und Erkenntnissen aus. Lipschütz gibt folgendermaßen als Naturwissenschaftler Auskunft auf die Frage, was Leben sei: „Alles Leben beruht auf dem Stoffwechsel der lebendigen Substanz, und alle Lehre vom Leben ist nichts anderes als die Lehre vom Stoffwechsel der Zellen."[20] Durch eine solche Engführung des Lebensbegriffes auf eine physiologisch-materialistische Dimension werden im folgenden Antworten auf fast alle Fragen um Leben und Tod gegeben. Weiter heißt es: „Das Leben erforschen, heißt, den Stoffwechsel erkennen, der sich in der Zelle abspielt. Auf den chemischen Vorgängen, die man als Stoffwechsel der lebendigen Substanz zusammenfaßt, beruhen alle Erscheinungen, die man Leben nennt: Bewegung, Ernährung, Fortpflanzung, Empfindung und Denken."[21] Diese geäußerte Sichtweise der Funktion von Leben ist in sich richtig. Dennoch drängt sich die Frage auf, ob dieses angeführte Verständnis von Leben diesem gerecht werden kann. Vergleicht man Lipschütz mit Kessler und Marx, fällt der Unterschied in der Qualität und der Tiefe des Gesagten auf. Die Überlegungen, die Lipschütz anstellt, sind zu einseitig. Sie beruhen letztlich auf dem positivistisch-materialistischen Ansatz. Bezieht man sie jedoch

---

[19] „Ubi sacrorum antistes ad aegroti lectum accedit, ultimo religionis solamine et alloquio anhelantem animum deleniturus, quis est, quin intelligat, hoc insolito et quasi mortis nuncio aegrum oportere graviter commoveri? Medicus e contrario, ad cujus adspectum illius oculi sunt adsueti, a cujus manu malorum levamen, a cujus ore spem futuri accipere solitus est, semper exspectatus" (p. 10).

[20] *A. Lipschütz,* Warum wir sterben, Stuttgart 1914, 18.

[21] Ebd.

in die Betrachtung der Medizin der modernen Gesellschaft im allgemeinen mit ein, so helfen sie, die Zusammenhänge deutlicher zu sehen. Bei Lipschütz geht es um die Beschreibung von Lebensvorgängen, die in ihrer Endlichkeit lebensbestimmend sind. Hier geht es um anonymisierte Stoffwechselvorgänge, um die Vermehrung und das Zugrundegehen von Zellverbänden bis hin zum „Ausscheiden" eines Gesamtorganismus aus der Gesamtorganisation „Leben". Der Mensch, der dieses Leben in sich birgt, tritt völlig in den Hintergrund – menschliches Leben wird anonymisiert, verallgemeinert und so nahezu auf die Ebene von anderem, animalisch-biologischem Leben gestellt. Der Arzt kann hier nur Beobachter und Manipulator dieser zellgebundenen Lebensvorgänge sein, für Individualität ist bei diesem Lebensverständnis sowohl auf seiten des Forschers als auch auf seiten seines individuellen Gegenübers kein Raum.

Die andere ungleich schwerer zu beschreibende Ebene, die des Menschen in seiner Vieldimensionalität, wird in den Anleitungen zur Begleitung eines Sterbenden wie bei *Kessler* und *Marx* deutlich. Dort wird ein Höchstmaß der Beachtung des Individuums gefordert. Alles Wissen um Stoffwechselvorgänge, um Möglichkeiten des Eingreifens, medizinisch ausgedrückt der Diagnose und Therapie, tritt hinter den Gedanken der Solidarität, der Partnerschaft, des Verantwortungsbewußtseins im Dasein für andere oder, wie Kessler es sagt, der Mitmenschlichkeit zurück. Dies schließt medizinisches Fachwissen und Können nicht aus, sondern hat es zur Voraussetzung. Der bei Lipschütz verherrlichte Forscher und Mediziner wird hier zum Arzt.

2. Tendenzen in der modernen Medizin

Der Fortschrittsglaube in der Medizin, den *Siegrist* zutreffend mit der „Wissenschaftsreligion cartesianischer Art" in Verbindung bringt[22], führte zu einer Verabsolutierung naturwissenschaftlicher Erkenntnisse. Geprägt von der Hoffnung, immer tiefer in die Gesetze der Natur eindringen und diese immer mehr in den Dienst der Menschheit stellen zu können, wurde die naturwissenschaftliche

[22] *J. Siegrist*, Lehrbuch der medizinischen Soziologie, München – Wien – Baltimore 1977, 116.

Erkenntnis absolut gesetzt. Die Erfolge brachten, wie angedeutet, den Naturwissenschaften und besonders der Medizin, die ja sehr viele Menschen ganz unmittelbar betrifft, einen großen Einfluß in der Öffentlichkeit ein.

Mit den sozialen Veränderungen wurde das Sterben aus der familiären Umgebung in die Krankenhäuser „verlagert". Heute sterben nur etwa 10% aller Menschen in ihrer gewohnten Umgebung, obwohl 90% dies wünschen. Genau dieser Anteil verbringt (mindestens im westlichen Kulturkreis) die letzte Lebensphase in Institutionen, über die Hälfte davon in Krankenhäusern. Diese Entwicklung geht mit einer allgemeinen Verdrängung des Todes aus dem alltäglichen Leben einher. Hierdurch wurden der Wissenschaft vielfältige Möglichkeiten gegeben, den Sterbeprozeß zu erforschen. Wir wissen heute mehr über den biologisch-physiologischen Vorgang des Sterbens als irgendeine Zeit vor uns.

Dennoch ist das Vertrauen in die Wissenschaft, das früher nahezu absolut war, weil mehr oder weniger angenommen wurde, diese könne dem Menschen nur dienen, einer großen Skepsis gewichen. Mitbedingt durch die nukleare Bedrohung (vgl. den Beitrag von H. Ebeling in diesem Band), hat sich eine Tendenz verstärkt, nach der man Technik und Wissenschaften (vor allem den Naturwissenschaften) nicht einfach kritiklos gegenüberstehen kann. Global kann behauptet werden, daß in diesen Zusammenhängen eine Zeit des Umbruchs und des Umdenkens eingesetzt hat. Hiervon ist die Medizin natürlich nicht verschont geblieben. Viele Patienten fühlen sich in den Krankenhäusern modernen Zuschnitts sehr anonym und allein gelassen. Die Ärzte haben kaum Zeit und zeigen durch ihr Verhalten oftmals wenig Interesse für die Person des Patienten an. Die Krankheit als solche steht im Vordergrund. Die Maschinerie von Diagnostik und Therapie funktioniert, angesichts von Großkliniken drängt sich der Begriff der „Gesundheitsfabrik" auf. Niedergelassene Ärzte stehen mehr und mehr unter finanziellem und zeitlichem Druck. Auch bei ihnen steht die Bekämpfung der Krankheit im Vordergrund. Dies mag für den akut Kranken, dessen Gesundung jedoch absehbar ist, akzeptabel sein. Für den chronisch Kranken ist es problematisch, braucht er doch aufgrund der Art seiner Krankheit den Arzt besonders als Menschen und als Berater. Hier ist ein Vertrauensverhältnis nötig, wie es unter den geschilderten Umständen kaum entstehen kann. Noch problematischer ist der skizzierte Zustand bei Kranken, deren Krankheit nach menschlichem Ermessen in absehbarer Zeit zum Tod führt. Im Blick auf sie versagen die derzeit üblichen Konzepte medizinischer Betreuung, da diese Kranken ja „austherapiert“ sind. Oft abgeschoben, kaum beachtet (die Angehörigen werden mit den Belastungen ebenfalls nur schwer fertig), fristen sie die letzte Phase ihres menschlichen Daseins oft in einem ihnen nicht vertrauten Zimmer und warten dort auf den Tod. Sie werden jedoch noch mit den „Segnungen“ moderner Wissenschaft überschüttet – in oftmals subjektiv belastender und schmerzhafter Form –, teils weil der medizinische Wissenschaftler seinem wissenschaftlichen Trieb folgt, bestimmte Prozesse soweit wie möglich zu beobachten und zu erhellen, teils weil niemand das Nahen des Todes tatenlos hinnehmen möchte. Sterbende haben aber andere Bedürfnisse. Was sie brauchen, sind Ruhe, gewohnte Umgebung, Menschen, von denen sie sich selbst als Menschen angenommen fühlen.

3. Die Hospizbewegung – Konkretisierung einer Ars moriendi

Eine konkrete Möglichkeit, wie heute Euthanasia – Sterbebegleitung – sinnvoll und umfassend geleistet werden kann, ist die Hospizbewegung. Entstanden aufgrund der Initiative von *Cicely Saunders,* einer Sozialarbeiterin und Ärztin, hat sich die Bewegung Ende der sechziger Jahre im angloamerikanischen Sprachraum rasch durchgesetzt und schnell über die Staaten ausgebreitet. Ausgangssituation war die zunehmende Unzufriedenheit mit der Behandlung Schwerstkranker und Sterbender durch die moderne Medizin. Es bildeten sich Initiativen, die die Pflege und medizinische Betreuung dieser Kranken übernahmen. Als Alternative zum stationären Krankenhausaufenthalt bildeten sich kleine Hospize, die straff organisiert zwei Hauptaufgaben wahrnehmen:

Zum einen wird versucht, durch gleichrangige, interdisziplinäre Pflege eine optimale, ganzheitliche Betreuung zu gewährleisten. Zum anderen soll dem Sterbenden ermöglicht werden, den letzten Abschnitt seines Lebens in der gewohnten Umgebung zu er-leben, ein Grundbedürfnis vieler Schwerkranker.

Im einzelnen ist dies folgendermaßen organisiert:

Ein mobiles Krankenpflegeteam besucht den Kranken in regelmäßigen Abständen in dessen Wohnung. Die wichtigsten pflegerischen Maßnahmen werden zu Hause durchgeführt, kleinere medizinische Probleme gelöst. Daneben besuchen Sozialarbeiter und Seelsorger die Kranken regelmäßig. Der ärztliche Dienst macht ebenfalls Hausbesuche in wöchentlichem bis 14tägigem Rhythmus. Seine Hauptaufgabe ist die medizinische Überwachung des Kranken, die Durchführung der Schmerztherapie und Beratung des Kranken bei der übrigen Therapie bzw. nötigenfalls die Einweisung in ein mit dem Hospiz verbundenes Krankenhaus zur kurzzeitigen Diagnostik oder Therapie, die ambulant nicht durchgeführt werden können. Alle hauptamtlichen Mitarbeiter treffen sich mindestens einmal in der Woche zum ausführlichen Austausch, wo alle Betreuer anwesend sind und gemeinsam über jeden Kranken beraten.

Darüber hinaus gibt es eine feste Gruppe von ehrenamtlichen Helfern, die innerhalb des Hospizprogrammes eine wesentliche Aufgabe wahrnehmen: Meist ist ein Freiwilliger zuständig für einen Kranken. Er hilft bei kleineren Hausarbeiten, Einkäufen, Ankleiden etc. und ist zudem Ansprechpartner für die Wünsche, Fragen, Ängste und Zweifel des Kranken. Für diese überaus verantwortliche Aufgabe werden die freiwilligen Helfer sorgfältig ausgewählt und geschult. Das Schulungsprogramm enthält Grundinformationen über die häufigsten Krankheitsbilder, die Auseinandersetzung mit der eigenen Sterblichkeit, Anleitung zur Gesprächsführung, Einführung ins aktive Zuhören, praktische Hilfe für die Betreuung und vieles mehr. Bei allen subjektiven Ängsten und Vorbehalten sind die Helfer für ihren Dienst am Sterbebett meist vorbildlich gerüstet. Entsprechend bereichernd für das persönliche Leben wird dieser Dienst empfunden, und die Besucher wundern sich oft über die besonders herzliche Atmosphäre in solchen Einrichtungen.

Einen weiteren Schwerpunkt der Hospizbewegung stellt die Betreuung der Angehörigen dar, was als wesentlicher Bestandteil des Hospizprogramms verstanden wird. Schulung und Betreuung sollen ihnen helfen, der oft unerwartet neuen und schweren Situation gerecht werden zu können und mit ihren eigenen Fragen und Schwierigkeiten umgehen zu lernen. So werden Ängste abgebaut, und es besteht die Möglichkeit, in der direkten Verbindung zum Hospiz und dessen 24-Stunden-Bereitschaft die Betreuung zu Hause zu wagen. Diese Begleitung durch die Hospizmitarbeiter hält, sofern erwünscht, noch mindestens ein Jahr nach dem Tod des Angehörigen an. In Einzelgesprächen sowie wöchentlich stattfindenden Teestubenrunden mit allen Mitarbeitern und den Hinterbliebenen bieten sich Möglichkeiten zur aktiven Auseinandersetzung mit dem eigenen Schicksal, Möglichkeiten, neue Kontakte zu knüpfen und andere Menschen in ihrem Umgang mit dem Verlust und der Trauer zu erleben. Es konnte gezeigt werden, daß diese Art der Bewältigung der Trauer oftmals den Trauernden entscheidend hilft und vor dem eigenen Erkranken schützen kann.

Die Hospizbewegung steht auf der Grundlage einer jahrhundertealten Tradition und nutzt Erkenntnisse hinsichtlich des großen Wertes der Begleitung von Sterbenden für die Lebenden. Die Weisheit der Antike und des Mittelalters sowie auf medizinischer Seite das Bemühen großer Ärzte aus den letzten zweihundert Jahren haben hier eine praktische Entsprechung in der Gegenwart. Das Angebot von Hospizprogrammen über die derzeit bestehenden Einrichtungen hinaus, wie sie es vor allem im kirchlichen Raum schon gibt, wäre im modernen Gesundheitswesen und für die Gesellschaft ein notwendiger Eckstein, den Mitmenschen, der auf den Tod zugeht, adäquat zu betreuen.

Die Kennzeichnung der Hospizprogramme als „Ars moriendi" bezeichnet durchaus zutreffend die Zielsetzung der Hospizbewegung. Man kann dabei gradlinig von den Ratschlägen und Empfehlungen des Mittelalters ausgehen. Geiler von Kaysersberg (1445–1510), der mit seinem Sterbebüchlein viel Beachtung fand, stellt für das Verhalten am Sterbebett vier Forderungen auf: Ermahnen, Fragen, Beten und Bewahren (Ermahnen, gerne zu sterben – zur Dankbarkeit – zur Geduld – vom Sorgen abzulassen). Das Eingehen auf den Kranken und die menschliche Begleitung bzw. Führung stehen ganz im Vordergrund. Heute könnten ähnliche Forderungen für den Umgang mit Sterbenden formuliert werden:

- Achtung der Würde des Sterbenden
- Bereitschaft zur persönlichen Beziehung, geprägt von Offenheit und Nähe
- Eingehen auf die Grundbedürfnisse und Wünsche des Sterbenden
- Beseitigung von Schmerzen oder ähnlicher beeinträchtigender (therapierbarer) Erscheinungsformen der Krankheit.

Die Aussagen wären im einzelnen zu erläutern und zu konkretisieren. Sie widersprechen aber nicht den Forderungen des Mittelalters, sondern beinhalten sie im wesentlichen und ergänzen sie. Hierbei geht es im Kern um jene Grundhaltung, mit der der Arzt seinem Gegenüber, in diesem Fall dem Sterbenden, begegnet, und um seine ureigenen Grundhaltungen.

4. Der Arzt angesichts seines eigenen Todes

Die besonderen Probleme ergeben sich vielfach daraus, daß der Arzt in seinem gesamten Werdegang kaum eine Gelegenheit findet, sich mit seiner eigenen Sterblichkeit auseinanderzusetzen. Wenn eine solche Auseinandersetzung nicht bereits in der Schulzeit stattfand (vgl. den Beitrag von H. Wagner in diesem Band), erhalten die wenigsten während ihres Studiums und in dessen Rahmen Angebote und Möglichkeiten, sich mit dem Tod auseinanderzusetzen. Die Ausbildung zum Arzt bietet hierfür keinen Raum. Von wenigen Ausnahmen abgesehen, sind die Themen „Sterben – Tod – Trauer" nicht im akademischen Lehrangebot für Mediziner enthalten. Hingegen wird dort, wo sie, meist auf Privatinitiative hin, doch angeboten werden, das Interesse durch rege Teilnahme bekundet.

Meist hat das Studium in seiner überwiegend naturwissenschaftlichen Ausrichtung eine gegenteilige Wirkung. Schon in den vorklinischen Semestern kommt der Student auf sehr unnatürliche Weise mit dem Tod in Berührung, im Präparierkurs der Anatomie. Die Beschäftigung mit dem in Organsysteme und Einzelteile zu zerlegenden Körper wird – zusammen mit den begleitenden Vorlesungen, in denen Leben als Zusammenspiel von Regelkreisen und Stoffwechselvorgängen dargestellt wird – ein Denken begünstigen, das den Menschen ebenfalls „seziert" versteht, als eine Summe seiner Teile. Ein Sensorium der Gefühle und Ängste kann hier kaum entwickelt werden. Wer ihnen nachgibt und Unsicherheiten zuläßt, dem drohen Nachteile bei der Bewältigung der hohen Leistungsanforderungen. Der Student ist daher gezwungen, bei der rein rationalen Methode zu bleiben und sich einseitig mit den naturwissenschaftlich-empirischen Fakten vertraut zu machen. Später wird er freilich massiv in Unsicherheiten geraten, vor allem im Umgang mit jenen (chronisch) unheilbar Kranken, bei denen die Medizin offensichtlich versagt, indem sie nicht die gewünschte Heilung bringt. Die Krankheit als der erklärte, natürliche „Gegner" des Arztes bleibt hier „Sieger". Die Situation am Sterbebett ist näherhin durch zwei Verhaltensweisen gekennzeichnet: Einmal haben die Konzepte, die dem Arzt Autorität gaben und denen er in der Regel vertraute, nicht zum Erfolg geführt. Viele Mediziner fühlen sich in einer solchen Situation überflüssig. Andere versuchen, durch neuen Einsatz einer noch mehr ausgeklügelten Technik und von neuen Therapieformen zumindest „etwas" zu tun, damit die Situation entschärft wird und doch noch Hoffnung im Spiel bleibt. Aussichtslosigkeit bewirkt ja Unsicherheit; diese kann durch ein vermehrtes Angebot an medizinischen Leistungen überdeckt werden.

Die meisten Patienten wissen um den Ernst ihrer Lage, auch wenn sie nicht ausdrücklich darauf hingewiesen wurden. Wird der Arzt damit konfrontiert, daß der Patient auf die Mitteilung der wahren Diagnose drängt, entstehen oftmals schwierige Situationen, in denen sich der Arzt genötigt fühlen könnte, sich zu rechtfertigen und zu versichern, daß doch weiterhin alles getan werde.

Darüber hinaus begegnet der Arzt hier indirekt seinem eigenen Tod (Entsprechendes gilt für die übrigen Heilberufe). Untersuchungen haben ergeben, daß Mediziner unter den akademischen Berufsgruppen eine signifikant verstärkte Angst im Blick auf ihren eigenen Tod haben. Das gilt auch für Pflegeberufe, und zwar sowohl während der Ausbildungszeit als auch in der Berufspraxis.[23]

Es verwundert nicht, wenn die Begegnung mit Schwerstkranken auch durch Kommunikationsprobleme gekennzeichnet ist, die sich in schematischen, teilweise floskelhaften Antworten auf Anfragen der Patienten oder als Sprachlosigkeit auftun können. Typisch sind einerseits kürzere Visiten oder Besuche bzw. Meiden des Zimmers, in dem der Patient liegt, andererseits große Betriebsamkeit, die auch bei einem alten, sterbenskranken Menschen, der sterben möchte, nicht vor der Tortur einer Intensivbehandlung haltmacht, obwohl keine Aussicht auf Erfolg besteht. Der Sterbende selbst ist der Leidtragende solcher Kurzschlüssigkeiten. Die Frage stellt sich, ob in einem solchen Fall wirklich Leben verlängert oder nicht vielmehr die Sterbephase ausgedehnt wird. Ebenso muß man fragen, ob nicht durch ein solches Handeln der Medizin – mit allen Notwendigkeiten und Folgeerscheinungen, etwa bei der Durchführung einer aggressiven Zytostatikatherapie bei einem Tumorleiden, deren Aussichten auf Erfolg gering und deren Nebenwirkungen mitunter erheblich sind – der Mensch „um seinen eigenen Tod gebracht“ wird.

Auf seiten der Ärzte und der Besucher steigen die Ängste vor dem eigenen Tod, wenn sie solches miterleben. Dieses wiederum verschlimmert die Situation insgesamt und verstärkt Verdrängungsmechanismen.

---

[23] Vgl. *R. Schulz / D. Aderman,* How the Medical Staff copes with Dying Patients: A Critical Review, in: Omega 7 (1976) 11–21; *D. Caldwell / B. L. Nishara,* Research on Attitudes of Medical Doctors Toward the Dying Patient: A Methodological Problem, in: Omega 3 (1972) 341–347.

5. Notwendigkeit einer „neuen“ Ars moriendi?

Dieser Situation wirksam zu begegnen, beinhaltet, den Notwendigkeiten und Bedürfnissen der Beteiligten zu entsprechen. Zuallererst heißt es, dem Kranken als Person (mit all seinen Bedürfnissen) Priorität einzuräumen und ihn in den Mittelpunkt des Interesses zu stellen. Dies ist Grundsatz einer medizinisch verantworteten Ars moriendi. Der Arzt wirkt faktisch in einem Kontext von Angehörigen, Seelsorgern, Schwestern, Pflegern, Sozialarbeitern und anderen Ärzten, z. B. auch dem Hausarzt. Es ist möglich, daß sich dann die traditionellen (zugewachsenen) Rollen ändern und aufgrund der jeweiligen Individualität des Patienten modifiziert werden.

Einem Sterbenden steht man nicht sprach- und mittellos gegenüber. Seine Ängste, die zunächst als diffuse Furcht vor dem Tod erscheinen, sind bei intensiverem Kontakt und geschultem Erfassen der Signale sehr konkrete, faßbare Ängste: Furcht vor Verlust der Würde (auch durch totales Angewiesensein auf die Hilfe anderer), Furcht vor Kontrollverlust und Ausgeliefertsein, Furcht vor Isolation, Vereinsamung und vor Schmerzen. Letzteres wird am häufigsten an erster Stelle genannt. Diesen Ängsten kann wirksam durch menschliche Hinwendung und Nähe sowie eine adäquate Schmerztherapie begegnet werden. Darüber hinaus zählen zu den konkreten Erfordernissen einer Ars moriendi neben dem fachlichen Können des Arztes seine Offenheit und Aufgeschlossenheit für die Persönlichkeit des anvertrauten Menschen und die Bedeutung der Situation für den Betroffenen. Ehrlichkeit und Wahrhaftigkeit sowie Konstanz im Verhalten sind gleichermaßen zu nennen.

Das Bedürfnis nach Kommunikation und physischer Nähe kann ebenso ausgeprägt sein wie der Wunsch nach offener Information über Befunde und Therapieergebnisse. Es besteht der Wunsch des Kranken auf Ausübung von Einfluß auf den Verlauf des Krankheits- bzw. Sterbeprozesses. Insgesamt wird eine medizinische Ars moriendi während einer tödlich verlaufenden Erkrankung gekennzeichnet sein durch das Weniger-Werden der Bedeutung medizinischer Maßnahmen gegenüber der Bedeutung von menschlicher Nähe und seelsorgerlicher Offenheit, womit den Bedürfnissen der Betroffenen konkret entsprochen wird. Daß dazu moderne Krankenhäuser und niedergelassene Ärzte aufgrund der personellen, zeitlichen und ökonomischen Sachzwänge nicht immer in der Lage sind, ist verständlich. Es darf aber nicht dazu führen, daß der Sterbende als das schwächste Glied in der Kette aller Beteiligten allein gelassen wird. Eine der Hospizbewegung vergleichbare Entwicklung in unserem Land, um Schwerstkranken das Sterben menschenwürdig zu ermöglichen, scheint unverzichtbar. Alle Beteiligten sind im übrigen zur Zusammenarbeit und zur persönlichen Auseinandersetzung mit der Problematik aufgerufen. Man kann angesichts eines Todkranken nicht einfach objektiver, außenstehender „Beobachter" sein, sowenig wie der „amicus aegroti" aus der mittelalterlichen Ars-moriendi-Literatur nur von außen an die Sache herantreten konnte. So verstanden, geht es bei der Begleitung eines Sterbenskranken auch um die Hilfe, angesichts des Bevorstehenden die innere Ruhe zu finden und Aggressionen bzw. Depressionen zu überwinden. Der Arzt ist einmal mehr aufgrund seiner Funktion im Grenzbereich zwischen Leben und Tod vor Entscheidungen gestellt, die ein vorausschauendes Denken ärztlicher, menschlicher und rechtlicher Erfordernisse bzw. Umstände notwendig machen. Dies setzt eine psychische, ethische und charakterliche Zurüstung bzw. Disposition des Arztes voraus. Hier kann es nicht um schemahafte, institutionelle Spezialisierungen gehen, auch nicht um standardisierte Antworten oder rigide Verhaltensweisen. Es geht vielmehr um die Möglichkeit der tragfähigen Beziehung, die sich angesichts des nahenden Todes bewährt. Dies postuliert ein Loslassen des Patienten, ohne ihn zu verlassen, möglicherweise das Einstellen lebensverlängernder Maßnahmen, auf seiten der Angehörigen das bewußte Abschiednehmen.

Ars moriendi war im Mittelalter die Vorbereitung und Begleitung zu einem ewigen Leben, die Zurüstung zum Gericht. Später war sie in medizinischer Perspektive vorwiegend die Hilfe zu einem sanften Tod als Abschluß menschlicher Biographie. Heute mag Ars moriendi in erster Linie ein richtiger Schritt zu einer ganzheitlichen Betrachtungsweise des Patienten sein, der immer auch Mitmensch ist, wobei die anderen Ebenen mit im Blick sind. Ars moriendi, hier verstanden als Grundhaltung, weniger als Programm gedacht (dieses ergibt sich aus der Grundhaltung je von selbst), kann bei der Überwindung von Verdrängungsmechanismen des Todes helfen, kann dazu beitragen, die Ängste vor dem eigenen Sterben ein Stück weit abzubauen. So kann der Weg zu mehr Menschlichkeit, Vertrauen und Solidarität im Sinne einer Ars vivendi eröffnet werden.

V

Religion und Sterbebegleitung auf der Station für Palliative Therapie in Köln

Von Helmut R. Zielinski, Köln

1. Einleitung

„Krankenseelsorge", so schrieb *F. Schubert* 1934 im LThK[1], „umfaßt den pastoralen Krankenbesuch und die sakramentale Krankenprovisur".[2] „Hauptzweck des pastoralen Krankenbesuches ist aufrichtende Tröstung des Kranken, Belehrung über den Zweck der Krankheit vom Glaubensstandpunkt aus (als Einkehrzeit für die Seele und Mittel der Läuterung, Prüfstein für die Tätigkeit im Glauben, Mittel zur Erwerbung übernatürlicher Verdienste, Rettungsmittel aus Gottentfremdung, Strafe für frühere Sünden) und Mahnung an den Kranken, auf sein ewiges Heil Bedacht zu nehmen."[3]

Hinter einer solchen Auffassung von Krankenseelsorge muß man eine Theologie vermuten, die sich einseitig von der „Höllenpredigt", der „Abrechnung" und vom „strafenden Gott" her versteht, zu wenig aber von der Frohen Botschaft, die integrierender Bestandteil der Krankenhausseelsorge sein muß.

Auch heute begegnet man dieser Vorstellung immer wieder in Gesprächen mit Patienten, die dann fragen: „Womit habe ich das nur verdient?"[4]

Soll in den Kliniken die „Religion" – lieber würde ich von einer „metaphysischen Reflexion in der Krankheit" sprechen – wieder Eingang finden, soll der Seelsorger aus seinem Einzelkämpfertum in den Kliniken zum integrierten Mitstreiter aufsteigen, um dadurch den Patienten, die ihm anvertraut sind, vermittelnd zu helfen, dann muß sich dieses Verständnis von Krankenseelsorge verändern. Allerdings darf man dabei nicht vergessen, daß auch die Seelsorge

---

[1] *F. Schubert,* Krankenseelsorge, in: Lexikon für Theologie u. Kirche, Bd. 6, Freiburg 1934, 230.
[2] Krankenprovisur = Versehgang.
[3] *F. Schubert* (s. Anm. 1).
[4] Vgl. *J. Mayer-Scheu,* Seelsorge im Krankenhaus, Mainz 1977, 30ff.

ein Bestandteil des ganzen Apparates Klinik geworden ist, wobei Klinik mehr eine „Reparaturwerkstatt menschlicher Organe“ ist als ein Ort, an dem der Mensch auch in Würde sterben darf. Sterben ist in den Augen vieler Mediziner ein Fehlverhalten des menschlichen Organismus, das es wieder zu normalisieren gilt.

Auf diesem Hintergrund muß der Seelsorger mit seinem Auftrag arbeiten, einem Auftrag, bei dem er nichts anderes einsetzen kann als seinen eigenen Glauben und die Frohe Botschaft, die er verkündigen will.

Im folgenden Abschnitt möchte ich versuchen darzustellen, wie eine Ars moriendi heute auf einer Modellstation für Krebskranke aussehen kann und welche Rolle die Religion dabei spielt.

2. *Von der Krankenseelsorge zur Krankenhausseelsorge*

Im Johannesevangelium wird Jesus von seinen Jüngern gefragt: „Rabbi, wer hat gesündigt? Er selbst? Oder haben seine Eltern gesündigt, so daß er blind geboren wurde? Jesus antwortete: Weder er noch seine Eltern haben gesündigt, sondern das Wirken Gottes soll an ihm offenbar werden.“ [5]

Hier zeigt Jesus eindeutig, daß die Vorstellung, die Krankheit eines einzelnen könne als Bestrafung für ihn von Gott geschickt sein, falsch ist.

Weder er noch seine Eltern haben gesündigt!

Woher kommt es also, daß viele Theologen heute noch diese Auffassung verkünden, Gott könne den einzelnen mit Krankheit bestrafen? Bischof *Kamphaus,* Limburg, sagte einmal: „Zu was machen wir Gott denn? Haben wir das Recht, ihn zum Zuchtmeister für uns einzusetzen?“ [6]

Gott hat es nicht nötig, von uns gesagt zu bekommen, wie er sich zu verhalten hat. Vielmehr spiegeln sich hier zwei unterschiedliche Gottesbilder des Alten Testamentes wider, die in der Geschichte des Volkes Israel begründet sind. Immer wieder – auch heute noch – werden sie fälschlicherweise von Theologen benutzt, um eine Moral, die anders nicht durchgesetzt werden kann, durch Angst zu vermitteln.

---

[5] Joh 9,1.2ff.

[6] Unveröffentlichte Predigt von Bischof Kamphaus, Limburg, zum Thema: Mein Gott, warum ... (dem Autor zugeschickt).

Das Volk Israel lebt in einer Welt, in der die Menschen seßhaft sind und in der alles nach Regeln funktionieren muß, damit der alltägliche Lebensrhythmus nicht gestört wird.[7] Sein geistiger Lebenskreis war noch ein sakral geschlossener. Alle Lebensgebiete münden in einer letztlich vom Kultus her normierten Ordnung. Eine Verselbständigung der Normen gab es noch nicht. Für Israel waren alle Rechtsaussagen und alle Normen göttlichen Ursprungs und damit unauflöslich.

Leben war nur möglich, indem sich der Mensch diesen sakralen Ordnungen unterstellte und indem er sie auf sich bezogen mit vollzog. Etwas anderes gab es nicht. Die Unterordnung unter diese heiligen Vorschriften, die sein Gemeinschaftsleben, aber auch den bäuerlichen Umgang mit seiner natürlichen Umwelt regelten, war unumgänglich. Jemand aus dem Volk Israel, der diese sakrale Ordnung verletzte, galt als – wir würden heute sagen – Krimineller, der sich gegen den Kult versündigt hat. Vor ihm hatte jeder Angst.

Da aber das Leben des einzelnen eingebunden war in das der übergreifenden Verbände – wie Sippe und Stamm – und in die natürliche Lebensordnung der Außenwelt, gab es keine Spannungen zwischen dem „Drinnen“ und „Draußen“, dem Ich und der Welt, weil in allen Bereichen des alltäglichen Lebens die heiligen Ordnungen walteten. Selbst Geburt und Tod wurden als überpersönliche Phänomene genommen und nicht als Widerfahrnisse, mit denen sich der einzelne persönlich auseinanderzusetzen hatte. Das ganze Leben war geborgen in Riten und sakralen Ordnungen, es war geweiht und gehalten von festen Bräuchen, deren Gültigkeit unverrückbar feststand und deren Sinn nicht hinterfragt wurde. Gott erhält diese Regel in dieser Gesellschaft. Sollte nun aber ein Mensch den Frevel begangen haben, die sakrale Ordnung zu durchbrechen, zog er sich den Zorn dieses Gottes zu. Es treten Unregelmäßigkeiten ein, die als das Tun Gottes verstanden werden, da er mit dem Handeln des Menschen nicht einverstanden ist. Der Mensch seinerseits beginnt zu suchen, wo er diesen Gott verstimmt hat, was dieser Gott an ihm auszusetzen hat, wo er unrein geworden ist.

War es der unrechte Gottesdienst, das unmoralische Handeln, Zerstörung der göttlichen Natur, oder wo sonst hatte der Mensch Gott erzürnt?

---

[7] *H. R. Zielinski* (Hrsg.), Theologie. Studien der Katholischen Klinikseelsorge an den Med. Einrichtungen der Universität Düsseldorf, Grevenbroich 1983.

Auf der Suche nach dem Grund, wobei es selten vorsätzliche Sünden waren, sondern viel häufiger Irrtumssünden, die begangen worden waren, stellte der Mensch fest, daß die sakralen Regeln durchbrochen und so die Ordnung gestört worden war. Hierdurch war der Zorn Gottes heraufbeschworen, und dieser Gott hat mit Unregelmäßigkeiten reagiert.

Erneut stellt der Mensch sich die Frage: Warum handelt Gott so?

Er erkennt: Gott will mich darauf hinweisen, daß ich zuwenig Vertrauen in ihn gesetzt habe, daß ich zu wenig an ihn denke.

Die Unregelmäßigkeit, die Gott zuläßt, ist somit Strafe für seine Sünde, seine Nachlässigkeit gegen Gott.

Wird der Mensch nun krank, stellt er dieselben Fragen. In diesem Fall bezieht er sie jedoch auf seinen eigenen Leib. Was ist an ihm unrein? Was veranlaßt Gott, an meinem Leib Unregelmäßigkeiten zuzulassen? Der Kranke erkennt die Strafe Gottes als Bestrafung für sein falsches Handeln gegen die Gemeinschaft, gegen Gott selbst oder aber als Prüfung seines Glaubens und Vertrauens in Gott.

Die Unregelmäßigkeiten werden also geschickt, um ihn zu strafen oder um ihn zu prüfen.

Das zweite Gottesbild, das uns das Alte Testament überliefert, zeigt Israel als Volk, das sich als Nomadenvolk von den Völkern seiner Umgebung unterscheidet.

Israel war auf dem Weg ins Gelobte Land, und dieser Weg prägte das Volk. Israel war ganz Jahwe ergeben. Noch war es nicht den Lockungen des fruchtbaren Landes erlegen. Noch hatten sich keine Baale zwischen Israel und Jahwe gestellt. So ließen sie sich auf allen ihren Wegen von Jahwe sichern und wußten sich auf allen Lebensgebieten von ihm als sein Volk getragen. Selbst für die Schuhe und Kleider hat er gesorgt (Dtn 29, 5f).

Für ein nomadisierendes Volk bedeutet es ein Glück, seinen Weg zu finden und eine Oase in der Wüste zu erblicken. Diese glücklichen Zufälle waren für das Volk gleichsam Geschenke Jahwes, auf die sie keinen Anspruch hatten, wie etwa als regelmäßige Gnadenzuweisung. Aber sie vertrauten darauf, daß er half, wann immer es nötig war. Für sie ist Jahwe derjenige, der sagt: Ich bin da. Ich bin bei dir (z.B. Gen 12ff). Wenn es für dich gut ist, schenke ich dir das Glück und das Leben. Du darfst dich auf mich verlassen.

In der priesterschriftlichen Überlieferung des Pentateuchs wird dieses sehr deutlich. Wenn der wandernde Mensch Gott brauchte, war er da und wirkte – wenn nötig – ein Wunder, wie es zum Beispiel mit der Manna-Erzählung sehr deutlich dargestellt wird. Alle haben von dem Manna gesammelt, aber am Abend hat sich herausgestellt, daß jeder für sich und seine Familie genau das Nötige eingesammelt hat. So sorgte Jahwe für sein Volk, aber nicht so, daß sie im Überfluß leben konnten, sondern genug hatten, um zu leben. Im Buch Exodus lesen wir (Ex 16,9–27), daß sich das Manna nicht horten ließ. Einige, die es gesammelt hatten, um es zu horten, mußten feststellen, daß es verfaulte. Der Sinn ist also, Jahwe gibt jedem das Seine. Das wiederum verlangt eine vollständige Hingabe an ihn. Im Deuteronomium wird von dieser Manna-Speisung gesprochen als Lehre für das Volk. Es soll wissen, daß der Mensch nicht vom Brot allein lebt, sondern von allem, was aus dem Munde Jahwes kommt. So sollte Israel in die Wahrheit eingeführt werden, denn Jahwe liebt sein Volk.[8]

Das Gottesbild, das Jesus uns im Neuen Testament vermittelt, geht einen Schritt weiter. Gott hat sich mit den Menschen eingelassen. Er hat seinen Sohn geschickt, um uns aus der Macht der Schuld zu befreien, um uns aus ihr herauszuholen. In seinem Sohn bekräftigt er uns, daß er nicht nach Lust und Laune am Menschen handelt, ihm rein zufällig das Glück zukommen läßt, sondern daß er bei uns ist und bleibt, selbst in unserer größten Verlassenheit, die sein Sohn als Mensch ebenfalls erfahren mußte, in der Verlassenheit des Todes. Seinen Sohn, der am Kreuze zu verzweifeln schien, als er rief: Mein Gott, warum hast du mich verlassen, diesen seinen Sohn hat er auferweckt, denn er ist kein Gott der Toten, sondern der Lebenden. Diesen Gott, der die absolute Liebe ist, diesen Gott verkündigen wir heute in der Verbreitung der Frohen Botschaft.

Und der Kranke kann dieses erfahren. Er muß sich auf die Verkündigung des Verkünders einlassen können, nicht aber auf eine von Gott geschickte Unregelmäßigkeit, die er nun an seinem Leib verspürt. Vielmehr kann er sich auf einen Gott einlassen, der mit seinem Geschöpf den Weg des Alltags geht, des Alltags, der durch Leiden und Tod zur Auferstehung führt. Diesen Gott muß ich erfahren, um an ihn zu glauben, ihm zu vertrauen. Diesen Gott darf ich nicht unter einer religiösen Käseglocke verstecken, abgeschirmt und luftdicht verpackt. Ein Käse, so verpackt, beginnt sehr bald ungenießbar zu werden. Ein so vermittelter Gott kann vom Menschen nicht erfahren werden. Gott aber, der menschliches Antlitz trägt, vermit-

---

[8] *G. von Rad,* Theologie des Alten Testamentes, Bd. 1, München 1986, 275 ff.

telt als jemand, der mich begleitet: diesem Gott kann ich dann vertrauen, an diesen Gott kann ich glauben, denn der Mensch, dem ich begegne, der mir diesen Gott verkündet, er vermittelt mir durch sein Verhalten diesen Gott.

Der Seelsorger muß dieser Begleiter des Patienten und dessen Umfeld werden, um glaubwürdig die Frohe Botschaft weiterzutragen. Er muß Zeit haben für alle, die im Krankenhaus tätig sind, für die Putzfrau auf der Treppe, den Pförtner am Eingang der Klinik, für den Pfleger oder die Schwester auf der Station, für den Arzt oder die Ärztin mit ihren Sorgen um die Patienten. Der Seelsorger, der durch das dauernde auf die Uhr schauen signalisiert: „Ich habe es eilig, meine Zeit läuft mir davon", dieser Seelsorger ist im Krankenhaus am falschen Platz.

Wie notwendig der Seelsorger allerdings gerade in der Begleitung des Sterbenden und dessen Umfeld ist, soll im folgenden dargestellt werden, und zwar anhand einer Modelleinrichtung, die es seit 1983 in Deutschland gibt, die sich aber ausrichtet an dem Muster der angelsächsischen Hospizidee.

3. Die Hospizbewegung und ihre Ziele

Cicely Saunders, die Gründerin des St. Christopher's Hospice in London-Sydenham, damit auch die Begründerin einer Bewegung, die sich sehr schnell in aller Welt verbreitete, berichtet in ihren Seminaren, wie sie dazu kam, ein Hospiz zu gründen, um dort den Sterbenden die letzte Phase des Lebens menschenwürdig zu gestalten, wie sie mit einem ihrer Patienten, David Tasma, einem polnischen Juden, der dem Warschauer Ghetto entkommen war und nun mit vierzig Jahren in einem Allgemeinkrankenhaus zum Sterben kam, lange Gespräche führte, um so die Not des Sterbenden zu erfahren und ihm dann zu helfen, den Tod als Teil des Lebens annehmen zu können. „Was Tasma suchte", sagte sie, „war Herzensfreundlichkeit, eine Nähe zu einem Menschen, der ihn, den Patienten, nicht als ein krankes Organ ansah, sondern als Menschen, den er gern besuchte, mit dem er lachen konnte, wenn er sich freute, mit dem er aber auch weinen konnte, wenn ihm danach zumute war, mit dem er aber auch über Gott sprechen konnte." [9]

---

[9] *H. R. Zielinski,* Sterbeklinik – Ja oder Nein, in: *ders.* (Hrsg.), Prüfsteine medizinischer Ethik, Bd. 1, Düsseldorf 1980, 69f.

David Tasma starb sehr bald und hinterließ für die Gründung des St. Christopher's Hospice 500 englische Pfund, womit die Gründerin ein Fenster in das Hospiz einbauen ließ, das sowohl Licht in das Hospiz bringen, aber auch symbolisch dafür stehen soll, daß für alle Menschen das Licht erstrahlt, indem Gott seinen Sohn in diese Welt sandte, um ein Teil der Menschen zu werden.

Ausgerichtet an der alten Hospizidee wurde diese Einrichtung auch eine Ruhestätte vor der letzten großen Reise, ähnlich, wie es den Wanderern Ruhestätte auf dem Weg ihrer Wanderschaft war.

Ein kurzes Programm wurde mehr oder weniger Richtschnur für alle weiteren Einrichtungen dieser Art in England, Amerika und auch in Deutschland: Es handelt sich um eine christliche Einrichtung. Jeder ist beständig auf der Suche nach Gottes Plan für diese Arbeit in der Begleitung von Sterbenden. Es ist eine medizinische Einrichtung, um den Patienten in dieser Phase seines Lebens eine möglichst professionelle medizinische Hilfe zuteil werden zu lassen. Es ist eine Gemeinschaft von Menschen mit den unterschiedlichsten Erfahrungen, den Patienten, den Angehörigen und all denen, die sich um diese sorgen. Es ist eine Einrichtung, in der wissenschaftliche Untersuchungen im Rahmen der medikamentösen Behandlung der Patienten durchgeführt werden. Es arbeitet in der psychosozialen Betreuung der Patienten und deren Familien. Es nimmt einen Lehrauftrag wahr, um diese Erkenntnisse anderen Gruppierungen weiterzugeben. Es ist eine caritative Einrichtung und arbeitet vornehmlich auf Spendenbasis. Es versucht andere Institutionen mit einzubeziehen, um den Patienten, auch denen, die zu Hause versorgt werden möchten, die bestmögliche Hilfe geben zu können, und es versucht, Patienten unabhängig von Rasse und Religion aufzunehmen, auch wenn eine Finanzierung durch den Patienten selbst nicht gesichert werden kann.[10]

Auf dem Hintergrund dieser Bewegung entstand in Köln an der Chirurgischen Universitätsklinik eine Modelleinrichtung, in der sich die Mitarbeiterinnen und Mitarbeiter dafür einsetzen, daß den Patienten und deren Angehörigen eine menschliche Erfahrung vermittelt wird, die auf den Allgemeinstationen unserer Krankenhäuser nicht vermittelt werden kann. Die Patienten sollen spüren, daß hier nicht die Organerkrankung behandelt wird, sondern der Mensch, der an einem Organ lebensbedrohlich erkrankt ist. Hier bemühen

[10] Ebd.

sich Ärzte, Pflegepersonal und Seelsorger um den Sterbenden und seine Angehörigen, diese Lebensphase würdig zu gestalten.

4. Die Station für Palliative Therapie in Köln

Am 7. April 1983 wurden in Köln auf einer kleinen Station zwei Patienten aufgenommen, für die jede medizinische Hilfe aussichtslos war. Patienten mit einem fortgeschrittenen Krebsleiden.

Diese Station, bestehend aus 5 Betten, wurde in der Chirurgischen Universitätsklinik Köln eingerichtet, da der Direktor der Kliniken der Ansicht ist, daß den Patienten, an denen jede medizinisch-kurative Hilfe versagt, von der Klinik, in der sie zunächst medizinisch behandelt worden waren, auch diese Phase des Lebens noch lebenswert gestaltet werden muß. Es war bezeichnend, daß er einen Theologen bat, zusammen mit einer Ärztin die Aufgabe zu übernehmen, diese Station aufzubauen. So entstand in Deutschland die erste Einrichtung dieser Art, ausgerichtet an dem Muster der englischen Hospize.

Zwischenzeitlich wurden fast 300 Patienten auf dieser kleinen Station betreut, und viele von ihnen starben.

Ziel dieser Station ist es, wie in den englischen Hospizen eine adäquate Schmerztherapie, die alle Bereiche einbezieht, bei Patienten zu gewährleisten, die an einer organischen Tumorerkrankung leiden. Die erste Forderung ist, die Schmerzen medikamentös zu behandeln, damit der Patient in die Lage versetzt wird, in eine Kommunikation einzutreten, die ihn befähigt, über seine Nöte und Sorgen zu sprechen. Hierzu stehen ihm, zusätzlich zum Pflegepersonal und zur Ärztin, ein Anästhesist, eine Sozialarbeiterin und natürlich die Seelsorger der beiden großen Konfessionen zu Diensten, wobei auch auf Wunsch andere Seelsorger in die Klinik gerufen werden können.

In einer retrospektiven Untersuchung konnten wir feststellen, daß von 150 Patienten alle spätestens 3 bis 4 Tage vor ihrem Tod den Seelsorger ihrer Konfession hatten rufen lassen.[11] Dieses ist sicher nicht zuletzt auf die tägliche Präsenz des Seelsorgers und das

---

[11] *H. R. Zielinski,* Die Rolle der Religion bei der Unterstützung der Krebspatienten, in: Der Krebspatient – Krankheit und Rekonvaleszenz. XVI GBK Symposium vom 5.–7. Juli 1984 in Düsseldorf.

dadurch entstandene Vertrauensverhältnis zurückzuführen. Der Seelsorger verkündet die Frohe Botschaft erst dann, wenn dem Patienten alle Hilfe gewährt worden ist, die es ihm überhaupt ermöglicht, in eine Kommunikation einzutreten, d. h., die physischen Schmerzen müssen genommen werden, der Patient muß wieder eine Persönlichkeit werden, die nicht von physischen Schmerzen gequält und verzerrt wird.

In dieser Begleitung konnten wir auf der Station für Palliative (lindernde) Therapie erleben, daß die Phasen, die *E. Kübler-Ross*[12] bei chronischer Erkrankung beschreibt, zwar im großen und ganzen mit unseren Erfahrungen übereinstimmen, daß es aber bei einer adäquaten Begleitung doch zu einer Veränderung im Ablauf kommt, besonders im letzten, dem terminalen Stadium.

5. Sterben ist doch ganz anders

Elisabeth Kübler-Ross ist sicherlich eine der ersten Personen gewesen, die sich mit der Frage der Thanatologie auseinandersetzte und es fertiggebracht hat, Menschen zu bewegen, sich über dieses Thema zu unterhalten, sich damit auseinanderzusetzen. Die von ihr beschriebenen Phasen, die nicht chronologisch ablaufend gesehen werden dürfen, sondern nur eine Hilfe bei der Begleitung bilden sollen, diese Phasen stimmen in den ersten vier Aussagen mit unseren Erfahrungen überein.[13]

Im ersten Stadium spricht sie davon, daß der Patient aus Angst vor der Isolation verzweifelt, daß er seine Krankheit verleugnet. Aber schon bald, so sagt sie weiter, wenn die erste Reaktion nicht länger aufrechterhalten werden kann, kommt es zur Erkenntnis: Ich bin es doch. Es war kein Fehler. Sehr bald läßt der Patient nun seine Wut und seinen Zorn an allen aus, denen er begegnet, selbst jenen, die ihm in seiner Krankheit beistehen wollen. Wenn er spürt, daß er dadurch nichts erreicht, daß die Helfenden sich sogar abwenden, sucht er sich einen neuen Partner, gleichsam einen Verhandlungspartner, mit dem er über seine Krankheit feilschen kann.

„Wenn es ein höheres Wesen gibt, wenn es einen Gott gibt, dann

---

12 *E. Kübler-Ross,* Interviews mit Sterbenden, Stuttgart – Berlin [2]1971.

13 *H. R. Zielinski,* Begleitung von Tumorpatienten, in: *ders.,* Prüfsteine medizinischer Ethik, Bd. 6, Grevenbroich 1986, 57 ff.

soll er dafür sorgen, daß ich noch die Taufe von meinem Enkelkind erlebe", sagte mir einmal eine Patientin, der es gelang, diesen Tag zu erleben. Aber damit war es nicht genug. Die Verhandlungen gingen nun weiter, nachdem dieses „Höhere Wesen" sich einmal darauf eingelassen hatte. Erst als alle Verhandlungspunkte ausgespielt waren, spürte sie, daß sie den Krankheitsverlauf dadurch nicht abwenden konnte und verfiel in Depressionen.

Wenn der Patient – so Kübler-Ross – ausreichend Zeit hatte und einige Hilfestellungen während der Krankheit erhielt, wird er das fünfte Stadium erreichen[14], das der Annahme. „Er hat den drohenden Verlust so vieler geliebter Menschen und Orte betrauert und sieht nun seinem Ende mit mehr oder weniger ruhiger Erwartung entgegen. Er ist müde, meistens sehr schwach und hat das Bedürfnis, oft und in kurzen Intervallen zu dösen oder zu schlafen. Es ist ein anderer Schlaf als in der Zeit der Depressionen, er dient jetzt nicht zum Atemholen zwischen den Schmerzanfällen, ist kein Ausweichen und keine Erholungspause mehr, sondern nun wächst allmählich das Bedürfnis, die Stunden des Schlafes auszudehnen wie bei Neugeborenen, nur im umgekehrten Sinne."[15]

Hier aber unterscheiden wir uns mit unseren Erfahrungen auf der Station für Palliative Therapie von Kübler-Ross. Wir sagten schon, daß von 150 retrospektiv kontrollierten Protokollen alle auswiesen, daß der zum Tode kommende Patient einige Tage vor seinem Tod den Seelsorger seiner Konfession hatte kommen lassen. So glauben wir, daß es sich nicht so sehr um ein passives Hinnehmen handelt als vielmehr – wenn der Patient gut begleitet und schmerztherapeutisch eingestellt ist – um einen Prozeß, in den der Patient nun eintritt, der ihn die Frage nach dem Sinn des Lebens, der Krankheit und des Lebens nach dem Tod stellen läßt. Voraussetzung dafür ist allerdings, daß er seine physischen Schmerzen nicht fürchten muß, was wir ihm auf der Station für Palliative Therapie versichern können. So benötigt er den langen, von Kübler-Ross beschriebenen Schlaf nicht zum Atemholen. Schmerzanfälle darf es nicht geben und gibt es auch so gut wie nicht, da die Begleiter des Patienten dieses zu verhindern wissen. Hier ist nun der Seelsorger gefordert, viel Zeit zu investieren, nicht wegzulaufen, selbst wenn er es gerne möchte, da auch ihn die Fragen immer wieder belasten. Hier heißt es dann aus-

---

[14] *E. Kübler-Ross* (s. Anm. 12) 99.
[15] Ebd.

halten, so wie Christus in seinem Leid ausgehalten hat. Hier heißt es, das Vertrauen, welches sich zwischen dem Patienten und dem Seelsorger entwickelt hat, zu rechtfertigen. Diesen Prozeß beschreiben wir als das Stadium der metaphysischen oder religiösen Reflexion.

6. Erkennen der seelischen Bedürfnisse

Die einfache Bewältigung der tagtäglichen körperlichen und gefühlsmäßigen Anforderungen des Krankheitsstadiums nimmt den meisten sterbenden Patienten jegliche Kraft, sich mit ernsthafter Geistesarbeit auseinanderzusetzen. Dennoch hat jeder, insbesondere jene, die den Tod erwarten, spirituelle Bedürfnisse besonderer Art. Dieses ist so, ob sie nun einer bestimmten Glaubensrichtung angehören oder auch nicht, ob sie ihre Bedürfnisse in Glaubensaussagen ausdrücken oder nicht. Der Tod läßt bei Menschen, die sich nicht mit Schmerzen herumquälen müssen, die stärksten Fragen über den Sinn des Lebens aufkommen, über das Verhältnis des Menschen zu sich selbst, zu anderen und zu seiner Umgebung. Wenn in dieser Situation spirituelle Bedürfnisse geäußert werden, dann darf der Begleiter diesen nicht ausweichen, ganz gleich, welche Vorstellungen er selber vertritt. Hier wird er als „Seelsorger" gefordert.[16]

Auf der Station für Palliative Therapie in Köln konnten wir feststellen, daß die meisten Patienten, die ihre Krankheit hinnehmen konnten, in Begriffen dachten und fragten, die an eine Kontinuität des Lebens nach dem Tode glaubten, obgleich die aktuelle Aussage darüber sehr unterschiedlich ausfiel.

In den verschiedensten Gesprächen wurde deutlich, was Herr P. so formulierte: „Ich habe während der letzten Wochen jemanden gesucht, dem ich danke sagen könnte, wenn ich mich besser fühlte, wenn alles geklappt hatte, wenn keine Schmerzen kamen oder wenn die Aussichten etwas besser waren. Ich fühlte: Hier bin ich, nehme alles so selbstverständlich an, ohne danke sagen zu können. Ich zweifle nicht mehr daran, daß es eine Kraft gibt, deren Namen ich nicht kenne, die alles lenkt – auch mein Leben, selbst in der Krankheit. Ich kann nicht mehr glauben, daß wir einfach so dahingehen. Ich glaube, ich habe Ihn dort oben gefunden. Ich kann jetzt danke sagen!"

---

[16] Vgl. *H. R. Zielinski* (s. Anm. 13) 62.

Herr P. hat jemanden gefunden, dem er danke sagen konnte.

Andere Menschen finden, daß ihnen die Sakramente, die Liturgie oder andere religiöse Unterstützung hilft, die Situation, in der sie sich nun befinden, besser zu verarbeiten.

Hier finden metaphysische oder religiöse Reflexionen statt.

Frau S. sagte: „Ich nehme die Kraft, meine Krankheit zu tragen, aus meiner Religion. Jetzt, wo ich keine Schmerzen mehr habe, kann ich mich wieder mit Gott befassen. Vorher war es grauenvoll. Mir standen nicht die Sinne danach, irgend etwas anderes zu denken, als wie ich von den Schmerzen befreit werden könnte. Die Schmerzen sind weg. Jetzt möchte ich Gott danken für seine Hilfe."

Wie die Patienten die Atmosphäre auf einer Station erleben, die sich mehr mit dem Menschen auseinandersetzt als nur mit der organischen Erkrankung, ist vielleicht aus der Aussage einer Patientin zu erkennen: „... Falls du noch kein Christ bist, wenn du auf diese Station kommst, wirst du, wenn du hier heraus kommst, als Christ gehen. Es ist Heimat, Nächstenliebe, was du erfährst. Man kann nicht mit solchen Menschen zusammensein, ohne daß deren Haltung, deren Einsatz irgendwie überkommt." [17]

Andere Patienten erleben gerade in dem täglichen Empfang der heiligen Kommunion oder des Abendmahles eine Hilfe in ihrer Erkrankung. Bei allen aber konnten wir diese Erfahrungen erst machen, nachdem sie von ihren physischen Schmerzen befreit waren.

7. Der Glaube gibt Hoffnung

Eigentlich ist es unbegreiflich, wie sterbende Patienten noch Hoffnung haben können, sagte ein Medizinstudent, als von der Hoffnung im Sterben gesprochen wurde.

In einem weiterführenden Projekt der Deutschen Krebshilfe an der Universitätsklinik Köln wird in einem Seminar dem Patienten das Angebot gemacht, mit Farben sein Empfinden über seine Krankheit wiederzugeben.

Es sind immer die gleichen Symbole, die gemalt werden.

Da ist der schwarze Tunnel, den der Patient durchlaufen mußte, nachdem die Diagnose gestellt war.

---

[17] Ebd. 63–65.

Da ist das schwarze Tier, das nach der Diagnosestellung einen zu fressen drohte.

Da ist das tiefe Loch, in das man hineinfiel, als die Diagnose Krebs ausgesprochen worden war.

Da ist die sterbende Blume, der absterbende Baum, der die Situation des Kranken kennzeichnet, nachdem ihm der Arzt die Diagnose, die zum Tode zu führen scheint, mitgeteilt hatte.

Da ist das Gesicht, das so traurig ist, das nicht mehr gepflegt wird, weil alles zu Ende zu gehen scheint, wenn die Diagnose Krebs sich bewahrheitet hat.

Aber da ist auf der anderen Seite der Zeichnung immer wieder auch das Positive zu sehen. Da ist die Erfahrung, daß Menschen da sind, die den Patienten selbst in der Krankheit nicht allein gelassen haben. Da ist die Sonne, die am Himmel strahlt, die als Zeichen der Hoffnung im Glauben von fast allen den Patienten gemalt wird, die die Krankheit haben hinnehmen können, die sich mit der Sinnfrage auseinandergesetzt haben.

Da steht dann am Ende des Tunnels das helle Licht der Sonne, da wird das schwarze Tier von der Sonne geblendet, da helfen Hände, aus dem tiefen Loch herauszukommen, da blüht die sterbende Blume wieder und der absterbende Baum bekommt wieder grüne Blätter. Da hat man wieder Freude, sich fein zu machen, seine Haare und sein Äußeres zu pflegen. Über allem ist die Sonne, die den Glauben symbolisiert, der es möglich gemacht hat, die Krankheit durchzustehen, wohl wissend, daß sie immer wieder ausbrechen kann. Aber es ist eine sehr starke Hoffnung vorhanden, die einem sogar ermöglicht, anderen, die dieselbe Krankheit durchmachen müssen, bis zum Ende beizustehen.

Die Erfahrung der Nähe Gottes, der Hoffnung im Glauben, der Gegenwart der Nächstenliebe durch andere Menschen läßt diese Krankheit ertragen. Da ist es fast erstaunlich, wie gerade derjenige, der dem Patienten helfen soll und will, nämlich der angehende Arzt, der zu demselben Thema Stellung nimmt und dieses ebenfalls in Farbe ausdrückt, dieser Hoffnung keinen Raum gibt, vielmehr die Krankheit nur als etwas Anonymes beschreibt, als etwas, das durch die Apparatemedizin in den Griff zu bekommen ist.

Allerdings sagen viele unserer Patienten auch immer wieder, daß es sehr traurig ist, erst krank werden zu müssen, um zu erfahren, was es heißt, Freunde zu haben, wieder glauben zu können.

8. Das Sterben und die Verabschiedung

Von einer unheilbaren und zum Tode führenden Erkrankung sind die Angehörigen eines Patienten unmittelbar mitbetroffen.

Für die Lebensqualität des Patienten in seiner letzten Lebensphase ist es aber auch von entscheidender Bedeutung, wie sich seine Beziehung, nicht nur zu den Begleitenden des Stationsteams, sondern auch zu seinen Angehörigen entwickelt, wie die Angehörigen mit ihm, dem sterbenden Familienmitglied, umgehen. Auf der Modellstation in Köln ist es daher ein wichtiges Anliegen, die Angehörigen von der Aufnahme des Patienten an mit einzubeziehen in die Pflege und Begleitung des Sterbenden.

Von Anfang an stehen der Seelsorger und das gesamte Team nicht nur dem Patienten zur Verfügung, sondern auch den Angehörigen. Um beiden eine angenehme Atmosphäre in einem Krankenhaus vermitteln zu können, wurde auf dieser Station ein Wohnzimmer eingerichtet, in dem sich Patienten und Angehörige wohl fühlen können, in dem sie sich – ähnlich wie zu Hause – entfalten können, in dem sie spielen können, fernsehen oder den Fischen im Aquarium zusehen.

Hier finden beide jederzeit einen Gesprächspartner, der bereit ist, offen mit ihnen über Krankheit und Tod zu sprechen. Hier werden Gespräche über die Behandlung geführt, über die psychischen und seelischen Probleme und Nöte, die beide belasten. Hier werden Pläne geschmiedet, die es dem Patienten erlauben sollen, noch eine Fahrt zu unternehmen oder noch einmal nach Hause zu gehen, wo er dann vom klinikeigenen Hausbetreuungsdienst – wenn nötig – vierundzwanzig Stunden am Tag versorgt werden kann. Wenn der Patient aber zu schwach geworden ist, diese Pläne noch weiter ernsthaft durchzudiskutieren, dann kann der Angehörige mit ihm auf dieser kleinen Station wohnen, damit er jederzeit für ihn erreichbar ist.

Der Ehemann einer verstorbenen Patientin formulierte es einmal so: „Diese Station ist für mich fast zur zweiten Heimat geworden. Ich habe partizipiert an dem, was meiner Frau zuteil geworden ist, an Zuwendung und Geborgenheit. Ich bin sehr dankbar dafür, denn ich sah mich oft nicht in der Lage, die Bürde einer sterbenskranken Frau allein zu tragen. Ich bin davon überzeugt, wenn ich unter der Belastung zusammengebrochen wäre, dann hätten die Mitarbeiter der Station sicher alles in ihren Kräften stehende getan, um auch mir zu helfen und mich wieder aufzurichten.“ [18]

Stirbt der Patient, so ist er niemals allein. Die Angehörigen sind dabei und nicht zuletzt eine Schwester oder ein Pfleger, die Ärztin, der Seelsorger, oder wer sonst vom Team auf der Station ist. Sterben braucht keine einsame Angelegenheit zu sein, wenn dem Patienten und dessen Angehörigen die Hilfe zuteil wird, die sich die Mitarbeiter selbst wünschen, wenn sie einmal in dieser Situation sind.

9. Das Problem der Hilfe beim Sterben und zum Sterben

Häufig werden wir gefragt, ob Menschen, die zu uns auf die Station kommen, die wissen, daß sie unheilbar krank sind, nicht nach einer Spritze fragen, die sie für immer ruhen läßt, das heißt nach einer Spritze, die ihnen zum Sterben verhilft.

Auch wir müssen die Erfahrung machen, daß Patienten, die zu uns kommen, verzweifelt sind, da sie von Krankenhaus zu Krankenhaus, von Arztpraxis zu Arztpraxis gelaufen sind, um von ihren Schmerzen befreit zu werden. Die Station für Palliative Therapie ist oft ihre letzte Hoffnung. Da geschieht es des öfteren, daß Patienten, wenn sie zur Aufnahme kommen, aus lauter Verzweiflung sagen: „Wenn sie mir die Schmerzen auch nicht nehmen können, dann geben Sie mir doch etwas, damit es zu Ende ist!"

Dieses klingt wie eine bange Frage, aber auch wie ein Aufschrei: Helft mir doch. So kann ich nicht mehr leben.

Wenn diese Patienten nach ein bis zwei Tagen spüren, daß die Schmerzen langsam geringer werden oder sogar ganz verschwinden, sagen sie oft: „Wissen Sie, was ich da bei der Aufnahme gesagt habe, das habe ich nicht so gemeint. Ich wußte ja nicht, daß es hier so ganz anders ist als in den anderen Krankenhäusern."

Der Patient spürt, daß er nicht allein gelassen wird, daß ihm seine Schmerzen genommen werden, daß er wieder nachts durchschlafen kann, ohne dauernd von Schmerzen geweckt zu werden.

Hier hat Zyankali keinen Wert! Vielleicht wäre es die Antwort auf das qualvolle Sterben eines Tieres. Aber bei Menschen, die begleitet werden, die ohne Schmerzen sind, wird man feststellen, daß sie nicht sterben wollen. Ohne Grund gibt der Mensch sein Leben nicht auf. Ist aber ein Grund dafür vorhanden, daß er seinem Leben ein

---

[18] *U. Katzenbach,* Die Begleitung der Angehörigen und Hinterbliebenen von Patienten der Station für Palliative Therapie, in: *H. R. Zielinski* (s. Anm. 13) 125 ff.

Ende machen möchte, dann ist es Pflicht der Gesellschaft, in der er lebt, dafür zu sorgen, daß dieser Grund herausgefunden und beseitigt wird.

10. Trauer kann mir keiner nehmen

Die Angehörigen, die wir begleiten, erleben in der Betreuung ihres schwerstkranken Familienmitgliedes oft die gleichen Phasen, die auch der Patient in der Auseinandersetzung mit seiner Krankheit und dem bevorstehenden Abschied empfindet.

Aber auch hier geht es nicht, ebenso wie bei dem Patienten, um eine chronologische Abfolge sich stereotyp vollziehender Verarbeitungsmechanismen, sondern vielmehr um eine Strukturierung der möglichen Erlebnisfaktoren, die – ebenso wie der Krankheitsverlauf eines Patienten – in sehr verschiedenen Zeitabschnitten und in oft ungeordneter Reihenfolge und mit Wiederholung oder auch Auslassung einhergehen können.[19] Angesichts der Krebserkrankung des Lebensgefährten, eines Kindes oder Elternteiles ist auch bei den Angehörigen die Verleugnung, das Nichtwahrhaben-Wollen, das Aufbegehren und die Wut, die Schuldzuteilung oder auch Schuldgefühle, das Kämpfen und das Ringen, die Niedergeschlagenheit und Depression und auch die Hinnahme der unabänderlichen Situation und das Suchen nach Sinn und Halt in einer metaphysischen oder religiösen Dimension zu finden. So erscheint es uns von Beginn an wichtig, nicht nur den Patienten von der Aufnahme an begleitend zur Seite zu stehen, sondern ebenso den Angehörigen, um sie zu einer offenen Einstellung zum Sterben und zum Tod zu ermutigen, um so eine beidseitige Isolierung und Schauspielerei von Sterbenden und Trauernden zu vermeiden. Das Zulassen und Aushalten aller möglichen Erlebnisstadien und Gefühlsreaktionen, das behutsame Ansprechen von emotionalen Erlebnisinhalten und das offene Gespräch mit dem Patienten und seinen Angehörigen, um die sich alle Mitarbeiter der Station bemühen, soll sowohl den Sterbenden als auch den Angehörigen ermutigen, miteinander hierüber ins Gespräch zu kommen. Beide müssen wissen, daß sie Ängste und Trauer zulassen können, daß sie auch über die Trennung durch den Tod sprechen dürfen. Nur so können viele Dinge, auch wirtschaftlicher Art, zur rechten Zeit geklärt und bereinigt werden.

---

[19] Ebd.

Je offener und tiefer das Gespräch des Patienten und des Angehörigen miteinander vonstatten geht, je deutlicher Vertrauen und Gemeinschaft der Partner erlebt werden können, desto geringer wird die Angst, die Unruhe und die Einsamkeit, die viele Patienten, wenn sie zum Sterben kommen, in unseren Kliniken und Altenheimen immer wieder erfahren müssen.

Erst in diesem tiefen Vertrauen, das der Sterbende durch die Begleitenden erlebt, kann er eine Offenheit zeigen, zu der er vielleicht in seinem ganzen Leben nicht fähig war, weil ihm dieses Vertrauen gefehlt hat.

Herr W. kam zu uns auf die Station. Seine Tumorerkrankung metastasierte, und er hatte keine gute Prognose. An zwei Abenden saß ich mit ihm zusammen, und wir sprachen über seine Arbeit, seine Reisen und seine Familie. Aber die Gespräche, so glaubte ich, waren sehr oberflächlich, obwohl ich das Gefühl hatte, Herr W. wolle mir etwas sagen. In den nächsten zehn Tagen war es mir nicht möglich, auf die Station zu gehen, da andere Patienten und Termine mich davon abhielten. Am Samstagabend, nach der Abendmesse, traf ich Frau W. Sie fragte mich, ob ich ihren Mann heute nicht besuchen könne. Ich sagte zu. Als ich das Zimmer betrat, sah ich, daß er in einem sehr schlechten Allgemeinzustand war. Er fragte mich, wo ich so lange gewesen sei. Er habe, so sagte er, auf mich gewartet.

Es wurde fast Mitternacht, als ich in die Kirche ging, um ihm die Kommunion zu bringen. Er hatte vieles an Sorgen, Fragen und Problemen in ein Beichtgespräch gepackt, so daß er nun endlich ruhig werden konnte. Alles war nun ausgesprochen, alles war bereinigt. Er hatte Frieden mit Gott.

Seine Frau, die auf der Station schlief, kam mit ins Zimmer und empfing zusammen mit ihm die Kommunion. Am Sonntagabend ist er ruhig eingeschlafen. Er hatte Frieden mit seiner Frau und mit Gott gefunden. Nun konnte er in Ruhe sterben.

Bei einer langen Krankheit, die zum Tode führt, wird für die Angehörigen oft ein Teil des Trauerprozesses vorweggenommen. Sie können in ihrer Phantasie damit umgehen, wie es sein wird, wenn die neue Situation eingetreten ist, obwohl dadurch nicht die Trauer genommen wird. Die endgültige Abwesenheit eines Menschen ist etwas anderes als die in der Phantasie ausgemalte und vorweggenommene. Der Ehemann einer verstorbenen Patientin, die fast sechs Monate bei uns lag, die drei Monate von ihren Angehörigen und unserem Hausbetreuungsdienst zu Hause betreut werden konnte, sagte: „Ich meinte, ich hätte mich auf den Verlust vorbereitet, lange genug Zeit hatte ich ja. Aber jetzt, wo sie gestorben ist, spüre ich, daß alles noch einmal ganz anders ist, als ich es mir vorgestellt hatte.“

Für manche Angehörige, die den Sterbenden mit Liebe und Zuneigung gepflegt und umsorgt haben, kann es auch eine Art Erleichterung sein, wenn die Krankheit des Sterbenden zunehmend als schmerzvoll miterlebt wird, daß der Tod endlich eintritt. Er kann als befreiend empfunden werden. Hier ist es wichtig, daß die Umwelt Verständnis aufbringt für die Hinterbliebenen, daß das Ausmaß der Trauer nicht so deutlich gezeigt wird, wie man es von Hinterbliebenen erwartet.

Durch diese Erwartungshaltung können die Hinterbliebenen oft zu einer neuen Schauspielerei gezwungen werden, indem sie Schmerz und Trauer vortäuschen, die sie aber im Augenblick gar nicht empfinden. Die Erfahrung der Erleichterung, die beim Tod nach einer langen schweren Krankheit bei einigen empfunden wird, die gleichsam als Erlösung für den Sterbenden angesehen wird, ist aber nur ein Teil von dem, was Hinterbliebene durchleben. Der andere Teil ist dann die vielleicht viel später wieder aufbrechende Trauer über die Endgültigkeit des Verlustes und die Unwiederbringlichkeit des geliebten Menschen, wodurch das Leben eines Hinterbliebenen entscheidend verändert wird.

Um auch hier eine Hilfe für die Hinterbliebenen anzubieten, haben wir das sogenannte Angehörigentreffen der Hinterbliebenen unserer Patienten eingerichtet, wo sich alle aussprechen und auch ausweinen können. Es ist gleichsam eine Selbsthilfegruppe für Hinterbliebene. Hier ist einer der Krisenagenten immer anwesend, der Seelsorger, die Stationsärztin, die Sozialarbeiterin oder die Pflegenden. Hier werden die Hinterbliebenen über den Tod ihres Angehörigen, unseres Patienten, hinaus betreut.

11. Zusammenfassung

Oft werden die Mitarbeiter der Station für Palliative Therapie gefragt, wie sie es aushalten, nur mit dem Tod konfrontiert zu sein, keine Erfolge der Medizin mitzubekommen.

Es ist uns allen klar, daß es nicht einfach ist, immer wieder von Menschen Abschied zu nehmen, die einem nicht gleichgültig sind, nachdem sie so lange auf unserer Station von uns begleitet worden sind. Ohne die christliche Nächstenliebe würden es die Mitarbeiter nicht aushalten können, dauernd so nahe mit Sterben und Tod umzugehen. Aber aus dieser christlichen Haltung heraus schaffen es Schwestern, Pfleger, Ärztin und Arzt, Seelsorger und Sozialarbeiterin. Sie schaffen es, weil sie einerseits dem Sterbenden und dessen Angehörigen helfen wollen, diese letzte Phase noch würdig und wertvoll zu erleben. Aber sie schaffen es auch, weil sie so viele wunderbare Familien erleben, die sich um ihre Angehörigen sorgen, die sie nicht abschieben wollen, sondern einfach ihre Grenzen erlebt und nun Angst haben, nicht mehr durchhalten zu können.

Der ruhig sterbende Patient, die wunderbaren Familien, sie sind Erfolgserlebnis genug. Vielleicht ist aber auch ein klein wenig Egoismus vorhanden. Denn ein jeder in unserem Team hofft, daß er oder sie, wenn es einmal zum eigenen Ende kommt, einen Platz auf einer solchen Station findet, wo Menschen sind, die aus ihrer christlichen Grundhaltung heraus andere Menschen in den Tod begleiten und die die „Kunst des Sterbens", des „Sterbens in Würde" gelernt haben.

VI

Motive für die Ars moriendi in der katholischen Sterbe- und Begräbnisliturgie

Von Theodor Maas-Ewerd, Eichstätt

Die Liturgie der Kirche tabuisiert das Sterben und den Tod nicht. Das zeigen in aller Klarheit die *Sterbeliturgie,* verstanden als Gottesdienst im kleinen Kreis, und die *Begräbnisliturgie,* ein Gemeindegottesdienst, der durch den Heimgang eines Christen veranlaßt wird[1]. In beiden Fällen handelt es sich um Feiern der Kirche. Deren Mitvollzug konfrontiert uns mit Motiven, die für eine Einübung in die christliche „Ars moriendi"[2] ebenso wesentlich wie hilfreich sein können.

Einige dieser Motive sollen im folgenden herausgestellt werden. Dabei konzentrieren wir uns – ausgehend von persönlichen Erinnerungen – zunächst auf die *commendatio,* die uns nicht von ungefähr sowohl in der Stundenliturgie als auch in der Sterbeliturgie begegnet. In einem weiteren Schritt soll dann von Aspekten der Begräbnisliturgie im Hinblick auf die „Ars moriendi" die Rede sein. Schließlich muß vom Sich-vertraut-Machen mit der eigenen Sterblichkeit als einer Dimension des Glaubenslebens gesprochen werden. Denn nur dort, wo der einzelne diese Dimension in sein eigenes, aus der Mitte seiner Person kommendes religiöses Leben

---

[1] Vgl. *R. Kaczynski,* Sterbe- und Begräbnisliturgie, in: *H. B. Meyer* u.a. (Hrsg.), Gottesdienst der Kirche. Handbuch der Liturgiewissenschaft, Tl. 8, Regensburg 1984, 191–227; *Th. Maertens / L. Heuschen,* Die Sterbeliturgie der katholischen Kirche, Paderborn 1959; *P.-M. Gy,* Der Tod des Christen, in: *A.-G. Martimort* (Hrsg.), Handbuch der Liturgiewissenschaft, Bd. 2, Freiburg – Basel – Wien 1965, 155–168. Siehe jetzt vor allem: *H. Becker / B. Einig / P.-O. Ullrich* (Hrsg.), Im Angesicht des Todes. Ein interdisziplinäres Kompendium, 2 Bde. (Pietas liturgica 3 und 4), St. Ottilien 1987. Vgl. auch: *A. van Gennep,* Übergangsriten (Les rites de passage), Frankfurt – New York – Paris 1986, 142–159: Bestattung.

[2] *R. Rudolf,* Ars moriendi. Von der Kunst des heilsamen Lebens und Sterbens (Forschungen zur Volkskunde 39), Köln – Graz 1957; *F. Dreßler,* Ars moriendi, in: LThK 1 (²1957) 907f; *R. Rudolf / R. Mohr / G. Heinz-Mohr,* Ars moriendi, in: TRE 4, 143–156; s. auch: *S. Metken* (Hrsg.), Die letzte Reise. Sterben, Tod und Trauersitten in Oberbayern, München 1984, 47–60; *G. Condrau,* Der Mensch und sein Tod. Certa moriendi condicio, Zürich – Einsiedeln 1984 (passim).

aufnimmt, wird die Mitfeier der Sterbe- und Begräbnisliturgie ihre Kraft entfalten. Im folgenden wird deutlich, wie das gemeint ist.

„Sterbliche Menschen"

„Laß uns alle, die wir jetzt an diesem offenen Grabe stehen, eingedenk bleiben, daß wir sterbliche Menschen sind." Dieser Satz aus dem „Ordo sepeliendi Adultos" der Collectio Rituum der Diözese Münster von 1931 [3] hat sich mir in der Zeit, da ich als Ministrant den Priester beim Begräbnis begleitete, so eingeprägt, daß ich zunächst auf diese Erinnerungen zurückgreife. Das Zitat stammt aus folgendem Gebet:

„Allmächtiger, barmherziger Gott, Richter der Lebendigen und der Toten! Nach einem kurzen Erdenleben werden wir alle vor deinem Angesichte erscheinen und Rechenschaft ablegen über unsere Gedanken und Worte, über unser Tun und Lassen. Laß uns alle, die wir jetzt an diesem offenen Grabe stehen, eingedenk bleiben, daß wir sterbliche Menschen sind. Erfülle unsere Seele mit heiliger Gottesfurcht, damit wir treu auf dem Wege Deiner Gebote wandeln und einst einen gnädigen Richter finden." [4]

Ein Gedankenstrich steht in dem genannten münsterischen „Ordo" zwischen diesem Gebet und dem Schriftwort Mk 13,32f „Wachet und betet, denn ihr wißt nicht den Tag noch die Stunde ...", das zu der monitio des Priesters führt: „Nun wollen wir auch ein Vaterunser beten für denjenigen aus unserer Mitte, der zuerst sterben wird, damit er in Gottes Gnade aus diesem Leben scheide." [5]

Die „Erfahrung" mit diesen Texten hat uns als Kinder um so mehr beschäftigt, als der Tod damals in unserem münsterländischen Dorf noch ganz präsent und konkret gewesen ist. Und wohl deshalb hat auch das Deutewort, mit dem der Pfarrer nach demselben Ritus beim dreimaligen Auflegen der Erde das Schließen des Grabes begann, nicht nur unsere kindliche Phantasie beflügelt, sondern uns

---

[3] Collectio Rituum in usum cleri Dioecesis Monasteriensis ad instar appendicis Ritualis Romani cum approbatione Sacrae Rituum Congregationis iussu et auctoritate excellentissimi et reverendissimi Domini Ioannis Episcopi Monasteriensis Archiepiscopi Nicopsitani iterum edita, Monasterii Guestfalorum 1931, 42–53.

[4] Ebd. 52.

[5] Ebd.

auch getröstet: „Aus Erde hast Du ihn gebildet, mit Haut und Fleisch ihn umkleidet: wecke ihn wieder auf am Jüngsten Tage.“ [6]

Feier des in Christus geschehenen Heils

Schon längst ist der Beerdigungsritus meines Heimatbistums, mit dem die frühesten Erinnerungen verknüpft sind, durch die Collectio Rituum für alle deutschen Diözesen aus dem Jahre 1950 abgelöst worden, deren Totenliturgie [7] so etwas wie eine Brücke dargestellt hat zum nachkonziliaren Ordo exsequiarum des Römischen Rituale vom 15. August 1969 [8] und zur Agende „Die kirchliche Begräbnisfeier“ von 1972 [9]. Bei diesem liturgischen Buch handelt es sich um die „den katholischen Bistümern des deutschen Sprachgebietes“ angepaßte Fassung des gesamtkirchlichen Modellritus. Trotz aller Reformen auch im Bereich der Totenliturgie sind es immer noch die den obigen Zitaten entsprechenden liturgischen Texte und Riten, die am deutlichsten zeigen, wie selbstverständlich die Kirche in ihrer Liturgie voraussetzt, daß ihre Glieder mit dem Sterben leben. Wenn der Priester Erde auf den Sarg wirft und dabei spricht: „Von der Erde bist du genommen, und zur Erde kehrst du zurück. Der Herr aber wird dich auferwecken“ [10], so weiß jeder, der an der Beerdigung teilnimmt, daß das Gesagte nicht nur den betrifft, den man soeben zu Grabe getragen hat. Darum ist es gewiß ein Ausdruck unseres „Memento mori“ und der Situation angemessen, bei den Fürbitten am Grabe „uns selber und alle Lebenden“ einzubeziehen, „besonders den aus unserer Mitte, der als erster dem Verstorbenen vor das Angesicht Gottes folgen wird“ [11].

Diese Elemente sind deutliche Indizien dafür, daß die *ganze*

---

[6] Ebd. 51.

[7] Erschienen ist nur der I. Teil dieser Collectio („pro omnibus Germaniae Diocesibus“), Regensburg 1950ff. Vgl. dort 109–158.

[8] Vatikanstadt 1969.

[9] Die kirchliche Begräbnisfeier in den katholischen Bistümern des deutschen Sprachgebietes. Herausgegeben im Auftrag der Bischofskonferenzen Deutschlands, Österreichs und der Schweiz und des Bischofs von Luxemburg. Einsiedeln – Köln (u.a.) 1972. Abk.: *Begräbnisfeier.* Vgl. dazu: *H. Hollerweger,* Die erneuerte Begräbnisfeier, in: Liturgisches Jahrbuch 24 (1974) 13–30; *B. Bürki,* Die Feier des Todes in den Liturgien des Westens. Beispiele aus dem 7. und 20. Jahrhundert, in: *H. Becker / B. Einig / P.-O. Ullrich* (s. Anm. 1), Bd. 2, 1135–1164, bes. 1155–1160.

[10] Begräbnisfeier (s. Anm. 9) 67, 84, 102, 115.

[11] Ebd. 68, 85, 103. Beim Begräbnis eines Kindes (vgl. ebd. 116) heißt die vergleichbare Intention so: „Führe uns alle zur ewigen Vollendung.“

Sterbe- und Begräbnisliturgie, die im Viatikum, dem letzten Kommunionempfang des Sterbenden, bzw. in der Feier der heiligen Eucharistie für den Heimgegangenen kulminiert, das in Christus geschehene Heil feiert. Dabei ist sowohl die Sterbe- als auch die Begräbnisliturgie von dem Gedanken der Übergabe eines Gliedes der irdischen Kirche an die himmlische ganz erfüllt.

Aussagen der Liturgie über den Tod – Aussagen über das Leben

„Mors certa, hora incerta." Aufgrund der Gegenwärtigkeit des Todes mitten in unserem Leben wird für die Liturgie der Kirche der konkrete Todesfall zum Anlaß einer Feier des Glaubens, die alle Versammelten einbezieht, ohne daß dabei das Todesschicksal des Heimgegangenen oder das bevorstehende der Noch-Lebenden dramatisiert würde. Vielmehr lebt in der Liturgie – ganz im Sinne der Heiligen Schrift – die Siegeszuversicht des Glaubens, daß das Leben in Christus stärker ist als der Tod und daß der Verstorbene im Tode nicht untergeht. Dies wird den nicht verwundern, der sich darüber im klaren ist, daß die Eschatologie nicht nur eine „durchlaufende Perspektive" der neutestamentlichen Verkündigung darstellt, sondern daß sie als solche auch die Liturgie prägt, die in ihren Ausdrucksformen vom Geist der Heiligen Schrift ganz durchtränkt ist [12]. Ihre Aussagen über den Tod sind im tiefsten Aussagen über das Leben. Darüber hinaus bleibt zu beachten, daß die Liturgie der Kirche in ihren zentralen Vollzügen undenkbar und unmöglich wäre ohne den österlichen Sieg Christi über den Tod, der zu lebendiger Hoffnung befreit.

Der Mitvollzug der Sterbe- und Begräbnisliturgie liefert deshalb, zumal in seiner vollen Gestalt, wenngleich eher funktional als intentional, eine Fülle von Motiven für eine Einübung in die „Ars moriendi". Diese liturgischen Feiern widerstreben – von ihrem Wesen her – einer den Menschen zerstörenden Tabuisierung des Todes; sie sind keineswegs von Angst, Resignation, Verzweiflung oder Sinnlosigkeit geprägt; sie feiern im konkreten Todesfall das Leben, das jenseits der Zäsur des Todes weitergeht. Weil alle Riten der Sterbe- wie der Begräbnisliturgie sich in Wort und Zeichen von dieser Grundgegebenheit her verstehen, kann das Gesagte an einigen Schwerpunkten exemplarisch aufgezeigt werden.

---

12 Vgl. *Th. Maas-Ewerd,* Die Bibel in der Liturgie. Kleine Notizen zu einem großen Thema, in: Lebendige Seelsorge 36 (1985) 111–117.

Es besteht ganz eindeutig eine Verbindung oder Beziehung zwischen der *Komplet* am Ende des Tages und den „Sterbegebeten" am Ende des Lebens[13]. Sie kommt in prägnanter Form darin zum Ausdruck, daß in der Komplet der sie abschließenden und zusammenfassenden Oration regelmäßig die benedictio folgt: „Eine ruhige Nacht und ein gutes Ende gewähre uns der allmächtige Herr. Amen." Sowohl in den Sterbegebeten als auch in der Komplet begegnen wir darüber hinaus dem Motiv der *commendatio*[14]. In der Komplet kommt sie im Responsorium nach der Kurzlesung in dieser Form zum Ausdruck:

„Herr, auf dich vertraue ich, in deine Hände lege ich mein Leben. Laß leuchten über deinem Knecht dein Antlitz, hilf mir in deiner Güte. In deine Hände lege ich mein Leben. Ehre sei dem Vater ... Herr, auf dich vertraue ich, in deine Hände lege ich mein Leben." [15]

Commendatio kommt von *commendare,* zusammengesetzt aus con und mandare. Dabei verstärkt das *con* das *mandare,* das aus *manus* und *dare* gebildet ist. Commendare bedeutet soviel wie: in die Hand geben, zu treuen Händen übergeben, in die Hände legen. Im Deutschen hat man lange Zeit folgende Übersetzung gekannt: „In deine Hände befehle ich meinen Geist." Dieses „befehlen" bedeutet ursprünglich: bergen, anvertrauen, übergeben; es ist noch geläufig in der Form von „empfehlen, anempfehlen". Wenn der Israelit schlafen geht, befiehlt er seinen Geist, d. h. sich selbst und sein Leben, in Gottes Hand. Im Sterben am Kreuz übergibt Jesus sich dem Vater. Lukas ergänzt in seinem Passionsbericht die knappen Hinweise bei Markus (15,37) und Matthäus (27,46) so: „Jesus rief laut: Vater, in deine Hände lege ich meinen Geist" (Lk 23,46). Indem er das – Psalm 31 (30),6 aufgreifend – sagt, haucht er aus, stirbt er. So geht Jesus in die Nacht des Todes hinein: Mit dem Wort des Psalms, das jene, die ihn anklagen und verfolgen, allabendlich sprechen, bevor sie sich zum Schlafen niederlegen[16].

---

[13] *B. Einig,* „Somnus est imago mortis". Die Komplet als allabendliches „Memento mori", in: *H. Becker / B. Einig / P.-O. Ullrich,* (s. Anm. 1), Bd. 2, 1299–1320.

[14] *A. Schoenen OSB,* „In deine Hände befehle ich meinen Geist". Erwägungen zur Commendatio animae, in: *Th. Bogler OSB* (Hrsg.), Tod und Leben. Von den letzten Dingen (Liturgie und Mönchtum 25), Maria Laach 1959, 39–53; *B. Löwenberg,* Commendatio animae, in: LThK 3 (²1959) 19.

[15] Zit. nach dem Stundenbuch für die katholischen Bistümer des deutschen Sprachgebietes, Einsiedeln – Köln u. a. 1978.

[16] Vgl. *A. Schoenen OSB* (s. Anm. 14) 40–42.

Einschlafen: Bild des „Entschlafens“

Die Betrachtungsweise, nach der das Einschlafen am Abend zum Bild des letzten „Entschlafens“ wird und bei der folglich das Ende des Tages auf das Ende des Lebens verweist [17], ist seit dem beginnenden Mittelalter in der Tradition der Komplet nachweisbar. Sie tritt besonders bei *Amalar von Metz* (775–850) hervor, der diese Hore geradezu als abendliches „Memento mori“ wertet: „Aptatur quodammodo hoc officium commendationi, qua se commendat homo Deo, quando transit de saeculo.“ [18] Für *Amalar* konzentriert sich die Psalmodie der Komplet auf die commendatio, in der sich der Beter Gott und seinem Schutz anheimgibt. Genau das wird noch immer in der Verwendung von Ps 31 (30), 6 deutlich: „In manus tuas ...“ Daß hier das Motiv der Nacht mit dem des Todes verbunden wird und daß nicht nur die Ruhe im Schlaf gemeint ist, zeigt die Weiterführung des Gedankens im Canticum des Simeon: „Nun läßt du, Herr, deinen Knecht, wie du gesagt hast, in Frieden scheiden ...“ Wie die Liturgie diesen Gesang in diesem Kontext verstanden wissen möchte, zeigt sie mit der Antiphon: „Sei unser Heil, o Herr, wenn wir wachen, und unser Schutz, wenn wir schlafen; damit wir wachen mit Christus und ruhen in seinem Frieden.“ Da wir schlafen müßten, hat der mittelalterliche Liturgiker *Wilhelm Durandus* († 1296) erklärt, seien wir „quasi morituri“, die sich mit dem „Nunc dimittis“ dem Herrn empfehlen; denn der Schlaf sei ein Abbild des Todes [19].

Hymnen der Komplet: Im Ende die Vollendung

In den Hymnen der Komplet, die das Stundenbuch [20] als Alternativen zu dem Hymnus „Bevor des Tages Licht vergeht“ vorsieht, tritt im Bild des Schlafes das Motiv des Todes und somit das „Memento mori“ besonders deutlich hervor: „Der Schlaf, des Todes sanftes Bild“, heißt es in der ersten Strophe des Hymnus für die Komplet

---

[17] Sie ist auch greifbar in einem Abendgebet: „Bleibe bei uns am Abend des Tages, am Abend des Lebens, am Abend der Welt“, in: „Gotteslob“ 18, 7.

[18] *Amalar von Metz,* Liber de ordine antiphonarii 7, 1–2 (StT 140, 35/ed. Hanssens). Das Zitat wird ebd. von *Amalar* so begründet: „Somnus est imago mortis. Sicut enim alienatur mens mortui hominis ab istis mortalibus, et miserae huius saeculi oblivioni traduntur, ita quodammodo animus dormientis alienatur a cogitationibus consuetis, et omni officio temporali.“

[19] *Guillelmus Durandus,* Rationale divinorum officiorum 5, 10, 7 (ed. Neapel 1859, 379).

[20] Bezüglich der Zitation vgl. unseren Hinweis in Anm. 15.

am Mittwoch, „führt uns dem Grab des Schlummers zu.“ Die Wendung „Christus, dir neigt sich mein Geist“ im Hymnus am Samstagabend spielt offenbar auf das Responsorium der Komplet an; es gründet in der Aussage: „Christus, du bist meine Hoffnung, mein Friede, mein Glück, all mein Leben.“ Daß dieses Leben auch in der Nacht des Todes trägt, drückt der Hymnus am Montag aus: „Umfängt uns einst des Todes Nacht, führ uns ins Licht der Herrlichkeit.“

„Tod und Vergehen waltet in allem“, steht über den Menschen und der ganzen Schöpfung, sagt der für die Komplet am Dienstag vorgesehene Hymnus. Der die Schöpfung ins Leben gerufen hat, wird sie auch heimholen. An ihn ergeht die Bitte, die der zeitgenössische Text so formuliert: „Schenke im Ende auch die Vollendung. Nicht in die Leere falle die Vielfalt irdischen Seins.“ Wie sehr das „Memento mori“ diese Hymnen prägt, wird noch deutlicher, wenn am Mittwoch das „Media vita in morte sumus“ [21] als Hymnus dient. Dieser bedeutsame Gesang mit seiner verzweigten Wirkungsgeschichte, der nicht erst seit der jüngsten Brevierreform im Stundengebet auftaucht, zeigt ebenso wie der folgende Hymnus für die Komplet am Freitag, daß moderne Verdrängungsversuche die Erneuerung der liturgia horarum keineswegs beeinflußt haben:

„Du starker Gott, der diese Welt
im Innersten zusammenhält,
du Angelpunkt, der unbewegt
den Wandel aller Zeiten trägt.

Geht unser Erdentag zu End’,
schenk Leben, das kein Ende kennt:
führ uns, dank Jesu Todesleid,
ins Licht der ew’gen Herrlichkeit.

Vollenden wir den Lebenslauf,
nimm uns in deine Liebe auf,
daß unser Herz dich ewig preist,
Gott Vater, Sohn und Heil’ger Geist.“

Die in der Komplet in vielen Elementen greifbare Verbindung zwischen dem Abend des Tages und dem Abend des Lebens, der Nacht und dem Tod, dem Tag und dem Leben wird in der Oration der Komplet des Freitags vom Paschamysterium her so vertieft, daß darin der

---

[21] Vgl. „Gotteslob“ 654; *P. Wagner,* Das Media vita, in: Schweizerisches Jahrbuch für Musikwissenschaft 1 (1924) 18–40; *E. M. Rieland OP,* De Completorio Fratrum Praedicatorum, in: Ephemerides Liturgicae 59 (1945) 156–171.

österliche Sinn christlichen Todesverständnisses aufleuchtet: „Allmächtiger Gott, dein eingeborener Sohn ist hinabgestiegen in die Nacht des Todes und auferstanden.“ Aus dieser Prädikation kommt die Bitte, „daß wir alle Tage durch den Glauben ihm verbunden bleiben, damit wir einst mit ihm auferstehen zum neuen Leben.“

Commendatio als Leitmotiv der Sterbeliturgie

Wie für die Komplet, so ist auch für die Sterbeliturgie[22] die „commendatio“ ein wesentliches Leitmotiv. Zur Sterbeliturgie („Versehgang“) gehören die Spendung der Sakramente der Buße, der Krankensalbung und der „Wegzehrung“ sowie die „Commendatio morientis“, die sogenannten „Sterbegebete“. Auch die Sterbeliturgie will nach Möglichkeit – wie alle Liturgie – Feier in Gemeinschaft sein. Sie möchte so erfahrbar machen und bezeugen, daß der Christ in der Gemeinschaft der Kirche stirbt. Sie steht ihm bei in der Todesnot und stärkt seine Zuversicht. Die Sterbegebete[23] „zielen vor allem darauf ab, daß der Sterbende, solange er noch bei Bewußtsein ist, die dem Menschen von Natur eigene Angst vor dem Tod im Glauben bewältigt. Es soll ihm geholfen werden, diese Angst in der Nachfolge des leidenden und sterbenden Christus anzunehmen und in der Hoffnung auf das himmlische Leben und die Auferstehung in der Kraft dessen zu überwinden, der unseren Tod durch sein Sterben vernichtet hat“[24].

Im „Ordo unctionis infirmorum eorumque pastoralis curae“ vom 7. Dezember 1972[25] tragen die Sterbegebete die Überschrift „Ordo commendationis morientium“. Diese Überschrift versteht sich von den Gebeten her, die das Sterben eines Christen begleiten, und von dem Gebet her, das unmittelbar nach dem Verscheiden gesprochen wird[26]. Das Gebet „Proficiscere“ spricht von dem Weg, den der Sterbende geht, während das „Commendo te“, das auf *Petrus Damiani*

---

[22] *A. Adam / R. Berger,* Art. Sterbeliturgie, in: Pastoralliturgisches Handlexikon, Freiburg – Basel – Wien ^{4}1986, 489 f; *R. Kaczynski* (s. Anm. 1) 218 f. – Heutige Ordnung in: Die Feier der Krankensakramente. Die Krankensalbung und die Ordnung der Krankenpastoral in den katholischen Bistümern des deutschen Sprachgebietes. Herausgegeben im Auftrag der Bischofskonferenzen Deutschlands, Österreichs und der Schweiz ..., Einsiedeln – Köln u. a. 1975, 79–103. Abk.: *Krankensakramente.*

[23] Krankensakramente (s. Anm. 22) 95–103: Sterbegebete.

[24] Krankensakramente 97 (Nr. 139/Rubrik).

[25] Vatikanstadt 1972.

[26] Zu den im folgenden genannten Gebeten vgl. Krankensakramente (s. Anm. 22) 100–103.

zurückgeht, erkennen läßt, was mit der „Commendatio" gemeint ist: „Ich empfehle dich dem allmächtigen Gott. Ihm vertraue ich dich an..." Dieses Gebet führt zu der Bitte: „Deinen Erlöser sollst du sehen von Angesicht zu Angesicht, Gott schauen in alle Ewigkeit." Dem Titel „Ordo commendationis" wird auch das Gebet „Commendamus tibi" gerecht: „Wir empfehlen dir, Herr, deinen Diener (deine Dienerin) N. und bitten dich, Herr Jesus Christus, Heiland der Welt: Nimm unseren Bruder (unsere Schwester) gnädig in die Freude deines Reiches auf."

Die Meßliturgie sagt von den Brüdern und Schwestern, die Gott aus dieser Welt zu sich gerufen hat: Sie sind Christus „gleichgeworden im Tod"[27]. Das kommt in der „Commendatio morientium" deutlich zum Ausdruck. Sie weist das Sterben des Christen als Nachbild des Sterbens Christi aus. „Passio Christi nisi configuratos non salvat" (Thomas von Aquin). Den ihm im Tod Gleichgewordenen gilt nach der zitierten Interzession des Zweiten Hochgebetes die Bitte der Kirche: Laß sie „mit Christus zum Leben auferstehen".

„Subvenite" und „Salve, Regina"

Nach dem Verscheiden wird das „Subvenite"[28] angestimmt. Die „Heiligen Gottes" werden aufgerufen („Kommt herzu"), dem Verstorbenen entgegenzugehen und ihn vor das „Antlitz des Allerhöchsten" zu führen. „Christus nehme dich auf, der dich berufen hat, und in das Himmelreich sollen Engel dich geleiten." Dieser Bitte folgt ein erstes „Herr, gib ihm die ewige Ruhe". Die in den liturgischen Texten der Komplet wirksame Metapher „Schlaf" als „imago mortis", die oft nicht mehr verstanden und deshalb als problematisch empfunden wird, klingt auch hier an, indem von der „ewigen Ruhe"[29] die Rede ist. Ebenso verbindet das „Salve Regina", das sowohl am Ende der Komplet als auch in den Sterbegebeten vorgesehen ist, den Abend des Tages mit dem Ende des irdischen Daseins. Der Grund für seine Einfügung dürfte in der Bitte zu sehen sein: „Wohlan denn, unsere Fürsprecherin, wende deine barmherzigen Augen uns zu und zeige uns nach diesem Elende Jesus, die gebenedeite Frucht deines Leibes." Die Wiedergabe von „exsilium" durch

---

[27] Dt. Meßbuch: Zweites Hochgebet.
[28] Krankensakramente (s. Anm. 22) 103.
[29] Vgl. dazu: *K. Tilmann,* „Die ewige Ruhe"?, in: Liturgisches Jahrbuch 16 (1966) 117–118; *F. Reckinger,* Problematische ‚ewige Ruhe', in: Gottesdienst 5 (1971) 143.

„Elend“ in diesem Gebet setzt voraus, daß man um die mittelhochdeutsche Herkunft dieses Wortes weiß, das in der Bedeutung von „Fremde“ im Grunde die Situation genau trifft. Aus der Fremde gelangen wir ins Vaterhaus, aus der Vorläufigkeit und Vergänglichkeit zum wahren Leben.

Im Rahmen der „Sterbegebete“ gewinnt diese Bitte ihre eigentliche Aktualität. Die Oration, mit der die „Sterbegebete“ abgeschlossen werden[30], greift noch einmal das „wir empfehlen dir“ auf und knüpft an die Feststellung „in den Augen der Welt ist er (sie) tot“ die Bitte: „Laß ihn (sie) leben bei dir.“

„Sterbesakrament“

Im Zentrum der „Sterbeliturgie“ steht das Viatikum, die „Wegzehrung“. Nicht die Krankensalbung, früher „Letzte Ölung“ genannt und nicht selten als Sakrament der Todesweihe[31] mißverstanden, sondern die „Wegzehrung“ hat nach den erneuerten liturgischen Büchern[32] den Rang des „Sterbesakramentes“[33]. Mit ihr ist das „Bekenntnis des Taufglaubens“ verbunden; denn was in der Taufe begonnen hat, soll in einem Sterben aus dem Glauben zur Vollendung kommen[34]. Die im Glauben an den gekreuzigten und auferstandenen Herrn empfangene letzte heilige Kommunion ist wirksame Hilfe dazu. Was der Priester sagt, nachdem er dem Sterbenden die heilige Eucharistie gereicht hat, prägt von diesem ihrem Höhepunkt her die ganze Sterbeliturgie: „Christus bewahre dich und führe dich zum ewigen Leben.“[35]

---

[30] Krankensakramente (s. Anm. 22) 103.

[31] *E. J. Lengeling,* Todesweihe oder Krankensalbung?, in: Liturgisches Jahrbuch 21 (1971) 193–213; *A. Knauber,* Sakrament der Kranken. Terminologische Beobachtungen zum *Ordo unctionis infirmorum:* ebd. 23 (1973) 217–237.

[32] Vgl. *J. Stefanski,* Aus der Werkstatt der Liturgiereform. Zur Genese der Sterbeliturgie im Rituale Romanum P. Pauls VI., in: *H. Becker / B. Einig / P.-O. Ullrich,* (s. Anm. 1), Bd. 2, 1199–1216.

[33] *P. Browe,* Die Sterbekommunion im Altertum und Mittelalter, in: ZKTh 60 (1936) 1–54, 211–240; *R. Kaczynski* (s. Anm. 1) 220f: Wegzehrung; *E. Ullrich,* Volk Gottes unterwegs – ohne Wegzehrung?, in: *H. Becker / B. Einig / P.-O. Ullrich* (s. Anm. 1), Bd. 2, 889–901.

[34] Krankensakramente (s. Anm. 22) 72f; s. dazu: *J. Stefanski* (s. Anm. 32) 1201, 1203, 1207; *B. Fischer,* Ars moriendi. Der Anselm von Canterbury zugeschriebene Dialog mit einem Sterbenden. Ein untergegangenes Element der Sterbeliturgie und der Sterbebücher des Mittelalters, in: *H. Becker / B. Einig / P.-O. Ullrich* (s. Anm. 1), Bd. 2, 1363–1370.

[35] Krankensakramente (s. Anm. 22) 76, 88.

Obwohl das „Gotteslob“, das Gebet- und Gesangbuch für das deutsche Sprachgebiet, sich der Sterbeliturgie angenommen hat[36], ist sie, wenn überhaupt, in ihrer vollen Gestalt viel zuwenig bekannt. Das dürfte – neben den konkreten Umständen eines Sterbens – mit ein Grund dafür sein, daß sie häufig ausfällt. Was wir hier sagen, trifft zumal für den „Ordo commendationis morientium“ zu. Dabei wäre das Sich-Vertrautmachen mit dieser Ordnung ohne Zweifel in vielerlei Hinsicht hilfreich. Gewiß macht die Anwesenheit des Priesters oder des Diakons am Sterbebett deutlicher, daß der Christ in der Gemeinschaft der Kirche stirbt; weil sie aber nicht in allen Fällen möglich sein wird, hat man bei der postkonziliaren Reform der „Commendatio“ berücksichtigt, daß auch Laien die Sterbegebete sprechen können[37]. Die Gläubigen müßten also wissen, wie man einem Sterbenden in seiner Todesstunde beisteht.

Aspekte aus der Begräbnisliturgie als Feier des Transitus

Unter dem Titel „Ist der Tod peinlich?“ hat *Klemens Richter*, Liturgiker in Münster, vor einigen Jahren „Gedanken über das Sterben und unsere Begräbnissitten“ vorgelegt[38]. Mit dem Hinweis darauf, daß der Verstorbene heute umgehend vom Beerdigungsinstitut abgeholt werde, sobald der Tod eingetreten sei, verbindet *Richter* die Frage: „Was sollten wir auch mit dem Toten anfangen? Wir wissen ja nicht mehr darum, wie einem Toten die Augen zugedrückt werden, ihm der Kiefer hochgebunden wird, wie er gewaschen und wie er angekleidet wird. Und wir wissen auch nicht mehr, was uns damit entgeht, daß wir diese letzte Möglichkeit der Zuwendung an bezahlte Bestatter abgeben. Das alles wäre uns möglich, ja sogar notwendig, wenn wir mit dem Tod wieder umgehen lernen wollten.“[39] Versteht man unter dem „Wir“ in diesem Zitat sowohl die Familie

---

[36] „Gotteslob“ 77: Vom Sterben des Christen; vgl. ebd. 78 und 79 (Wegzehrung/Sterbegebete).

[37] *J. Stefanski* (s. Anm. 32) 1210f, 1213; Krankensakramente (s. Anm. 22) 97f (Nr. 142/Rubrik).

[38] Bilder der Gegenwart 37 (1984) Nov. 1984, 2–7.

[39] Ebd. 4f. Vgl. *J. Maß*, Sterben und Tod aus der Sicht eines katholischen Pfarrers, in: *S. Metken* (s. Anm. 2) 11–17; zum reichen früheren Brauchtum: *P. Berger*, Religiöses Brauchtum im Umkreis der Sterbeliturgie in Deutschland (Forschungen zur Volkskunde 41), Münster 1966; *J. Baumgartner*, Christliches Brauchtum im Umkreis von Sterben und Tod, in: *H. Becker / B. Einig / P.-O. Ullrich* (s. Anm. 1), Bd. 1, 91–133.

des Verstorbenen als auch seine Freunde, seine Nachbarn und die Gemeinde, dann erkennt man, wie bedeutsam es ist, daß die Begräbnisliturgie der entmenschlichenden Tendenz wehrt, Tod und Trauer zu verstecken. Sie sagt klar und verständlich, was die „letzte Reise" eines Christen bedeutet, und sie setzt als selbstverständlich voraus, daß wir uns der Wirklichkeit des Todes nicht verschließen.

Wie die Sterbeliturgie davon ausgeht, daß der Sterbende einen der wichtigsten Akte seiner menschlichen Existenz vollzieht, daß er seinen Tod erlebt und erleidet, so versteht sich die Begräbnisliturgie als Feier des „Transitus", des Hinübergangs aus der Zeit in die Ewigkeit[40]. Sie dokumentiert bei aller Trauer und allem Trennungsschmerz, daß der Tod nicht in jeder Hinsicht tötet und trennt. „Aus der Fremde ziehen wir in die Heimat, aus dem Zelt in das Vaterhaus, aus der irdischen Stadt in das himmlische Jerusalem", schrieb Kardinal *Joseph Höffner* (1906–1987) in seinem Abschiedswort, das er bereits am 20. Februar 1980 verfaßt hatte.

Vergegenwärtigung des Pascha-Mysteriums

Mit Recht hat *Philippe Rouillard OSB* festgestellt: „Den Sakramenten der christlichen Initiation entsprechen die Sakramente oder Riten der letzten Salbung, des Viatikum und des Begräbnisses."[41] Der Tod ist „letzte Etappe einer Einführung"[42]. „Im Sterben vollendet sich, was im Leben sakramental grundgelegt wurde", heißt es in der „Pastoralen Einführung" zur „Begräbnisfeier"[43]. Diese drückt den „österlichen Sinn des christlichen Todes" (SC 81) vor allem dadurch aus, daß ihr Höhepunkt in der Eucharistiefeier als Vergegenwärtigung des Pascha-Mysteriums Christi gegeben ist. In der Taufe und durch sein Sterben ist der Heimgegangene Christus „gleich geworden im Tod"; er wird „Anteil an der Auferstehung" erlangen, „wenn Christus die Toten auferweckt und unseren irdischen Leib seinem verklärten Leib ähnlich macht"[44]. Da die Begräbnisfeier eine Einheit darstellt und sich von ihrem Zentrum, der Meßfeier, her alle anderen Riten erhellen, sei es die „Verabschie-

---

[40] Vgl. *Ph. Rouillard,* Die Liturgie des Todes als Übergangsritus, in: Conc(D) 14 (1978) 111–116.
[41] Ebd. 16.
[42] Ebd.
[43] Begräbnisfeier (s. Anm. 9) 11 (Nr. 3).
[44] Dt. Meßbuch: Drittes Hochgebet.

dung“ als „Ultima commendatio et valedictio“, die Besprengung des Sarges mit Weihwasser, seine Inzensierung oder die Aufrichtung des Kreuzes über dem Grab, ist das Bemühen um eine möglichst enge Verbindung zwischen Totenmesse und Beisetzung mehr als begründet. Die Gemeinde begleitet ihre Toten, so weit sie kann. Sie ist und bleibt ihnen in Christus verbunden.

Die liturgischen Texte der Meßfeier für Verstorbene dokumentieren diese Verbundenheit der Lebenden mit den Verstorbenen, die in Christus sind, und sie zeigen, daß und wie sehr der Tod nicht weniger zum Leben gehört als die Geburt.

Das „Uns“ der Präfationen

Die Antithesen in der erst 1919 ins Missale Romanum aufgenommenen „Präfation von den Verstorbenen“ (I)[45] vermitteln einen Eindruck von der als selbstverständlich vorausgesetzten Einübung in das eigene künftige Sterben: „Bedrückt uns auch das Los des sicheren Todes, so tröstet uns doch die Verheißung der künftigen Unsterblichkeit. Denn deinen Gläubigen, o Herr, wird das Leben gewandelt, nicht genommen. Und wenn die Herberge der irdischen Pilgerschaft zerfällt, ist uns im Himmel eine ewige Wohnung bereitet.“

Zwischen den Gestorbenen und den Noch-Lebenden macht diese Präfation im Grunde genommen überhaupt keinen Unterschied. Da ist die Rede von „deinen Gläubigen“ und von „uns“, ganz im Sinne von Röm 14,7. Die Aussagen der Präfation I für Totenmessen werden im heutigen Meßbuch durch die der Präfation vom 1. November ergänzt und präzisiert. Sie gehört zum Proprium des Hochfestes „Allerheiligen“ und spricht vom „himmlischen Jerusalem“ als „unserer Heimat“: „Dort loben dich auf ewig die verherrlichten Glieder der Kirche, unsere Brüder und Schwestern, die schon zur Vollendung gelangt sind. Dorthin pilgern auch wir im Glauben ... und gehen freudig dem Ziel der Verheißung entgegen.“

Von diesem Ziel sprechen auch die 1970/75 neu ins Meßbuch aufgenommenen Präfationen für Totenmessen[46]: Jesus Christus „ist der Eine, der den Tod auf sich nahm für uns alle, damit wir im Tode

---

[45] *J. Brinktrine,* Die neue Präfation in den Totenmessen, in: Theologie und Glaube 11 (1919) 242–245.

[46] Vgl. *K. Küppers,* Wie neu sind die „neuen“ Präfationen im Missale Romanum 1970 und im Deutschen Meßbuch 1974?, in: Liturgisches Jahrbuch 36 (1986) 75–91, bes. 86.

nicht untergehen. Er ist der Eine, der für uns alle gestorben ist, damit wir bei dir in Ewigkeit leben" (Präfation II). Durch seinen Tod hat Christus, wie die Osterpräfation I formuliert, „unseren Tod vernichtet und durch seine Auferstehung das Leben neu geschaffen". Darum bekennen wir mit der Präfation III in Meßfeiern für Verstorbene: Christus ist „das Heil der Welt, das Leben der Menschen, die Auferstehung der Toten". Unser Leben „ruht" in Gottes Händen. Zwar „kehren" wir „zurück zur Erde, von der wir genommen sind", doch Gott hat uns durch das Kreuz seines Sohnes erlöst. Darum „erweckt uns einst" sein „Befehl zur Herrlichkeit der Auferstehung mit Christus" (Präfation IV). „Durch die Sünde kam der Tod in die Welt, und niemand kann ihm entrinnen." Gottes Liebe jedoch „hat die Macht des Todes gebrochen und uns gerettet durch den Sieg unseres Herrn Jesus Christus, der uns aus der Vergänglichkeit hinüberführt in das ewige Leben" (Präfation V). Keine dieser fünf Präfationen in Meßfeiern für Verstorbene spricht nur von den Toten, immer begegnen wir dem „Uns", das für Lebende und Verstorbene steht.

Das Zeugnis der Interzessionen

Mit der Präfation beginnt das Eucharistische Hochgebet, in welchem die *Interzessionen* die Gemeinschaft mit der ganzen Kirche, der himmlischen wie der irdischen, ausdrücken. Denn die heilige Eucharistie wird für die ganze Kirche und all ihre Glieder, die Lebenden und Verstorbenen, dargebracht. Alle sind ja „zur Teilnahme an dem durch Christi Leib und Blut erlangten Heil der Erlösten berufen" (Allgemeine Einführung ins Meßbuch 55 g). Die Nennung der Verstorbenen im Rahmen der Interzessionen geschieht in den vier gesamtkirchlichen Hochgebeten zum Teil in einer Weise, die uns vor Augen stellt, daß wir über kurz oder lang sein werden, was sie sind. Das ist besonders deutlich im Hochgebet I der Fall: „Gedenke deiner Diener und Dienerinnen, die uns vorangegangen sind, bezeichnet mit dem Siegel des Glaubens, und die nun ruhen in Frieden".

Die Wendung „wenn Christus die Toten auferweckt und unseren irdischen Leib seinem verklärten Leib ähnlich macht" im Hochgebet III bestätigt das Gesagte um so mehr, als der Text so fortgesetzt wird: „Dann wirst du alle Tränen trocknen. Wir werden dich, unseren Gott, schauen, wie du bist ..." Man kann in diesem Zusammenhang auch auf die Bitte verweisen: „Mit ihnen laß auch uns, wie du verheißen hast, zu Tische sitzen in deinem Reich." Sie schließt sich im Wortlaut des Hochgebets III an die Bitte für die Verstorbenen an: „Nimm sie auf in deine Herrlichkeit."

Eine Ausrichtung auf die Vollendung der Erlösung ist bei den Interzessionen im Hochgebet immer in der Strophe gegeben, in der die Heiligen genannt werden; ihre Verehrung wie ihre Feste „künden die Wunder Christi in seinen Knechten und bieten den Gläubigen zur Nachahmung willkommene Beispiele" (SC 111). In den Heiligen, Vorbildern gelebten Glaubens, leuchtet das Pascha-Mysterium auf; denn sie haben mit Christus gelitten und sind mit ihm verherrlicht (vgl. SC 104).

Prädikation und Bitte in den Orationen

Im Gegensatz zu den Aussagen der Präfationen beziehen sich die *Orationen* der Messen für Verstorbene, die kurzen, zusammenfassenden Gebetsreden, die der Priester, in der Person Christi an der Spitze der versammelten Gemeinde stehend, an Gott richtet und die jeweils am Ende einer liturgischen Einheit stehen, in der Regel auf einen oder bestimmte Verstorbene, für die das eucharistische Opfer dargebracht wird. Trotzdem können diese Gebetstexte, die den Glauben der Kirche zum Ausdruck bringen, für den einzelnen, der die heilige Messe bewußt mitfeiert und sich dem Geschehen öffnet, ein persönlicher Anstoß sein, oft gerade deshalb, weil dieser Impuls sehr verhalten und eher indirekt erfolgt.

Demgegenüber ist es nahezu als Ausnahme zu bezeichnen, wenn im Tagesgebet des dritten Meßformulars am Begräbnistag (Dt. Meßbuch [DMB] 1126) folgende Bitte anzutreffen ist: „Stärke in uns die Hoffnung, daß wir mit unserem Bruder (unserer Schwester) N. zum ewigen Leben auferstehen werden." Dem entspricht dann auch das Gabengebet desselben Formulars: „Nimm deinen Diener (deine Dienerin) N. auf in die Herrlichkeit deines Sohnes, mit dem auch wir durch das große Sakrament der Liebe verbunden sind."

Ausdrücklich bezieht sich das Schlußgebet des letzten Meßformulars im Abschnitt „Verschiedene Meßfeiern" (DMB 1142) auf die versammelten Gläubigen und auf die „Verstorbenen, die uns vorausgegangen sind", während ein anderes Schlußgebet (DMB 1159) bittet: „Dieses Opfer ... erlöse die Lebenden und die Verstorbenen von ihren Sünden und sei allen ein Unterpfand der künftigen Herrlichkeit."

Als höchst menschlich erweisen sich die Orationen, die das Meßbuch für den Fall bereithält, daß der Priester die heilige Messe für seine eigenen Eltern oder für die Eltern der Mitfeiernden zelebriert (DMB 1161 f). Dasselbe gilt für die Formulare, die am Begräbnistag eines Kindes gewählt werden können (DMB 1164–1166). In diesen Fällen ist die Bitte sowohl auf die Verstorbenen als auch auf die Zukunft der Lebenden ausgerichtet, z. B. auf das Wiedersehen in der „ewigen Heimat".

Solche Bitten gehen in der Struktur der römischen Oration aus einer Prädikation hervor: Gott ist „das Licht der Glaubenden und das Leben der Heiligen" (DMB 1129). Er schenkt uns „durch die Feier der heiligen Geheimnisse Verzeihung und neues Leben" (DMB 1130). „Das Geheimnis des Kreuzes ist unsere Kraft, die Auferstehung" Christi „unsere Zuversicht" (DMB 1135). Gott ist „das Leben der Sterblichen" und die „Seligkeit" seiner „Heiligen" (DMB 1139), der „Herr über Lebende und Tote" (DMB 1140). Diese und vergleichbare Aussagen werden in den Meßformularen für Totenmessen gestützt und vertieft durch die meist biblisch geprägten Texte, die als Eröffnungs- oder als Kommunionvers dienen.

Meßfeier vor der Grablegung

Die „Begräbnisfeier" kennt zwar verschiedene Formen mit drei oder zwei Stationen oder mit nur einer Station, in die sich die lokalen Gewohnheiten gut einordnen lassen, aber es bedarf keiner Frage, daß die Messe am Begräbnistag eigentlich immer *vor* dem Begräbnis gefeiert werden müßte. Dafür sprechen nicht nur handfeste praktische Gründe, und diese Regelung ist nicht nur „psychologisch günstiger", wie *Hans Hollerweger,* Liturgiker in Linz/Donau, meint[47]. Vielmehr lassen sich aus Entwicklung, Struktur und Gehalt der Begräbnisliturgie selbst Gründe für diese Reihenfolge ausmachen[48].

Wir haben bereits darauf hingewiesen, daß die Grablegung und die Riten, die sie begleiten und prägen, in enger Verbindung mit der „Begräbnismesse" stehen und daß sie im Grunde nur von ihr her

[47] Die erneuerte Begräbnisfeier (s. Anm. 9) 27.
[48] Vgl. *Th. Maerten / L. Henschen* (s. Anm. 1) 113 f, 121 f.

ihre volle Aussagekraft gewinnen. Wo man auf die Meßfeier am Begräbnistag keinen Wert legt, weil man ihre Bedeutung nicht erkennt, wird die kirchliche Beisetzung überhaupt problematisch. Sie gerät zur Formalität oder bestenfalls zu einem Tun, das den Nachteil hat, nicht sonderlich wahrhaftig zu sein und ins Theatralische hinein zu entarten, weil der Begräbnisritus – trotz aller Variations- oder Anpassungsmöglichkeiten – immer voraussetzt, daß der Verstorbene als Glied der Kirche gelebt und geglaubt hat und daß er in der Hoffnung auf Christus zur „wahren Heimat" aufgebrochen ist[49].

Mancherorts kann man den Eindruck gewinnen, die Kirche vollziehe ihren Dienst am Toten, freilich zum Trost der Lebenden, als eine Art Subunternehmerin der effizient arbeitenden Dienstleistungsbetriebe, die unter „Bestattungen" firmieren und alle „Formalitäten" erledigen, damit die betroffenen Menschen ungestört im gesellschaftlichen Gefüge weiterarbeiten können.

Daß die Liturgie der Grablegung wie die ganze Begräbnisliturgie das Glied-der-Kirche-Sein und den sakramentalen Vollzug des Christseins im gelebten Glauben voraussetzt, versteht sich eigentlich von selbst; daß in ihr das christliche Verständnis des Todes wirksam ist und daß sie den Tod eines Christen weder als Kunstfehler oder medizinischen Unglücksfall ansieht noch ihn als Ende oder Grenze des Lebens wertet, sondern – mors porta vitae – ihn als dessen „Aufgipfelung" feiert, ergibt sich aus den genannten Voraussetzungen.

Die Eigenart dieses liturgischen Geschehens müßte – *vorbereitend* – viel bewußter und deutlicher erschlossen werden, wofür der Ritus selbst die besten Ansatzpunkte liefert. Dabei würden bisher an den Rand gedrängte Motive für die Einübung der „Ars moriendi" ganz von selbst hervortreten. Dasselbe gilt auch vom würdigen *Vollzug* der Begräbnisliturgie. Was könnte ein eindringlicherer Anruf sein als der konkrete Todesfall?

„Memento mori": Mit dem Sterben leben

In seinem Beitrag „Gottes Macht – unsere Hoffnung" hat *Joseph* Kardinal *Ratzinger* von einem Freund berichtet, „der jahrelang auf

[49] Vgl. unter diesem Aspekt *Th. Maas-Ewerd,* „Stiefkollegen im schwarzen Anzug"? Zur Rolle der Bestattungsredner bei Trauerfeiern, in: Klerusblatt 67 (1987) Nr. 10, 277–280.

die Nierendialyse angewiesen war und erfahren mußte, wie ihm Schritt für Schritt sein Leben aus der Hand genommen wurde". Dieser habe „einmal erzählt, daß er als Kind den Kreuzweg besonders liebte und ihn auch später gern betete. Als er dann die schreckliche Diagnose erfuhr, war er zuerst wie betäubt, aber plötzlich fiel ihm ein: Nun wird das ja ernst, was du immer gebetet hast, nun darfst du wirklich mitgehen und bist von ihm in den Kreuzweg hineingenommen. So fand er seine Heiterkeit wieder, die bis zuletzt von ihm ausging und das Leuchten des Glaubens sichtbar werden ließ" [50].

Ratzinger erklärt in diesem Zusammenhang: Glaube sei Kreuzesgemeinschaft, und am Kreuz erst werde er ganz. Der „Ort der letzten Unerlöstheit" sei „der eigentliche Aufgang der Erlösung". Und er fügt hinzu: „Mir scheint, wir müssen diese Kreuzesfrömmigkeit wieder ganz neu erlernen ... Wenn wir das Kreuz nicht üben, wie sollen wir es bestehen im Augenblick, da es uns verhängt wird?" [51]

Noch immer ein Defizit

Die Überwindung der vielbeklagten Ratlosigkeit angesichts des Todes kann ohne eine ständige Vergegenwärtigung des Sterbens nicht gelingen [52]. Nur da, wo das „Memento mori" zum Leben gehört, werden dem Todkranken die Hilfe bei der Auseinandersetzung mit dem nahen Ende und die Sterbeliturgie mit ihrer vertrauensvollen *commendatio* nicht vorenthalten; nur wo eine positive Einstellung zum Tod als Erreichen des Zieles und Eintreten in die Vollendung gegeben ist, kann die Begräbnisliturgie als Feier des Todes im Lichte des Ostergeschehens voll erfaßt und bewußt mitvollzogen werden.

Philipp Harnoncourt, Liturgiewissenschaftler an der Universität Graz, spricht mit Recht von einem Defizit, das heute darin besteht, daß zwar dem Sterben *anderer* wieder mehr Aufmerksamkeit geschenkt werde, daß aber „die Einstellung zur eigenen Sterblich-

---

50 *J. Kard. Ratzinger,* Gottes Macht – unsere Hoffnung, in: Klerusblatt 67 (1987) Nr. 12, 343–347, Zit. 346.

51 Ebd. 346.

52 Vgl. *W. Pesch,* Leben mit dem Sterben, Mainz 1987; *R. Schlund,* Der manipulierte Tod und das menschliche Sterben. Ethische Orientierungen, Freiburg – Basel – Wien 1987, 73–89: Antwort des gelebten Glaubens; *A. Keller,* Zeit – Tod – Ewigkeit, Innsbruck – Wien 1986, 53–97: Dem Tod entgegen; *W. Beinert* (Hrsg.), Einübung ins Leben – der Tod. Der Tod als Thema der Pastoral, Regensburg 1986.

keit" immer „noch unverändert die eines Blinden" geblieben sei[53]. Wörtlich erklärt er: „Die Notwendigkeit, sich mit seinem je eigenen Sterben vertraut zu machen, und die bewußte Vorbereitung auf den eigenen Tod werden noch nicht erkannt und ernstgenommen. Hier dauert die Verdrängung noch in vollem Umfang an."[54]

Eine verlorene Dimension neu entdecken

Die von *Harnoncourt* getroffene Feststellung scheint sich darin zu bestätigen, daß das Meßformular „Um einen guten Tod" im heutigen Missale (DMB 1088f) kaum bekannt ist, daß sich im „Gotteslob" kein Gebet ausdrücklich unter diesem Titel finden läßt[55] und daß die eschatologischen Aussagen vieler Lieder und Gebete kaum das Bewußtsein berühren. Offenbar deshalb nicht, weil das „Sich-Vertrautmachen" mit diesen Aspekten des Lebens weithin ausbleibt. Es wird notwendig sein, eine aus den Augen verlorene Dimension christlicher Spiritualität neu zu entdecken, die im Verständnis der Eucharistie und ihrer Feier sowie im gesamten liturgischen Leben der Kirche deutlich gegeben ist, nicht nur in der Sterbe- und Begräbnisliturgie. Da aber eine wirkliche Mitfeier der Liturgie mit erheblichen Voraussetzungen und Konsequenzen verknüpft ist, wird diese immer dann im Sinne der „Ars moriendi" wirksam und fruchtbar werden können, wenn die subjektive geistliche Bemühung den Christen für das Gebet um das gnadenhafte Geschenk eines „guten Todes" öffnet.

Das benediktinische „Mortem cotidie ante oculos suspectam habere" (Reg. Ben. 4,47)[56] markiert den Weg, der dahin führt, daß Sterbende nicht allein gelassen werden und der Tod im Sinne der „Commendatio" der Sterbe- und Begräbnisliturgie angenommen werden kann. „Kein lebender Mensch kann ihm entrinnen", sagt

---

[53] *Ph. Harnoncourt,* Die Vorbereitung auf das eigene Sterben. Eine verlorene Dimension spiritueller Bildung, in: *H. Becker / B. Einig / P.-O. Ullrich* (s. Anm. 1), Bd. 2, 1371–1389, Zit. 1376.

[54] Ebd. 1376.

[55] Das bestätigt auch das Stichwortregister zum Stammteil des Einheitsgesangbuches „Gotteslob", hrsg. v. *P. Nordhues / A. Wagner / H. Steffens,* Paderborn ²1984. Vgl. jedoch „Gotteslob" 12, 1–3: Im Angesicht des Todes.

[56] *E. von Severus OSB,* „Mortem cotidie ante oculos habere" (Bened. Reg. 4, 47). Anmerkungen zu einer christlichen Grundregel in der Regel des heiligen Benedikt, in: *E. Dassmann / K. Thraede* (Hrsg.), Vivarium (FS Theodor Klauser), Münster 1984, 310–313.

Franz von Assisi in seinem „Sonnengesang“ vom „leiblichen Tod“. Franziskus nennt ihn „unseren Bruder“ und preist Gott für ihn: „Gelobt seist du, mein Herr, für unseren Bruder, den leiblichen Tod.“ [57] Das ist alles andere als ein Produkt aus Lebensmüdigkeit und Weltverachtung. Ein solches Leben mit dem Sterben, eine solche Lebensbejahung angesichts des Todes kommt aus dem Glauben, den die Liturgie feiert und der uns mit ihr Abend für Abend sprechen läßt: „Herr, auf dich vertraue ich, in deine Hände lege ich mein Leben.“

---

[57] „Gotteslob“ 285. Vgl. *L. Lehmann OFMCap,* Sonnengesang – Entstehung und Deutung, in: Sonnengesang des Franz von Assisi, Innsbruck – Wien 1984, 88–101, bes. 100f: Todesstrophe.

VII
„Ars moriendi“ und Religionspädagogik

Von Harald Wagner, Marburg

1. Voraussetzungen

Nach heutigem Verständnis von Erziehung will diese das Kind bzw. den Jugendlichen zu Selbständigkeit und höchstmöglicher personaler Reife freisetzen. Bestimmte Lebensvorstellungen sollen angeboten und vermittelt werden, damit der zu Erziehende zu einem eigenen, personal verantworteten Lebensprojekt befähigt wird. Daß der Mensch als solcher und die spezifischen Umstände seines Lebens in dieser Welt dabei im Mittelpunkt stehen müssen, versteht sich fast von selbst. Neuzeitliches Denken von Kierkegaard bis Heidegger und darüber hinaus hat neu ins Bewußtsein gerufen, daß der Tod unabweisbar und mit Sicherheit zur *Conditio humana* gehört. „Der Tod ist der kürzeste Inbegriff des Lebens; im Tode hast du kurz und knapp vor dir, zu was das Leben führt und wirkt. Wer in Wahrheit über das Menschenleben nachdenkt, kann daher nicht umhin, an der Hand dieses kurzen Inbegriffes immer wieder die Probe zu machen, was er vom Leben verstanden hat. Denn kein Denker bemeistert das Leben so wie der Tod“ (Kierkegaard)[1]. Der Mensch, der es nicht gelernt hat, den Tod als Faktum und Herausforderung des Lebens anzunehmen, ist in seinem Lebensvollzug gewissermaßen verkürzt. Da der Tod zu den anthropologischen Konstanten gehört, muß in das existentielle Verstehen des Todes eingeübt werden, kann der Mensch doch nach der bekannten Umschreibung von Martin Heidegger sogar als „Sein zum Tode“ verstanden werden. Somit bedarf es keiner differenzierteren Begründung, daß die Auseinandersetzung mit dem Tod prinzipiell in Erziehung hineingehört. Wie man den Menschen einerseits als Individuum, andererseits als soziales Wesen begreift, ist der Tod in der

[1] Hier nach *G. Hahn,* Vom Sinn des Todes. Texte aus drei Jahrtausenden, Zürich 1975, 5.

Erziehung sowohl als individuelles als auch als soziales Phänomen zu würdigen.

Zunächst geht es beim Tod um den je eigenen, individuellen Tod. Wie menschliches Leben einerseits durch seinen zeitlich und den äußeren Umständen nach einmaligen Beginn gekennzeichnet und geprägt ist, so andererseits durch die andere Seite der individuellen Lebensspanne, den Tod. Geburt und Tod machen die biographische Unverwechselbarkeit menschlichen Lebens aus. Das Durchschreiten dieser Spanne will individuell verstanden, eingeübt und gelernt sein. „Eine Sterbeerziehung könnte dem Individuum helfen, eine persönliche Lebensphilosophie zu entwickeln und durch das Bewußtsein eigener Todesängste und -vorstellungen mit der Hilf- und Sprachlosigkeit angesichts des Todes besser umzugehen.“[2] Zum anderen geht es um die soziale bzw. gesellschaftliche Seite von Sterben und Tod. Viele Gruppen und Institutionen der Gesellschaft sind heute mittelbar und unmittelbar mit dem Tod befaßt: Ärzte, Pflegepersonal, Polizisten; Kliniken, Altenheime, Pfarrämter. Selbst Menschen, die in ihrem eigentlichen Beruf damit nicht direkt zu tun haben, werden doch bei verschiedenen Gelegenheiten mit ihnen in Kontakt treten. Sie nehmen auch – angesichts der Beobachtungs- und Kontrollfunktion von Öffentlichkeit heute bzw. durch die Medien – mehr Einblick in die spezifischen Schwierigkeiten im Umgang mit Sterben und Tod. Auch unter diesem Aspekt der Sozialität des Todes, seiner Eingebundenheit in soziale Institutionalität, gehört er in die Erziehung hinein. Deren Aufgabe ist es zweifellos auch, in die Gesellschaft – ihre Zuständlichkeit, Bedürfnisse und Belange – einzuführen. Aber der Tod ist auch deshalb ein soziales Phänomen, weil unsere Zeit (wie übrigens auch jede andere zuvor) ihr besonderes, kollektives Verhältnis zu Sterben und Tod hat. Die allgemein registrierte Tabuisierung des Todes gilt als dahingehend zu überwinden, daß man sich wieder unbefangen mit dem Tod und der Situation des Sterbens (von Sterbenden) konfrontieren läßt, um auch die eigene Sterblichkeit bewältigen zu können.

Sterben und Tod dürfen somit in pädagogischen Bemühungen nicht fehlen. Die Auseinandersetzung damit muß dort ein strukturell durchlaufendes Bemühen sein. Für die religiöse Erziehung bzw. Religionspädagogik stellt sich diese Aufgabe noch dringlicher. Wenn es richtig ist, daß Religion jene Dimension meint, die „unbe-

---

[2] *K. Huck / H. Petzold,* 505.

dingt angeht" (Paul Tillich), dann hat Religionspädagogik hier ein ihr besonders genuines Feld. Dementsprechend nennt die Würzburger Synode „die Fragen nach dem Woher und Wohin, dem Wozu und Warum, nach dem Sinn und Wert oder der Sinnlosigkeit und Wertlosigkeit des Ganzen und des einzelnen in der Welt" die eigentlich religiösen Fragen und zählt darunter ausdrücklich die Situation des Todes auf[3]. Sterben und Tod gehören also in den Religionsunterricht; die existentielle Auseinandersetzung damit kann als zeitgemäße Einübung in „Sterbekunst" – „Ars moriendi" – verstanden werden.

2. *„Thanatagogik"*

Wir werden uns im folgenden besonders auf den Bereich des Religionsunterrichts konzentrieren, wohl wissend, daß Religionspädagogik darin nicht aufgeht: Religiöse Erziehung ist nicht einfach identisch mit Unterricht in bzw. von Religion; Erziehung und Unterricht decken sich höchstens partiell. Nicht nur Religionsunterricht also, sondern auch die Gemeindekatechese, die religiöse Unterweisung in der Familie sowie die Jugendarbeit sind u.a. religionspädagogische Praxisfelder. Begriff und Sache von „Death Education" und „Thanatagogik", die seit Beginn der sechziger Jahre in den USA auftauchen, waren daher von Anfang an nicht auf den schulischen Religionsunterricht beschränkt (der im übrigen in den USA ohnehin einen gesellschaftlichen Stellenwert hat, der sich von dem in Deutschland unterscheidet).[4] Die „Sterbeerziehung" in den USA war institutionell vorbereitet worden (verschiedene akademische Kurse sind seit 1963 an amerikanischen Universitäten; Gründung des „Center of death education and research" durch *R. Fulton* an der University of Minnesota im Jahr 1965; erste wissenschaftliche Konferenz zum Thema „Death Education" in der Hamline University in St. Paul, Minnesota; Anregungen durch die Hospizbewegung, die mit der Eröffnung des St. Christopher's Hospice in London im Jahr 1967 durch *C. Saunders* ihren Anfang nahm u.a.m.). Die „Sterbeerziehungs"-Programme und Kurse, die in den

---

[3] Beschluß: Religionsunterricht, 2.3.2.

[4] Dazu und zum folgenden: *K. Huck / H. Petzold,* 501 f. Dort findet sich auch der Hinweis, der Begriff „Thanatagogik" sei (wie auch „Geragogik") 1965 von Hilarion G. Petzold eingeführt worden.

folgenden Jahren entwickelt bzw. durchgeführt wurden, waren sowohl gedacht für Elementary und Secondary Schools sowie High Schools (überall dort natürlich nicht auf den Bereich der religiösen Unterweisung beschränkt) als auch für Ausbildungseinrichtungen von Medizinern und Pflegepersonal. In der Bundesrepublik Deutschland gibt es solches noch kaum[5]. Um so mehr gilt: „Das Erlöschen der religiösen und familiären Tradition der *ars moriendi* wird es aber notwendig machen, eine Thanatagogik zu entwickeln, die ... eine Lebenslaufperspektive umfaßt und Möglichkeiten zu einem ‚guten Sterben' vorbereiten hilft."[6] Diese Aussage von Huck/ Petzold muß allerdings nicht als abrückend von der *ars moriendi* verstanden werden, sondern kann gerade eine Fassung der *ars moriendi* für heute sein.

3. Ausgangspunkte für Sterbeerziehung im Religionsunterricht

In erster Linie ist zu klären, was Kinder bzw. Jugendliche, die mit Sterben und Tod konfrontiert werden, darüber bereits (kognitiv) wissen. Hier muß selbstverständlich nach Altersstufen differenziert werden. Anderswo Gesagtes soll hier nicht im Detail wiederholt werden[7]. Das Wissen um den Tod wächst beim Kind jedenfalls und wird immer differenzierter, bis in der Altersstufe der 11-bis 14jährigen Todesvorstellungen erreicht sind, die denen der Erwachsenen sehr nahe kommen. Der Tod wird als irreversible, endgültige Trennung erkannt, allerdings in der Regel in eine ferne Zukunft verlegt. Anders ist es diesbezüglich bei den Jugendlichen zwischen 14 und 17. *Tobias Brocher* hat eindrucksvoll dargelegt, daß diese Altersgruppe, die oft unter schmerzvollen Brüchen den Weg von der Kindheit zum Erwachsensein geht, sich die Sinnfrage sehr intensiv stellt und mit ihr die Todesfrage[8]. Hier zeigt sich auch, daß persönliche Erfahrungen das Todeswissen der Kinder nachhaltig prägen können und dieses nicht nur kognitiv, sondern auch affektiv strukturieren. Allerdings gilt: „Was das Kind vom Tode weiß, hängt allererst davon ab, was ihm darüber mitgeteilt wird."

---

[5] Ausnahme: *W. Koch / Chr. Schmeling,* Betreuung von Schwer- und Todkranken. Ausbildungskurs für Ärzte und Krankenpflegepersonal, München 1982. Weitere Angaben bei *K. Huck / H. Petzold.*
[6] *K. Huck / H. Petzold,* 504.
[7] Siehe etwa *H. Wagner,* 72ff u. passim.
[8] *T. Brocher,* 69ff.

Religionsunterricht ist Interaktion zwischen Lernenden und Lehrenden. Daher weitet sich das Problem einer Sterbeerziehung über den Schülerkreis aus auch auf den Kreis der Lehrer. Nur wer selbst eine Antwort auf das Rätsel des Todes gefunden hat, kann überzeugt davon reden. Die Sprachlosigkeit vieler Lehrer ist ein ernst zu nehmendes Handicap im Vorgang der Sterbeerziehung. Der Lehrende muß der „amicus aegroti“ sein, von der die klassische *ars moriendi* redet, jener, der weiß, wovon er redet, wenn er dem Mitmenschen hilft, sich auf den Tod zu bereiten. Dies gilt *mutatis mutandis* auch vom Wissen und der Einstellung der Familie und der Gesellschaft überhaupt. Jede Generation bestimmt ihr Verhältnis zu Sterben und Tod neu. „Deshalb kann die Vermittlung von Sterblichkeitswissen und Todesbildern nicht fraglos beim Überlieferten ansetzen und so das Defizit der Gesellschaft einfach ausfüllen wollen, sondern muß sich dieser neuen Situation stellen.“ [9]

Der Religionsunterricht kann freilich nur leisten, was in der Situation des „organisierten Lernens“ in der Schule möglich ist [10]. Sterblichkeit und Todesvorstellungen werden durch die Organisation von Lernerfahrungen mit dem Ziel eines bestimmten Verhaltens vermittelt. Dies zeigt die Grenzen, aber auch die Chancen, schulisch vermittelte *ars moriendi* an: Chancen deshalb, weil hier in einer gewissen Eindimensionalität vorgegangen werden kann.

4. „Ars moriendi“ im Religionsunterricht: Lernziele und -inhalte

Prinzipiell ist nochmals zu unterstreichen, daß *ars moriendi* Lebenshilfe sein will [11]. „Der Tod ist der kürzeste Inbegriff des Lebens; im Tod hast du kurz und knapp vor dir, zu was das Leben führt und wirkt.“ Sterbeerziehung“ will helfen, den Menschen auf das unausweichliche Ereignis seines Lebens vorzubereiten, und zwar so, daß das Zugehen auf dieses Ereignis integrativer Bestandteil des Vollzugs humaner Existenz wird. Sie wird sich ferner bemühen, den Menschen für das vielfache Geschehen des Todes in seiner näheren und nächsten Umgebung zu rüsten. In diesem Sinn hat die Einübung in „Sterbekunst“ sowohl das Ziel personaler Reife im umfassenden Sinn im Blick als auch die Vor-Sorge für das je punktuelle

---

[9] Studienbrief, 9.

[10] *W. Fuchs,* Todesbilder in der modernen Gesellschaft, Frankfurt 1973, 124.

[11] Vgl. dazu *D. Leviton.*

Auftreten von Todesfällen im Leben des Einzelnen. Daß damit auch eine Zurüstung für die Begegnung mit Einzelschicksalen (z. B. dem Alter, dahinsiechender Menschen, Selbstmordgefährdeten u. ä.) gegeben ist (auch, soweit diese im eigenen Leben auftreten), liegt auf der Hand. Darin kann zugleich eine heilend-wiederherstellende Kraft impliziert sein. Mit den Worten von *D. Leviton:* „Death education has a postventive, rehabilative effect. Death education in some ways can help the person understand the crisis and learn from the experience.“ [12]

Es ist dem Charakter des Todes als anthropologischer Grundkonstante nicht angemessen, ihn lediglich als „Bruch“ zu deuten, als Durchgang auf dem Weg zu Gott („ mors porta vitae“). Dies verharmlost ihn in gewisser Weise und nimmt dem menschlichen Leben den Ernst, der sich aus seiner Einmaligkeit und Einzigartigkeit ergibt. Zunächst ist darzutun, was Vergänglichkeit, Sterben und Tod für jede menschliche Existenz bedeuten, sei es die eines Christen oder die eines Nichtchristen [13]. Zuerst wird es – auch im Religionsunterricht! – wohl auch darum gehen müssen, die Gewißheit des Todes in Schärfe bewußtzumachen. „Mors certa, hora incerta.“ Unserer Zeit, die durch Tabuisierung des Todes gekennzeichnet ist, ist die Wahrheit neu zu sagen, daß jedes Menschenleben auf den Tod zueilt und daß jeder seinen Tod nur einmal sterben kann. Dieses sichere Bewußtsein führt zur Verhaltensdisposition, viele kleine Tode bereitwillig zu sterben, damit man den „ großen“ Tod sterben kann. Hier tut sich ein weites Feld einer angemessenen *ars moriendi* auf: Loslassenkönnen; Besitz nicht absolut sehen; das Scheitern von Berufsplänen nicht als „letzte“ Katastrophen zu empfinden [14]. Die bewußtgemachte Gewißheit des Todes führt zur Angst vor dem Tod. Sie bleibt keinem erspart, ist Grundbefindlichkeit des Menschen und gerade als solche zutiefst menschlich.

Im Todesschicksal, das jeden Menschen betrifft, liegt eine tiefe Unfreiheit und Passivität. „Der Mensch wird gestorben, stirbt aber nicht selbst; das Sterben ereignet sich an oder im Menschen, keineswegs jedoch durch den Menschen.“ [15] Diese Unfreiheit-Passivität

---

[12] Ebd. 46: „Sterbeerziehung hat eine ‚nachsorgende‘, rehabilitierende Wirkung. Sterbeerziehung kann den Menschen in gewisser Weise helfen, die Krise zu begreifen und aus der Erfahrung zu lernen.“

[13] Zum folgenden u. a. *J. B. Lotz,* bes. 22–39.

[14] Vgl. *A. Mauder,* Die Kunst des Sterbens, Regensburg 1973.

[15] *J. B. Lotz,* 22 f.

trifft das Selbstbewußtsein des autonomen Menschen der Neuzeit an seinem empfindlichsten Nerv. Hier bleibt nichts mehr von „Macher-Möglichkeiten“, hier ist die vollkommene „Bereitschaft der leeren Hände“ gefordert. Damit tut sich aber zugleich eine zutiefst christliche Perspektive auf. Nur der Mensch mit leeren Händen kann der Gnade Gottes (= Selbstmitteilung Gottes) teilhaftig werden und den Tod selbst als Gnade erfahren[16].

Es kann nicht unangemessen sein, im Rahmen einer schulisch vermittelten *ars moriendi* auch mit jenen Gedanken vertraut machen, die Menschen immer wieder veranlaßt haben, Unsterblichkeit und nicht Verlöschen in Vergänglichkeit als definitives Schicksal des Menschen zu begreifen: Weist nicht der Ausgriff auf einen Gesamtsinn (über alle Partialsinne hinaus) auf einen absoluten, ewigen Sinnhorizont für den Menschen? Liegt nicht in allem Tun des Menschen wenigstens potentiell End-Gültigkeit beschlossen? Zeigen nicht Lebenshunger und Sehnsucht nach Gerechtigkeit die „unendliche“ Bestimmung menschlichen Lebens an? Weist nicht die Erfahrung von Liebe, die Menschen machen, auf definitives Geschick menschlicher Existenz? Eine am christlichen Glauben orientierte Sterbekunst wird, ohne solche Annäherung geringzuschätzen, eine letzte Bewältigung des Todes von Ostern her versuchen. Auch Ostern, so sehr es von Gott her gewirkt und ohne Parallelen und Analogien in der Welt ist, darf ja nicht als das Menschen schlechthin Entgegenstehende verstanden werden, sondern als Ereignis, das den Menschen zur Erfüllung seiner grundlegenden Potentialitäten bringt.

5. Überlegungen zu einem Modell für den schulischen Religionsunterricht (12. Klasse)

Es würde diesen Rahmen sprengen, für alle Schulstufen (Primarbereich und Sekundarbereiche) bzw. für alle Schultypen Modelle vorzulegen. Hier wird aufgrund der zuvor gemachten Aussagen ein Modell diskutiert, das für eine zwölfte Gymnasialklasse konzipiert und dort durchgeführt wurde[17].

---

[16] Vgl. *K. Rahner,* Zur Theologie des Todes (QD 2), Freiburg-Basel-Wien 1958.

[17] Der Kurs wurde im Rahmen eines von der Robert-Bosch-Stiftung finanzierten Gesamtprojekts zum Thema „Tod – Sterben“ im Sommerhalbjahr 1988 durchgeführt in der Stiftsschule St. Johann (Gymnasium), Amöneburg bei Marburg.

Der Kurs, dem rund 24 Doppelstunden zur Verfügung stehen, gliedert sich in vier etwa gleichgroße Blöcke. Im ersten Block ist die geforderte Schärfung des Bewußtseins von der Hinfälligkeit und Vergänglichkeit menschlicher Existenz versucht. Gemäß nahezu axiomatischem religionspädagogischem Grundsatz, einzusetzen bei der Erfahrung, wird zunächst das Jugendlichkeitsideal diskutiert, das heute allenthalben en vogue ist. Die Schüler gehen von Erfahrung aus, aber gewissermaßen „e contrario": Der Idealisierung der Jugend stehen die Fakten von Krankheit und Alter gegenüber. Darum weiß auch der Schüler, vermutlich vor allem aus dem Umfeld seiner Familie. Besonders wird ihm das Phänomen des Sterbens bewußt geworden sein, wenn er Todesfälle in der eigenen Umgebung erlebt hat (in der eigenen Familie, im Bekanntenkreis der Eltern oder vielleicht sogar im eigenen Freundeskreis, in dem Ort, wo er lebt). Diese Todesfälle haben vor allem im Phänomen der Trauer ihren Reflex. So ist es angemessen, an dieser Stelle vertiefend auf diesen Vorgang – mit all seinen Implikationen und Einzelaspekten – einzugehen. Zentraler Teil dieses ersten Blockes ist die Einheit, die sich mit dem Tod im Kontakt des Kommunikationsproblems befaßt (im Sinne von *E. Jüngel:* Tod als völlige Verhältnislosigkeit). Hier ist es sinnvoll, auch auf den sozialen Tod als einer Form des Todes, die in unsere Erfahrungswelt hineinragt (und gewissermaßen als Negativfolge einer als Lebenshilfe begriffenen *Ars moriendi*) einzugehen. Der Blick auf den modernen Krankenhausbetrieb, der den Jugendlichen (wenn auch nicht aus eigener Erfahrung, dann doch aus Fernsehen und Illustrierten) nicht unbekannt ist, rundet diese Einheit ab. Wenn die Geschichte des Krankenhauses abschließend eingeblendet wird, dann kommt damit indirekt der christliche Glaube ins Spiel, da ja bekanntlich das Christentum das Krankenhaus, wie es bei uns existiert, hervorgebracht hat. So sieht der erste Block also folgendermaßen aus:

1) „Allzeit jung". Idol und Idealisierung von Jugend und Jugendlichkeit
2) Kranke und Alte in unserer Gesellschaft
3) Todesfälle – Trauer
4) Trauerphasen – Funktion der Trauer
5) Der Mensch und seine Kommunikation: „Sozialer Tod"; physischer Tod als Verhältnislosigkeit
6) Der moderne Krankenhausbetrieb
7) Die Idee und Verwirklichung des Krankenhauses

Es ist angezielt, daß der Jugendliche durch einen solchen Unterrichtsverlauf die eigene Sterblichkeit präziser begreift; den Stellenwert des Todes im menschlichen Leben deutlicher erkennt; wahrnimmt, in welcher Weise unsere Gesellschaft mit Phänomenen wie Krankheit, Alter (hilflos oder hilfreich) umgeht.

Der zweite Block versucht, den Blick auf den Tod zu konzentrieren und hier noch zu differenzieren. Der Jugendliche soll sich bewußtmachen, wie viele und wie viele verschiedene Stellen, Instanzen und Personen sich mit dem Tod befassen (Religion, Psychologie, Literatur usw.). Vor allem aber ist es die Medizin, die den Tod „konstatiert". Ohne gesicherte medizinische Grundlagen ist seriöses Sprechen über den Tod kaum möglich. Der Tod motiviert angesichts seiner selbst die Frage nach Sinn und Überleben. Parapsychologische Probleme sind in diesem Umfeld ebenso zu diskutieren wie die bekannten Sterbephasen *(E. Kübler-Ross).* Von alledem hat der Jugendliche ja schon vage Vorstellungen. Zentraler (und in dieser Einheit abschließender) Teil ist das Thema der Auferstehung, über welches das Thema des Todes seine christliche Antwort erhält. Somit sieht der zweite Block so aus:

1) Deutungen des Todes (I)
2) Medizin und Tod
3) Deutungen des Todes (II)
4) Weiterleben; Unsterblichkeit
5) Sterbephasen; parapsychologische Probleme
6) Die christliche Auferstehungshoffnung

Aus derzeit aktuellem Anlaß (ein Ende der Aktualität ist noch nicht abzusehen) befaßt sich ein dritter Block mit AIDS. Sollte die Krankheit jene Größenordnung annehmen, für die vieles zu sprechen scheint, dann bekäme die Aufgabe, eine Ars moriendi zu konzipieren, eine geradezu unheimliche Dringlichkeit. Die vorgesehenen Einheiten:

1) Medizinische Aspekte von AIDS
2) AIDS und sexuelle Revolution
3) Solidarität mit HIV-Infizierten (in ihrer Krankheit und in ihrem Sterben)
4) Ethische Probleme von AIDS
5) Institutionelle Betreuung von AIDS-Erkrankten

Es wurde darauf verwiesen, daß gerade die Altersgruppe, die hier angesprochen ist, eine besondere Affinität zur Selbstmordproblematik hat. Darum ist in einem letzten, kürzeren Teil versucht, dieses

Problemfeld anzugehen und im Rahmen des Möglichen aufzuarbeiten. Andere, benachbarte Probleme (wie das der Euthanasie) dürfen in diesem Teil nicht fehlen).

Was ist das Besondere dieses Kurses? Unterrichtsmodelle über Sterben und Tod gibt es ja in nicht geringer Zahl. Hier ist jedoch versucht, das Thema einer zeitgemäßen Sterbekunst sozusagen zum Motor und Agens zu machen, zum formierenden Faktor. Dieses freilich durchaus im Sinne einer menschlichen Bewältigung des Lebens. „Das Bewußtsein unserer Sterblichkeit ist ein köstliches Geschenk. Nicht die Sterblichkeit allein, die wir mit den Molchen teilen, sondern unser Bewußtsein davon; das macht unser Dasein erst menschlich, macht es zum Abenteuer und bewahrt es vor der vollkommenen Langeweile der Götter.“ [18]

Literatur

T. Brocher, Wenn Kinder trauern. Wie sprechen wir über den Tod? Zürich ²1981.

Fernstudium Kath. Religionspädagogik. Studienbrief V/8: Bausteine für die Praxis, Tübingen 1981.

K. Huck / H. Petzold, Death Education, Thanatagogik – Modelle und Konzepte, in: *I. Spiegel-Rösing / H. Petzold* (Hrsg.), Die Begleitung Sterbender. Theorie und Praxis der Thanatotherapie, Paderborn 1984, 501–76.

D. Leviton, The Scope of Death Education, in: Death Education 1 (1977), 41– 55.

J. B. Lotz, Tod als Vollendung. Von der Kunst und Gnade des Sterbens, Frankfurt a. M. 1976.

G. Heinz-Mohr, Art. „Ars moriendi III. Praktisch-theologisch“, in: TRE 4, 154–156.

J. Pullwitt, Tod – eine Lebensfrage (Anstoß und Information. Materialien zum Religionsunterricht 2, hrsg. v. *D. A. Wolf*), Paderborn 1978.

N. Scholl, Tod – und was kommt dann? Ein theologischer Kurs im Medienverbund (Projekte für Religionsunterricht und Erwachsenenbildung, hrsg. v. *D. Emeis / W. Rück*), Mainz 1979.

H. Wagner, Kinder und Jugendliche vor dem Tod, in: *T. Kruse / H. Wagner* (Hrsg.), Sterbende brauchen Solidarität, München 1986, 70–81.

---

[18] *F. J. Nocke,* Liebe und Tod. Versuch einer Kurzformel, in: KatBl 100 (1975) 18–25, Zit. 19.

VIII
Die Strategic Defense Initiative und die Kunst des Sterbens

Über Bedingungen der Abschiedlichkeit der Philosophie und des Menschen

Von Hans Ebeling, Heidelberg – Paderborn

Zum ersten Mal in der Weltgeschichte ist wissenschaftlicher Fortschritt auch explizit an ein Rüstungsprogramm geknüpft worden. Es ist offenkundig, daß dieses Programm um die ars moriendi unbesorgt ist. Gleichwohl ist aber jenes ‚Können' auf dieses ‚Können' bezogen, und das gilt auch umgekehrt. Die politische Durchsetzbarkeit, technische Machbarkeit und strategische Effizienz von SDI interessiert jetzt nicht. Alle Momente dieser Art und auch den weltpolitischen Grundstreit der ‚Blöcke' und die innere Zerrissenheit der ‚Völker' lasse ich ganz beiseite. Wohl erörtere ich auf einem unausweichlich aktuellen Hintergrund, beim Akut der Gegenwart und aller absehbaren Zukunft, wie abschiedlich nun noch die Philosophie sein darf und der Mensch selbst sein kann. Gewiß ist ein ironischer Unterton im Titel meines Beitrages sehr beabsichtigt. Ich gehe aber auch dem nicht nach, vielmehr nur der Gefahr einer möglichen Erbitterung und Abstumpfung, sich unter den ernüchternden Lebensbedingungen der technisch-wissenschaftlichen Welt auf die ars moriendi gar nicht mehr einlassen zu können oder zu wollen. Ich suche von daher zu erörtern: den *ersten* Abschied der Philosophie und des Menschen in der individuellen Kunst des Sterbens, den *zweiten* Abschied in der kollektiven Unfähigkeit des Lebens, schließlich den *dritten* Abschied in der gemeinsamen ars moriendi.

Der erste Abschied: Die individuelle Kunst des Sterbens

Es war ein wichtiger Ertrag der sonst umstrittenen Philosophie Heideggers, an das Sterben zu erinnern und es zu bestimmen als lebenslängliches Verhältnis zum Tode.[1] Ich setze entsprechend ‚Sterben'

---

[1] *M. Heidegger,* Sein und Zeit, Halle a.d.S. 1927, §§ 46–53.

als anhaltendes und *nicht* auf die letzte Lebensphase beschränktes Selbstverhältnis des Menschen, welches ihn befähigen kann, ein schließlich auch noch vernünftiges Sterbewesen zu werden. Dem hatte die Philosophie seit Platon vorgearbeitet durch Auszeichnung ihrer eigenen Arbeit als μελέτη θανάτου: Sichkümmern um die Sterblichkeit.[2] Anders als morgenländische Weltweisheit hatte der abendländische und allein strenge, da rationale Typos der Philosophie immer auch nur eine *einzige* Chance, lebensweltlich bedeutsam zu werden: nämlich als Reflexion der ars moriendi. Sie hatte Montaigne zur Gelassenheit befreit und noch Heidegger dazu geführt, die Eingelassenheit in das Sein anzuerkennen. Der unter der Grundbedingung seiner Endlichkeit schon an ihm selbst abschiedliche Mensch treibt gerade eine an ihr selbst abschiedliche Philosophie hervor, ja alle Theoria kann zunächst als vollzogene Abschiedlichkeit genommen werden.[3] Ich lasse dies beiseite und wende mich ganz der individuellen Kunst des Sterbens zu, welche keiner expliziten philosophischen Anleitung bedarf und doch schon das vernünftige Sterbewesen zugänglich machen kann.

Dieses Wesen ist sichtbar, sobald Achill dem Priamos in einer Kampfpause und über Fronten hinweg zurufen kann, daß und wie es unser gemeinsames Schicksal sei, sterblich zu sein.[4] Jedermann hat seither die individuelle Chance der Einübung in diesen Sachverhalt. Worin besteht und was ist hierbei die *Kunst?* Sie ist zunächst die Existierkunst selbst: nämlich die Fähigkeit, sich vorausschauend an das Maßgebliche zu erinnern, in der Erinnerung zukünftig zu sein und damit als Sterbewesen sich gegenwärtig zu halten. Aber die ars moriendi ist nicht nur Existierkunst, sondern immer auch noch Vernunfttat, sich nämlich in der UnOrdnung der Zeit mit Bewußtsein mit dem Tode zusammenzuschließen – und dies freilich nicht in der Weise seiner mutwilligen Herbeiführung oder auch nur fahrlässigen Hinnahme, vielmehr zunächst immer wieder in der Anstrengung seiner Abwehr, aber auch dies freilich nicht bis zum Exzeß der Entwürdigung durch beliebige medizinische Lebensverlängerung ohne anderen Sinn und Verstand als den, mit Menschen auf seine Art zu

[2] *H. Ebeling,* Der Tod als Ware. Vom Anfang und Ende der Philosophie, in: *ders.,* Neue Reden an die Deutsche Nation? Vom Warencharakter des Todes, Freiburg – München 1984, 36–60.

[3] *M. Theunissen,* Die Gegenwart des Todes im Leben, in: *R. Winau / H. P. Rosemeier* (Hrsg.), Tod und Sterben, Berlin – New York 1984, 102–124.

[4] *Homer,* Ilias 24,525 f.

experimentieren. Die vernünftigen Sterbewesen sind vielmehr abwägend in den Tod eingelassen: ihn prinzipiell zurückweisend, aber nicht unter allen Umständen abweisend, soweit ein individueller Tod gemeint ist.

Kein Tod individuiert dabei, es ist aber die ars moriendi, die der Möglichkeit nach individuiert, dann nämlich, wenn sie eine Subjektität des Subjekts erlaubt, die den Tod *ebenso* als das bloß Fremde abweist *wie* sie ihn als das ihr eigene weiß. Die Kunst des Sterbens, die sich nur auf die eine Seite des Gegensatzes würfe, wüßte nicht, was sie tut. Der Mensch aber ist das vernünftige Sterbewesen als der, der den Tod aushält. Deshalb ist auch noch ein stoisches Verhältnis zum Tode ein unvernünftiges, sofern der Tod als εὔλογος ἐξαγωγή in Akten der Selbstvernichtung, also im Suizid, gerade nicht länger ausgehalten wird. Augustinus' Kampf gegen die antike Variante solcher ars moriendi ist deshalb prinzipiell vernünftig.[5]

Das von Hause aus in die Abschiedlichkeit gesetzte vernünftige Sterbewesen ist immer auch durch Widerständigkeit gegenüber dem Tod ausgezeichnet. Freilich gehört es zur ars moriendi, auch zu wissen, wann es Zeit ist für den Abschied und wann für den Widerstand. Im Zuge der europäischen Verdrängung der Mortalität überhaupt, in deren Verlauf der Tod selbst die Sphäre des Obszönen ganz und allein besetzt (während das nicht einmal von der öffentlichen Darstellung von Kriegshandlungen, Hinrichtungen etc. gilt), ist die ars moriendi im engeren Sinne der Philosophie ganz entglitten: nur noch die Grundstruktur vernünftiger Sterbewesen läßt sich transsubjektiv verbindlich ermitteln, nicht aber mehr die ‚Technik' des Hinnehmens und/oder Widerstehens angesichts eines jeweilig *jetzt* bevorstehenden Todes. Denn es gibt unter den modernen Bedingungen eigentlich keine ‚Lebenswelt' mehr, weil keine ‚Sterbewelt', und diese nicht mehr, weil kein Leben mehr *mit* dem Tode, und dieses nicht mehr, weil der Tod unter hochgradig weltlichen Bedingungen als das Leere genommen ist und deshalb als das Obszöne. D. h.: die individuelle Kunst des Sterbens wird unter den neueren Bedingungen prinzipiell verfehlt. Die Philosophie hat das hinzunehmen, insbesondere unter den Prämissen des deutschsprachigen Bereichs, in dem die philosophische Thanatologie immer am weitesten vorangetrieben war, zugleich aber das Töten selbst bis vor

[5] Vgl. *H. Ebeling,* Art. „Selbstmord", in: Historisches Wörterbuch der Philosophie, hrsg. v. *J. Ritter / K. Gründer,* ca. Bd. VII (Im Erscheinen).

kurzem auch[6]. Vorzüglich die westdeutsche Teilgesellschaft verweigert sich jeder relevanten anamnetischen Solidarität mit den selbst zu verantwortenden Toten und weiß deshalb nicht, daß alles, was hierzu über sie geschrieben wird, neuere „Aufzeichnungen aus einem Totenhaus" sind. Es läßt sich deshalb auch in Sachen einer zukünftig zu erlernenden ars moriendi keine günstige Prognose stellen – leider nicht einmal für andere Kulturkreise.

Der zweite Abschied: Die kollektive Unfähigkeit des Lebens

Unter dem bekannt makabren Titel einer strategischen Verteidigungsinitiative ist die bislang letzte militärpolitische Konsequenz aus der kollektiven Unfähigkeit des Seins zum Tode gezogen. Angesichts der Gefährlichkeit der öffentlichen Verkennung des kollektiv machbaren Todes nicht nur in einem Lager ist die Philosophie und sind Menschen zunächst gefordert, von der individuell orientierten Abschiedlichkeit wiederum Abschied zu nehmen, also die Individualität einer Privatheit zuzurechnen, die für bedeutungslos zu nehmen ist angesichts der kollektiven Überlebensrisiken. Der *zweite* Abschied ist der Abschied vom *ersten*. Der Parameter der individuell orientierten ars moriendi wird getilgt zugunsten der vollständigen Identifikation mit der Lage der menschlichen Gattung, die ihre kollektive Überlebensunfähigkeit dokumentiert und damit ihre Unfähigkeit, überhaupt zu leben, geschweige denn sich vernünftig zu steigern, also zu verbessern. D. h.: unter globalpolitischer Perspektive wird die ars moriendi darauf zurechtgestutzt, Einübung in die Unfähigkeit zu sein, überhaupt eigentlich zu leben und besser zu werden. Dies bedeutet die Möglichkeit, sich bis zum äußersten mit ‚Realität' zu sättigen, also: sich selbst zu entsagen.

Der jederzeit selbst produzierbare Gattungstod ist das maßstäbliche Faktum aller Realitätswahrnehmung geworden, der Unterbau der empirisch zugänglichen Welt, das ‚factum inconcussum', quo maius kein Unheilsfaktum ‚von dieser Welt' gedacht werden kann. Alles, was geschieht, *ist* Präsenz einer ganz anderen und neuen Art der ‚ars moriendi'. Die Weltgeschichte selbst ist die Kunst des Ster-

---

[6] *H. Marcuse,* Die Ideologie des Todes, in: *H. Ebeling* (Hrsg.), Der Tod in der Moderne. Beiträge von Theodor W. Adorno, Karl-Otto Apel, Ernst Bloch, Hans Ebeling, Eugen Fink, Werner Fuchs, Martin Heidegger, Ivan Illich, Karl Jaspers, Wilhelm Kamlah, Leszek Kolakowski, Karl Löwith, Herbert Marcuse, Jean-Paul Sartre, Walter Schulz, Dolf Sternberger, Frankfurt a. M. ²1984, 106–115.

bens geworden, worauf sie sich durch Produktion der ‚Massenvernichtung' im ersten Weltkrieg und des Völkermordes im Zuge des zweiten Weltkrieges vorbereitet hatte. Das Leben der Gattung *besteht* in der *einen* Globalkunst, ihr Ende zu produzieren. Alles andere Geschehen ist das Verfassen von Fußnoten zu dem einen Grundgeschehen. Was Paulus zurückweist, ist lebendiger denn je: „lasset uns essen und trinken, denn morgen sind wir tot." [7] Schon im zweiten Weltkrieg lief auf deutscher Seite die Parole um: „Genießt den Krieg, der Friede wird fürchterlich." Selbst das ist wahr geworden: Der letzte Weltkrieg hat sich in den Zustand des andauernden Nicht-Friedens verwandelt, die Menschheit hat sich auf das Niveau reduziert, anhaltend und in jedem Augenblick das Ende ihrer selbst herbeiführen zu können. Dies ist die wirklich gewordene kollektive ars moriendi als kollektives *Vorbei*leben. Es ist die Kunst des Sterbens als Vorbeischielen am Tod. Der Tod ist *da,* allen Wissenden vor Augen, sehr nackt, muß aber gehandhabt werden wie „Des Kaisers neue Kleider". Wiederum erweist es sich freilich, daß auch diese Nacktheit vor Kindern am wenigsten sich verstecken läßt: Sie tritt unverhüllt genug auf.

Zynikern mögen solche Sätze über die ‚verwirklichte' ars moriendi gefallen. Die Philosophie kann sich freilich nur ohne jedes Gefallen dazu zwingen, sich auch dergestalt mit dem Gattungsinteresse zu identifizieren. Denn es handelt sich um den Fall einer Gattung, die ihr Selbstinteresse preisgegeben hat. Der Sachverhalt der real existierenden ‚Sterbekunst' ist bereits in einem Buchtitel ausgesprochen: „Wir amüsieren uns zu Tode" [8]. Was ist der Fall?

Der Titel der Strategic Defense Initiative ist ein Programmtitel neuzeitlicher technisch-instrumenteller Rationalität, die die Beziehung auf Moralität *wie* Mortalität ignoriert und die damit zur Verteidigung eines Rumpfwesens ansetzt, das weder verteidigt werden kann noch verteidigungswürdig ist. Heideggers Charakterisierung des Seins als *Gestell* kann nur noch unter Unkundigen verwundern. Ich habe entsprechend diesen Ansatz verschärft zur zeitgemäßeren und, wie ich meine, sachgerechteren Deutung des Seins als *Gerüst.*[9]

---

[7] 1 Kor 15,32.

[8] *N. Postman,* Amusing Ourselves to Death. Public Discourse in the Age of Show Business, New York 1985 (Wir amüsieren uns zu Tode. Urteilsbildung im Zeitalter der Unterhaltungsindustrie, Frankfurt a.M. 1985).

[9] *H. Ebeling,* Gelegentlich Subjekt. Gesetz: Gestell: Gerüst. Freiburg – München 1983.

Angesichts der „Toten ohne Begräbnis“, die dieses Jahrhundert bereits gesehen hat, muß die Perspektive auf die individuelle ars moriendi jeder Tradition zunächst ganz zu nichts werden und *wirklich* und *wahrhaftig* untergehen als selbst UnSinn im allgemeinen UnSinn, wenn aus diesem Untergang eine tragfähige Veränderung hervorgehen soll. Es kann dabei nicht Sache der Philosophie sein, mit dem späten Heidegger zu behaupten (und damit *ganz* auf sich zu verzichten): „Nur noch ein Gott kann uns retten.“[10] Es *kann* aber Sache der Philosophie werden, festhaltend an ihrem neuzeitlichen Prinzip des methodischen Atheismus (und immer noch zusehend mit derselben Kälte und Härte, die ein Mediziner vor, während und nach der Operation braucht) – und ich meine: es *muß* Sache der Philosophie werden, sich auf die subjektive Aussichtlosigkeit und erlebte Hilflosigkeit Hiobs gänzlich einzulassen. Die Philosophie wird dann durch ihren Abschied vom ersten Abschied notwendig so *trostlos* sensu stricto, wie es die Welt bereits ist. Und deren Trostlosigkeit ist bekanntlich noch steigerungsfähig: sobald nämlich die Gentechnologie einen Identitätsumbau der Menschheit bewerkstelligen kann, gemessen an dem die Nukleartechnologie zu einem lediglich plumpen Unternehmen der Destruktion geworden sein wird. Gentechnologisch sind nämlich sog. menschliche Lebewesen absehbar, die gar nicht einmal auch nur noch der Möglichkeit nach noch als vernünftige Sterbewesen konzipiert sind. Das wäre der wahre Triumph einer ganz anderen Strategic Initiative: den Menschen, der dann freilich keiner mehr wäre, so vollständig vor sich zu schützen, daß ihm das Todesbewußtsein abginge wie dem Tiere auch. Damit erst würde der künstliche Gott wirklich: die Verhältnislosigkeit zum Tode.

Der dritte Abschied: Die gemeinsame ars moriendi

Die Philosophie hat keine Aussicht auf Auferstehung, weder für sich noch für die menschliche Gattung, und sie hat nicht einmal die Aussicht auf Fortsetzbarkeit der Gattung. Sie muß diese Fortsetzbarkeit zwar mit Notwendigkeit postulieren, weil sie immer auch moralisch-praktische ist. Dies freilich wird um so ‚illusionsloser‘ geschehen, als

---

[10] *M. Heidegger,* Spiegel-Gespräch vom 23. September 1966, in: Der Spiegel 30 (1976), Nr. 23, S. 209.

sie im übrigen den Weg einer gemeinsamen und rechtschaffenen ars moriendi nur noch zu *zeigen* hat und insofern von allem Fordern abläßt. Die gemeinsame und rechtschaffene Sterbekunst ist *keine* späte Variation des Nihilismus, wohl aber die Anleitung in einer gemeinsamen und für endgültig zu nehmenden Niederlage. Sie ist etwas für Geschlagene, die dies, geschlagen zu sein, in Wahrhaftigkeit anzunehmen vermögen und die deshalb fähig werden zur *Freundlichkeit* als der eigentlichen Tugend der Philosophie. Freundlichkeit aber ist nicht Gelassenheit: Denn unter den uns zugänglichen Prämissen ‚von dieser Welt' ist der Untergang der menschlichen Gattung voraussichtlich nicht mehr aufhaltbar. Das ist entsprechend der Entropie ohnehin zwingend. Es gilt aber inzwischen tendenziell auch für den selbstproduzierten Holozid, soweit irgend absehbar. Zur Gelassenheit besteht also keinerlei Anlaß. Es gibt dann aber die Möglichkeit der Freundlichkeit aus der gemeinsamen ars moriendi:

Dergleichen ist auch (immer im begrenzten Umfang) historisch vertraut aus aussichtslosen Kollektivlagen. Wir haben dem für die Zukunft nachzugehen, ohne von anamnetischer, praktizierter und prognostischer Solidarität zu lassen. Die gemeinsame ars moriendi ist ein Probelauf, nach dem individuellen Hinsehen auf den Tod und nach dem kollektiven Sichversehen am Leben einen *dritten* Abschied zu begehen: den Abschied vom kollektiven Irrtum wie von der individuellen Bornierung. Der dritte Abschied ist die eigentliche Erprobung der Philosophie und des Menschen, ob es möglich ist, sich in der Untergänglichkeit der menschlichen Gattung zu halten, also: sich von dieser selbst zu trennen. Damit ist ein Prozeß der Abtretung eingeleitet, welcher der individuellen ars moriendi verwandt bleibt, aber nur per analogiam. Denn der individuelle Abschied eines für sich konnte einhergehen mit aller Behäbigkeit, „sein Haus wohlbestellt zu haben", also Testamente beschlossen und Erben inthronisiert zu sehen. All dies entfällt aber unter der Prämisse der Einübung in die strikt kollektive ars moriendi. Denn sie ist die Einübung in die neue Verzweiflung zum Tode:

Diese Einübung *muß* vollzogen werden. Sie ist keine freigestellte Möglichkeit einer mors mystica, vielmehr durch die ‚Realität' der zu Tode gerüsteten Welt erzwungen. Sie ist die kollektive Einübung der menschlichen Gattung in ihren Untergang, und dies nicht in der Weise des Wegsehens, sondern des vollständigen Hinsehens auf diesen Untergang. Auch diese Einübung kann jeder nur für sich vollziehen. Die Individualität wird dadurch nicht genommen oder durchgestrichen. Sie wird vielmehr erst zureichend gegeben als jene Einzelnheit, welche nicht mehr sonderlich bei sich, sondern ganz und wahrhaftig bei dem allgemeinen Gattungsinteresse ist. Die gemeinsame ars moriendi läßt deshalb *Freundlichkeit* zu, u. zw. nicht mehr lediglich jene Zugewandtheit zu anderen auf dem Grunde des gemeinsamen Schicksals, nacheinander und nur ausnahmsweise und immer im Umfang begrenzt auch gleichzeitig Sterbliche zu sein, sondern so, daß alle vergegenwärtigt sind als dem strikt gleichzeitigen Ereignis der Auslöschung aller Vor-, Mit- und Nachwelt ausgesetzt. Die sich so vergegenwärtigen, gehen ‚in sich' in dem restlosen Sinne, ‚aus sich' herauszugehen und auf die menschliche Gattung zu: in der Einsicht, daß an die Stelle der Borniertheit der Individualinteressen *ein* bindendes Allgemeininteresse tritt. Der Exzeß des allgemeinen Verlustes, daß *sich* die Gattung abhanden kommt, daß mit der Auslöschung der Gegenwart alle Zukunft vertan ist und mangels Erinnerung auch alle Vergangenheit, vermag, vorgeübt in gemeinsamer ars moriendi, einen Prozeß der Selbstbeschränkung aus wechselseitiger Freundlichkeit einzuleiten, der nicht ungedacht bleiben kann, dem freilich auch keinerlei emphatische Chance eingeräumt werden darf:

Die gemeinsame ars moriendi ist kein Spiel, das zu treiben wäre auch nur mit der Hoffnung auf Gewinn. Der *dritte* Abschied der Philosophie und des Menschen bedeutet nicht, Einkehr zu halten mit der Aussicht auf irgendeinen Ertrag. Der dritte Abschied muß den zweiten an Trostlosigkeit noch überbieten: War dieser der Übergang in das Vorbeischielen an der Realität, so ist jener der Übergang in die Hellsichtigkeit. Die Chance der Selbstbeschränkung aus wechselseitiger Freundlichkeit in aussichtloser Lage ist deshalb so gering, weil *angesichts des radikal Bösen* das Sichausnehmen weniger genügt, das Gattungsinteresse zu verspielen. Ich habe mich schon seit einigem nicht gescheut, diesen noch bei *Kant* theologisch besetzten, in der Nachfolge in der Philosophie *obszön* gewordenen Begriff des radikal Bösen unter strikt ‚weltlichen' Bedingungen wieder in Anspruch zu nehmen.[11] Er meint dann: den vielleicht nicht der menschlichen Gattung als ganzer, aber jedenfalls Teilen einwoh-

---

[11] *H. Ebeling,* Rüstung und Selbstvernichtung. Über das radikal Böse und das Selbst der Gattung, in: *ders.,* Rüstung und Selbsterhaltung. Kriegsphilosophie, Paderborn – München 1983, 57–68.

nende Hang zur Selbstvernichtung. Dieser Hang hat nun die Potenz erlangt, sich allgemein durchsetzen zu können, auch wenn er kein genereller Hang wäre. Kurz: die Suizidtendenz weniger genügt für die Durchsetzung des Holozids. Hellsichtig ist die gemeinsame Kunst des Sterbens nur dann, wenn sie sich in ihrer Abschiedlichkeit freihält von der Illusion, sie könnte dazu befähigt werden, jedermanns Suizidalität abzuwenden, insbesondere die Suizidalität der sog. Führungskräfte der Politik, Wirtschaft und Technik. Philosophie jedenfalls sollte niemals so sehr ‚von dieser Welt' sein, hier vertrauensvoll zu werden. Das *Zeigen* des dritten Weges einer ars moriendi ist deshalb nur dann ernst zu nehmen, wenn es sich nicht in der Möglichkeit des Weges so sehr vertut, zu meinen, jedermann sei auf diesen Weg zu bringen. Dadurch würde der dritte Abschied selbst ein ganz und gar unwahrhaftiger. Er war aber gerade vollzogen unter der Prämisse, die Menschheit müsse sich ernstlich und ohne Hoffnung auf ihr gemeinsames Ende nun einlassen, also darauf, daß aller Voraussicht nach ihr Projekt vor dem Abbruch stehe. Die Dramatik dieses Falles kann man sich ohne unnötiges Pathos vergegenwärtigen am Falle des Kant in *theoretischer* Absicht ‚Aufregenden' eines Gottes:

> „Man kann sich des Gedankens nicht erwehren, man kann ihn aber auch nicht ertragen: daß ein Wesen, welches wir uns auch als das höchste unter allen möglichen vorstellen, gleichsam zu sich selbst sage: Ich bin von Ewigkeit zu Ewigkeit, außer mir ist nichts, ohne das, was bloß durch meinen Willen etwas ist; *aber woher bin ich denn?* Hier sinkt alles unter uns, und die größte Vollkommenheit, wie die kleinste, schwebt ohne Haltung bloß vor der spekulativen Vernunft, der es nichts kostet, die eine so wie die andere ohne die mindeste Hindernis verschwinden zu lassen." [12]

Die Vergegenwärtigung des voraussichtlich vorzeitig abbrechenden Projekts ‚Menschheit' mit der Perspektive: *„aber wohin sind wir denn?"* ist dagegen der *praktische* Schrecken par excellence, welcher grundsätzlich über das Menschen Erträgliche geht, weshalb auch die gemeinsame Kunst des Sterbens angesichts des Holozids über die menschliche Kraft ist. Verlangen doch vernünftige Sterbewesen als Vernünftige nach Absorption der Sterblichkeit, ‚Aufsaugung' des Todes in das Projekt der Vernunft. [13]

Deshalb schlägt auch der dritte Abschied noch einmal um, näm-

---

[12] *I. Kant,* Kritik der reinen Vernunft, A 613 / B 641.

[13] *H. Ebeling,* Die ideale Sinndimension. Kants Faktum der Vernunft und die Basis-Fiktionen des Handelns, Freiburg – München 1982.

lich in den *Widerstand* gegen den unzeitigen Tod der menschlichen Gattung.[14] Auch das gehört hierher, wenn auch nicht mehr gänzlich, da vorrangig zur Kunst des vernünftigen Lebens, welche nur ‚von dieser Welt' ist, aber, wie ich unter Vernunftprämissen zwingend annehmen muß, der einzige mögliche Garant aller Welt bleibt. Deshalb braucht es *jetzt* in allgemeiner Absicht weniger die Kraft des Abschieds, mehr dagegen den vernünftigen und tätigen Willen zum Widerstand[15]: vorzüglich in einem subjektlosen Deutschland, welches aus der ars moriendi noch immer die falschen Konsequenzen gezogen hat, bald aber nicht einmal mehr das wird tun können.

Schließlich ist ohne die abschiedlich-widerständige Einübung in den Tod an ein ‚menschliches' Leben, weil ‚bewußtes' Sein gar nicht einmal zu denken. Deshalb ist die Rückkehr zu asketischen Idealen schlichtweg geboten, gleich, ob man das Wort nun mag oder nicht, und da solche Askese in den gegenwärtigen Erziehungsplänen nicht tief und nicht breit genug verankert ist, läuft die gegenwärtige Bildung des Menschen in der Regel ganz ins Leere. Man sollte aber niemanden alphabetisieren um den Preis, daß er sich dann in der ars moriendi nicht mehr auskennt. Eine Erziehung, die nicht zum Tode befreit, befreit gar nicht. Vom Tode nämlich können wir uns nicht ‚emanzipieren'. Denn er hält uns abschiedlich wie widerständig fest, auch wenn *wir* meinen, ihn abschiedlich wie widerständig festzuhalten.[16]

---

[14] Ich bin hier anhaltend (bei durchaus unterschiedlicher letzter Begründung) *Robert Spaemann* verpflichtet. Vgl. von ihm insbesondere: Technische Eingriffe in die Natur als Problem der politischen Ethik, in: *K.-O. Apel* et alii (Hrsg.), Praktische Philosophie / Ethik. Aktuelle Materialien. Reader zum Funkkolleg, Bd. 1, Frankfurt a.M. 1980, 229–247.

[15] *H. Ebeling:* Vernunft und Widerstand. Die beiden Grundlagen der Moral, Freiburg – München 1986.

[16] *H. Ebeling,* Das Verhängnis. Erste Philosophie, Freiburg – München 1987.

IX

Über die Bedeutung des Todes in der deutschen Literatur der achtziger Jahre *

Von Walter Falk, Marburg

I

Im Jahre 1978 war es einer Frankfurter Bühne gelungen, die Rechte für die Uraufführung eines neuen Theaterstücks von *Max Frisch* zu erwerben. Vermutlich beglückwünschten sich die Schauspieler zunächst zu der Möglichkeit, die Aufmerksamkeit der ganzen am Theater interessierten Welt in den deutschsprachigen Ländern auf sich ziehen zu können. Um so betroffener waren sie dann, als sie mit dem neuen Stück bekannt wurden. Die meisten empfanden es als eine unerhörte Zumutung und weigerten sich, an seiner Aufführung mitzuwirken.

Das Stück, um das es ging, hat den Titel „Triptychon". Bei seiner Niederschrift bewährte Max Frisch ein weiteres Mal seine Meisterschaft in der Gestaltung dialogisierter Spannung. Aber er stellte seine Dichtung ganz in den Dienst des Themas „Tod" und gab diesem überdies eine höchst befremdliche Deutung.

In den siebziger und auch schon in den sechziger Jahren hatten die deutschsprachigen Schriftsteller den Tod für wenig interessant gehalten. Gegen das Ende der achtziger Jahre ist jedoch festzustellen, daß sich in dieser Hinsicht sehr viel geändert hat. Frischs „Triptychon" hat ein neues Nachdenken über den Tod in der Dichtung eingeleitet. Und nicht nur das. Ein bestimmtes Merkmal der Frischschen Dichtung, das zu ihrer Befremdlichkeit wesentlich beitrug, kehrte in den meisten Dichtungen unserer achtziger Jahre, in denen es um den Tod geht, wieder.

Es scheint, daß man die Bedeutung dieser Besonderheit besser begreifen kann, wenn man sie zu einem Kontrast in Bezug setzt.

---

* Der Sinn des Sterbens liegt nicht in ihm selbst, sondern in seinem „Ziel", dem Tod. Darum ist der Beitrag der Dichter zum Thema Sterben am besten aus ihrer Deutung des Todes zu erkennen.

Einen solchen findet man in den Anfängen unseres Jahrhunderts in Dichtungen, die für die Vorstellungen von der Bedeutung des Todes eine maßgebliche Bedeutung erlangten. Ich beschränke mich hier darauf, zwei Beispiele in Erinnerung zu bringen.

II

Im Jahre 1910 gab *Rainer Maria Rilke* seinen Roman „Die Aufzeichnungen des Malte Laurids Brigge" heraus, an dem er seit 1904 gearbeitet hatte. Darin handelte er von einem jungen Dänen, der in ländlichen Verhältnissen aufgewachsen, dann nach Paris gekommen ist und hier unter der Anonymität der Großstadtverhältnisse unendlich leidet. Die Anonymität begegnet ihm fortwährend im täglichen Leben, aber auch, und hier beeindruckt sie ihn womöglich noch tiefer, im Zusammenhang mit dem Tod. Einmal sagt er:

„Ich fürchte mich. Gegen die Furcht muß man etwas tun, wenn man sie einmal hat. Es wäre sehr häßlich, hier krank zu werden, und fiele es jemandem ein, mich ins Hôtel-Dieu zu schaffen, so würde ich dort gewiß sterben. [...] Dieses ausgezeichnete Hôtel ist sehr alt, schon zu König Chlodwigs Zeiten starb man darin in einigen Betten. Jetzt wird in 559 Betten gestorben. Natürlich fabrikmäßig. Bei so enormer Produktion ist der einzelne Tod nicht so gut ausgeführt, aber darauf kommt es auch nicht an. Die Masse macht es. Wer giebt heute noch etwas für einen gut ausgearbeiteten Tod? Niemand. Sogar die Reichen, die es sich doch leisten könnten, ausführlich zu sterben, fangen an, nachlässig und gleichgültig zu werden; der Wunsch, einen eigenen Tod zu haben, wird immer seltener." [1]

Die Furcht, eines Tages vielleicht einen Tod sterben zu müssen, der nicht sein eigener wäre, regt Malte an, sein Leben zu einem Kampf gegen die Anonymität zu nutzen. Er beginnt mit Aufzeichnungen und bemüht sich, möglichst vielen seiner Lebensumstände einen Abdruck der eigenen Persönlichkeit aufzuprägen, hoffend, auf diese Weise bewirken zu können, daß eines Tages auch das Sterben zu einem Ausdruck seines eigenen Wollens werde.

Wie ein solcher Wunsch in Erfüllung gehen könnte, stellte nahezu gleichzeitig *Thomas Mann* in seiner Novelle „Der Tod in Venedig",

---

[1] *Rainer Maria Rilke,* Die Aufzeichnungen des Malte Laurids Brigge, in: *ders.,* Sämtliche Werke, hrsg. von *Ernst Zinn,* Bd. 6, Insel Verlag Frankfurt a.M. 1966, 712–724.

die 1912 erschien, dar[2]. Einen in München lebenden Schriftsteller namens Aschenbach, der das fünfzigste Lebensjahr bereits überschritten und durch seine Werke ein beträchtliches öffentliches Ansehen errungen hat, erfaßt eine ihm zunächst rätselhafte Sehnsucht. Sie veranlaßt ihn zu einer Reise, die ihn schließlich nach Venedig führt. Ausgelöst wurde die Sehnsucht durch die Begegnung mit einem unbekannten Mann auf dem Friedhof und dadurch angeregte Gedanken an den Tod. Auf der Reise und dann auch in Venedig zeigen sich Aschenbach immer wieder Gestalten und Umstände, die für ihn einen Verweis auf den Tod enthalten.

In Venedig lernt Aschenbach eine polnische Familie kennen, der auch ein vierzehnjähriger Junge namens Tadzio angehört. Der Anblick dieses Jungen beeindruckt ihn tief, denn Tadzio ist von großer, von geradezu vollkommener Schönheit. In der Folge wird Aschenbach von dieser Schönheit immer mehr bezaubert. Er dichtet den Jungen um in die Erscheinung eines Gottes. Allmählich gesteht er sich ein, daß er dieses Göttliche, damit aber auch den Jungen selbst, zu lieben begonnen hat. Deutlich empfindet er, daß die Liebe ihn in einen Gegensatz zu jenen Werten menschlicher Würde bringt, für die er sich in seinen Schriften verwendet hat, ja daß sie im Grunde sein ganzes bisheriges Leben in Frage stellt. Jene seltsame Faszination durch den Tod war, wie er nun zu sehen beginnt, nichts anderes als ein Vorbote dieser sein Leben verneinenden Liebe. So geht sein Dasein nun auch zu Ende. Eine Choleraepidemie wütet in Venedig, und Aschenbach zieht sich eine Infektion zu. Aber die Cholera fällt ihn nicht von außen an. Sie verstärkt nur und materialisiert eine Tendenz seines eigenen Willens. Der Tod, den Aschenbach in Venedig stirbt, ist das von ihm selbst gewollte Ende seiner Gebundenheit an die Zeitlichkeit.

Wie Thomas Mann und Rilke, so ging es auch anderen Autoren der Jahre um 1900 um den eigenen Tod, um einen Tod, der sich als Vollendung des von einem Ich während seines Lebens Gewollten deuten ließ. Dementsprechend wurde die Todesproblematik durch die Umstände gebildet, die der Schaffung eines eigenen Todes einerseits entgegenstanden und andererseits förderlich waren. Als selbstverständlich vorausgesetzt wurde immer, daß es um den Tod des Ich gehe. Diese Vorstellung fand weite Verbreitung. Wenn Max Frischs

[2] *Thomas Mann,* Der Tod in Venedig, in: *ders.,* Stockholmer Gesamtausgabe. Die Erzählungen, S. Fischer Verlag Frankfurt a. M. 1966, 444–525.

Bühnenstück „Triptychon“ Befremden auslöste, so sicherlich mit deswegen, weil es zu dieser Vorstellung nicht paßt.

III

Der Titel „Triptychon“ läßt an drei selbständige, aber zusammengehörige Gemälde denken. Frischs Theaterwerk von 1978[3] stellt drei in sich gerundete, jedoch aufeinander bezogene Handlungsabläufe dar. Die Handlung des ersten Teils spielt in einem Trauerhaus und läßt spürbar werden, in welch große Verlegenheit wir heutigen Menschen geraten, wenn in unserem Bekanntenkreis jemand stirbt: wir wissen dann kaum mehr etwas auch nur halbwegs Vernünftiges zu sagen. Der zweite Teil spielt im Land der Toten, an den Ufern des Styx. Die Toten, die hier auftreten, scheinen miteinander zu sprechen. In Wahrheit ist es ihnen unmöglich, aufeinander einzugehen. Alle wiederholen immer nur, was sie immer schon gesagt haben. Ihr Sprechen ist wie das Ablaufen eines Tonbandes. Der dritte Teil handelt von einem Mann, der seine Geliebte durch den Tod verloren hat. Er ist ihr auch weiter verbunden, und bisweilen fühlt er sie in seiner nächsten Nähe, neben sich auf einer Bank. Dann kommt es sogar dazu, daß die tote Geliebte zu ihm spricht. Aber sie spricht als eine Tote: unfähig zu irgendwelchen neuen Erfahrungen, wiederholt sie nur wieder und wieder, was sie immer schon gesagt hat. Die Versuche des Mannes, neue Erlebnisse mit der Geliebten zu besprechen, erweisen sich als nicht realisierbar. So dringt das Eigentümliche des Totseins – das Nichtmehr-sich-ändern-Können – mehr und mehr in das Leben des Mannes ein. Er zieht daraus die Konsequenz und tötet sich.

In Frischs „Triptychon“ geht es um den Tod nicht des Ich, sondern des Du. Die Bedeutung, die in dieser Dichtung der Tod der Geliebten annimmt, wäre im Kontext von Rilkes „Malte“ oder von Manns „Tod in Venedig“ unvorstellbar. Manns Aschenbach bezieht sich auf den von ihm geliebten Knaben Tadzio nicht im Gespräch, und so würde ihn das Aussetzen einer wesentlichen Gesprächsmöglichkeit nach dessen Tod auch kaum belasten. Sein Tod wäre überhaupt für ihn keine Katastrophe. Einmal fragt er sich, ob er Tadzios

---

[3] *Max Frisch,* Triptychon. Drei szenische Bilder, Suhrkamp Verlag Frankfurt a.M. 1978.

Eltern, die anscheinend von der durch die Stadtverwaltung verheimlichten Choleraepidemie noch nichts gehört haben, nicht warnen müßte, und entschließt sich zu schweigen, weil ihm die Gefährdung von Tadzios Leben weniger bedeutet als die eigene Möglichkeit, sich an dessen Schönheit zu weiden. Und Rilkes Malte würde eine tiefere Betroffenheit über den Tod etwa einer geliebten Frau sich selbst geradezu als Schwäche ankreiden; er hat eine Liebeslehre entwikkelt, derzufolge ein Liebender lernen muß, vom Geliebten schon Abschied zu nehmen, bevor der Abschied von außen erzwungen wird. Für Rilke und für Thomas Mann war der Tod nur von Bedeutung, insofern er das Ich betraf. Natürlich beschäftigte sie auch der Tod anderer Leute, aber, so scheint es, nur in dem Maße, in dem sie den eigenen darin gespiegelt sehen konnten.

Bei Max Frisch ist selbstverständlich keineswegs zu unterstellen, daß ihm der Tod seines Ich gleichgültig wäre. Aber wahrscheinlich würde er *Wolfdietrich Schnurre* zustimmen, der in einem Interview des Jahres 1984 einerseits erklärte: „Der Tod, das ist mein Thema eins“[4], andererseits aber auch betonte: „[...] das Problem ist [...] nicht der eigene Tod. Mit dem hoffe ich doch zu Rande zu kommen. Das Problem ist der Tod meiner Nächsten.“[5] Jedenfalls hat sich Frisch zum Tod eines Freundes, des Juristen *Peter Noll,* auf ebenso ungewöhnliche wie bezeichnende Weise verhalten. Als er von Noll erfuhr, daß er von einem unheilbaren Krebsleiden geschlagen sei, bestärkte er ihn in der Absicht, von nun an seine Empfindungen und Gedanken aufzuzeichnen, besuchte ihn häufig zu Gesprächen und unternahm mit ihm zusammen eine Reise ins Land der pharaonischen Grabbauten. Seinem Wunsch entsprechend hielt er dann an seinem Grab die Totenrede. Später, im Jahre 1984, gab er die Diktate Peter Nolls heraus[6]. Der Tod des Freundes wurde für ihn zum ganz persönlichen Problem. Dies mag mit einer individuellen Eigenart Frischs zusammenhängen, aber mit Sicherheit spielen dabei auch andere Momente eine Rolle. Ein verwandtes Verhalten wurde in der Literatur unserer achtziger Jahre von den verschiedensten Autoren dargestellt.

---

[4] *Wolfdietrich Schnurre,* Gott im Termitengehirn? Fragen an einen Atheisten, in: *Karl-Josef Kuschel,* Weil wir uns auf dieser Erde nicht ganz zu Hause fühlen. 12 Schriftsteller über Religion und Literatur, Piper Verlag München – Zürich 1985, 93.

[5] *W. Schnurre* (s. Anm. 4) 92.

[6] *Peter Noll,* Diktate über Sterben & Tod. Mit der Totenrede von Max Frisch, Piper Verlag München – Zürich 1987 (zuvor: Pendo Verlag Zürich 1984).

IV

Die Umwandlung der Todesproblematik zeigt sich besonders eindrucksvoll an *Martin Walsers* 1985 erschienenem Roman „Brandung"[7]. In seinem Zentrum steht ein Stuttgarter Deutschlehrer namens Helmut Hahn, der einer Bitte eines inzwischen in Kalifornien Professor der Germanistik gewordenen Studienfreundes entspricht, sich für ein Dreivierteljahr von seiner Schule beurlauben läßt und eine Vertretung an der Washington University Oakland bei San Francisco übernimmt. In Kalifornien erlebt er die „Brandung" nicht allein des Pazifik – einmal wird er am Strand von den Wellen übel zugerichtet –, sondern auch des universitären Lebens unter der südlichen Sonne. Aufs Konzentrierteste erscheint diese ihn faszinierende Vitalität an einer Studentin namens Fran – was Francisca bedeutet –, die immer wieder seinen Rat sucht, aber auch ihn, den Vater erwachsener Töchter, der zusammen mit seiner Ehefrau nach Kalifornien gekommen ist, als Mann in Verwirrung bringt. Nachdem er ihr erstmals begegnet ist, sieht er sie in der Mittagszeit wieder, als die Studenten sich im Campusgelände ausruhen. Ein alter Friedhof ist in dieses Gelände einbezogen worden, und das Mädchen hat sich an ein Grab gelegt:

„Überall lagen jetzt Studenten wie Denkmäler im Grünen. Wenn Kühe nach stundenlangem Fressen sich zum Wiederkäuen niederlassen, kommt es auch zu solchen götterhaften Lagerungen. Campus-Mittagsruhe, vertieft von den Glockenschlägen des Campanile. Plötzlich sah er Grabsteine. Auf bloßem Rasen. Einzelne Studenten und Studentinnen lagen zwischen den Gräbern und auf ihnen. Lesend, dösend, wiederkäuend.

Manchen, die ihre Knie angezogen und darauf eine Schreibtischunterlage plaziert hatten, dienten Grabsteine als Lehne. Vor einem Grabstein lag auf dem Rücken, ein Bein angezogen, das andere ausgestreckt, das Mädchen, das ihn nach der Konversationsstunde angesprochen hatte. Sie hatte einen Arm über das Gesicht gelegt, aber er erkannte sie an der grellblauen Turnhose mit dem breiten weißen runden Ausschnitt. Sie lag genau vor dem Grabstein. Die braunen Beine glänzten in der Sonne."[8]

Ähnlich wie Thomas Mann in die erwähnte Novelle hat Martin

---

[7] *Martin Walser,* Brandung. Roman, Suhrkamp Verlag Frankfurt a.M. 1985.
[8] *M. Walser* (s. Anm. 7) 41–42.

Walser in diesen Roman um den Deutschlehrer Helmut Hahn eine auf den Tod verweisende Motivkette eingearbeitet. Sie ist jedoch auf den Tod nicht der Hauptgestalt, sondern auf den des Mädchens Fran bezogen. Helmut Hahn muß sich mit dem Tod der jugendlichen Vitalität, die sich an Fran dem Gealterten in allem Zauber noch einmal gezeigt hat, auseinandersetzen. Als wesentliche Stärkung empfindet er den nie fraglich werdenden Bezug zu seiner Frau Sabine. Ihr stellt sich auf andere Weise eine ähnliche Aufgabe wie ihm. Zu Beginn des Romans muß sie ihrer Mutter bei ihrem Sterben beistehen. Später läßt sie ihren Mann in Kalifornien zurück, um zu ihrem Vater zu reisen, der schwer erkrankt ist und ihre Nähe nötig hat. Auch ihn begleitet sie beim Sterben.

In diesem Roman erscheint die Liebestreue, wie sie einerseits Ehegatten, andererseits Kinder und Eltern verbinden kann, als eine geistige Macht, die der Destruktionskraft des Todes die Waage zu halten vermag. In anderen Dichtungen der achtziger Jahre wurde jedoch, wie schon in Frischs „Triptychon“, dargestellt, daß Menschen dem einbrechenden Tod gegenüber recht wehrlos sind. Damit erweist sich ihre bisherige Lebensweise als fragwürdig.

V

Zu diesen Dichtungen gehört eine Erzählung, die *Christoph Hein* 1982 unter dem Titel „Der fremde Freund“ in der DDR und 1983 in der Bundesrepublik Deutschland (wo dieser Titel bereits besetzt war) unter dem Titel „Drachenblut“ herausgab[9]. Sie beginnt mit der Darstellung der Verwirrung, in der sich eine jüngere Ärztin befindet, weil sie sich zunächst nicht entscheiden kann, ob sie an einer bestimmten Bestattung teilnehmen soll. Der Verstorbene ist ein „fremder Freund“ von ihr, ein Mann, der ein Familienvater war, sich von zu Hause jedoch gelöst und längere Zeit mit ihr, die ihrerseits geschieden war, zusammengelebt hatte. Schließlich meint die Ärztin, sie sollte an dem Begräbnis doch teilnehmen. Aber das ist insofern nicht ganz einfach für sie, als sie auf dem Friedhof zwei wartende Trauergesellschaften vorfindet und zunächst nicht weiß, welche davon an der Bestattung ihres fremden Freundes teilnehmen will.

[9] *Christoph Hein,* Drachenblut. Novelle, Luchterhand Verlag Darmstadt und Neuwied 1983 (zuvor als „Der fremde Freund“, Aufbau Verlag Berlin und Weimar 1982).

Der Tod des Freundes wird für die Ärztin zum Anlaß, über sich und die Zeit des gemeinsamen Lebens nachzudenken. Sie kommt zu dem Ergebnis, daß ihr im Grunde nichts Schlimmes mehr passieren kann. Sie hat ihr Ich in – daher der zweite Titel – „Drachenblut" gebadet und dadurch unverletzlich gemacht. Niemand und nichts kann an sie herankommen. So sagt sie sich. Aber diese forschen Worte sind – der Leser spürt es und er soll es spüren – in Wahrheit ein Eingeständnis ihrer menschlichen Katastrophe.

Im selben Jahr 1982, in der diese Dichtung erstmals erschien, gab *Thomas Bernhard* den Roman „Beton" heraus[10]. Darin beschrieb er einen Mann, der sich eine Drachenhaut dringend, aber vergeblich wünscht. Dieser Mann, er heißt Rudolph, hat sich entschlossen, über Felix Mendelssohn-Bartholdy, seinen Lieblingskomponisten, eine Abhandlung zu verfassen, vermag sich jedoch nicht die dazu nötige Ruhe zu verschaffen. Was ihn stört, sind nicht – wie er sich selbst gegenüber behauptet – äußere Umstände oder Vorgänge, sondern Beunruhigungen in seinem Inneren. Sie wurden vor einiger Zeit durch ein Gespräch ausgelöst, das er auf Mallorca mit einer Frau führte. Diese, eine Deutsche, berichtete ihm vom Tod ihres Mannes. Er war vom Balkon auf den betonierten Vorplatz des Hotel gestürzt, den Verletzungen erlegen und, wie in Mittelmeerländern üblich, in einem Betonkasten beigesetzt worden. Rudolph begleitete die Frau zum Friedhof. Der Anblick des Betonkastens, in den man den Toten eingeschlossen hatte, löste in ihm abgründige Angst aus. Seither hat er in einer unstillbaren Verstörtheit gelebt. Nun kehrt er nach Mallorca zurück, sucht den Friedhof abermals auf und findet auf dem Betonkasten, der den Namen jenes Mannes trägt, auch den Namen der Frau. In Rudolph verdichtet sich die Angst, bis sie schließlich geradezu explodiert.

Ebenfalls mit Panik, wenngleich nicht mit einer derart fassungslosen, wird in *Adolf Muschgs* Roman „Baiyun oder die Freundschaftsgesellschaft" von 1980 der Tod beantwortet[11]. Eine Gruppe von Schweizern hat die Möglichkeit zu einer Reise durch China erhalten. Der Leiter der Gruppe stirbt unter unklaren Umständen. Die Reise wird fortgesetzt, aber die Mitglieder der Gesellschaft mißtrauen sich nun wechselweise. Die Möglichkeit eines Mordes ist

---

[10] *Thomas Bernhard,* Beton, Suhrkamp Verlag Frankfurt a.M. 1982.

[11] *Adolf Muschg,* Baiyun oder die Freundschaftsgesellschaft. Roman, Suhrkamp Verlag Frankfurt a.M. 1980.

nicht auszuschließen, und keiner ist über jeglichen Verdacht völlig erhaben. Die freundschaftliche Gemeinsamkeit zerreißt. Man äußert sich untereinander nur noch nach taktischen Gesichtspunkten.

In Max Frischs Bühnenstück „Triptychon" sagte eine der Personen einmal: „Ernst Bloch ist auch gestorben – Die Zukunft gehört der Angst." [12] Mit diesem Wort hat Frisch einen Zug bezeichnet, der in den achtziger Jahren bestimmend werden sollte (aber zunächst ungemein schockierend wirkte). Allerdings ist die Angst nicht die einzige und letzte Antwort auf den Einbruch des Todes geblieben. Das gab schon der kurz erörterte Roman „Brandung" von Martin Walser von 1985 zu erkennen. Eine Reihe weiterer Dichtungen bezeugt dasselbe.

VI

Ein erstes Beispiel bietet der Roman „Eis auf der Elbe" von *Ingeborg Drewitz,* der 1982 erschien.[13] Er handelt von einer wie die Autorin selbst in West-Berlin lebenden Frau Mitte der Fünfzig, die sich zu einer Auseinandersetzung mit dem Tod gedrängt fühlt. Anlaß dazu gibt ihr ein Nachbar:

„Gegenüber ist noch Licht. Ich weiß, das bleibt jede Nacht eingeschaltet. Da lebt ein alter Mann. Er soll seine Wohnungstür mit einer Eisenplatte verbarrikadiert und mit vier oder fünf Sicherheitsschlössern verriegelt haben. Ein Mann in den Achtzigern. Ein Mann, der Angst hat." [14]

Der Nachbar der Frau ist vom Tod offensichtlich in Panik versetzt worden. Sie selbst sucht sich dagegen zu wehren, indem sie eine Art von Tagebuch beginnt. Eigentlich hat sie kaum Zeit dazu. Sie übt den Beruf einer Strafverteidigerin aus und läßt sich von ihm erheblich, auch seelisch, beanspruchen. Gleichzeitig nimmt sie am nicht einfachen Leben ihrer drei erwachsenen Töchter und deren Familien teil. Aber das Schreiben wird für sie zur Notwendigkeit, weil sie dringend einer Klärung bedarf. Ein Ereignis hat sich zugetragen, von dem sie zwar weiß, daß es sie tief angeht, aber noch nicht, was es

---

[12] *M. Frisch* (s. Anm. 3) 92.

[13] *Ingeborg Drewitz,* Eis auf der Elbe, Claassen Verlag Düsseldorf 1982 (Taschenbuchausgabe Goldmann Taschenbücher 6740).

[14] *I. Drewitz* (s. Anm. 13) 6.

eigentlich für sie bedeutet: der Tod ihres Mannes. In ihren Aufzeichnungen fragt sie nach dem Sinn dieses Todes. Dabei wird ihr das Leben ihres Mannes problematisch, auch das eigene, das gemeinsame der Ehe, ebenfalls das kollektive der Zeit, in die sie hineingeboren wurden.

Auch Rilkes Malte hat einst mit Aufzeichnungen gegen die Angst angekämpft. Ihm ging es darum, den Beweis zu liefern, daß er trotz der Anonymität seiner Umwelt als ein Ich existieren und gegen die Umwelt sogar sich durchzusetzen vermochte. Eine solche Beweisführung wäre für die Berliner Strafverteidigerin abwegig. Der Existenz ihres Ich ist sie völlig sicher, da sie fortwährend erlebt, wie dieses von den Klienten, von den Töchtern und von deren Kindern beansprucht wird. Und ihre Aufzeichnungen anzufertigen, um sich gegenüber der Umwelt durchzusetzen, würde ihr als geradezu absurd erscheinen, weil es ihr ja um Menschen geht, die in bestimmte Bezüge der sozialen Wirklichkeit eingebunden sind und denen sie durch ihr Schreiben nicht im mindesten helfen kann. Sie fertigt ihre Aufzeichnungen an, weil sie meint, Rechenschaft ablegen, Zeugnis geben zu sollen. Der alte Mann in der benachbarten Wohnung ist inzwischen wohl gestorben, und er hat wahrscheinlich kein Zeugnis hinterlassen.

„Seit die Wohnung des alten Mannes gegenüber nicht mehr bewohnt ist, nicht mehr bewohnt zu sein scheint, weiß ich, warum ich das Tagebuch führe. Sie könnten mich auch so finden, allein in der Wohnung. Ob sie dann in der Kladde auf dem Schreibtisch blättern würden (altmodische Novellen fangen oft so an)?, ob sie innehalten würden über den Einzelheiten, begreifen würden, daß ich versucht habe, ein gewöhnliches Leben zu leben, und daß es mir nicht leichtgefallen ist?“ [15]

Freilich, es ist gar nicht sicher, daß die Aufzeichnungen nach ihrem Tod gefunden und ernsthaft gelesen würden.

„Wahrscheinlich werden sie in Eile sein, die Notizen achtlos wegwerfen, weil die Wohnung rasch geräumt werden muß, eine Eigentumswohnung, die sich gut vermieten oder verkaufen läßt.“ [16]

Gleichwohl werden die Aufzeichnungen fortgesetzt. Für wen sind sie eigentlich bestimmt?

Ingeborg Drewitz datierte die Tagebuchnotizen ihrer Strafvertei-

---

[15] Ebd. 111.
[16] Ebd. 112.

digerin auf die Zeit vom März und April 1981. Damals arbeitete im Osten des geteilten Berlin *Christa Wolf* an einer Erzählung, die 1983 unter dem Titel „Kassandra" erscheinen sollte.[17] Wir wissen davon dank ihrer Schrift „Voraussetzungen einer Erzählung: Kassandra". In Kassandra stellte Christa Wolf ebenfalls einen Menschen dar, der in Angst ist vor dem Tod. In der Hauptgeschichte der Erzählung wird Kassandra nach dem Ende des Trojanischen Kriegs als Kriegsgefangene nach Mykenae gebracht. Vor den Toren des Königspalastes wartet sie darauf, gerufen zu werden. Sie weiß, wenn sie ihren Namen hören wird, ist der Augenblick ihres Todes gekommen: Man wird sie umbringen.

„Die Angst sprang mich an, als der Wagen, den die müden Pferde langsam den Berg heraufgeschleppt hatten, zwischen den düsteren Mauern zum Halten kam. Vor diesem letzten Tor. [...] Angst kenn ich ja, doch dies ist etwas andres."[18]

Dann, wartend auf ihren Tod, fing in ihr ein Nachdenken an, ein Nachdenken nicht über den eigenen Tod, sondern über den ihrer Familie, ihrer Freunde, ihres Volkes. Kassandra begann zu fragen, wie es zum Untergang Troias wohl gekommen sei. Bald merkte sie, daß die Antwort schwer und sehr schmerzlich war. Aber sie empfand auch, daß sie sie jetzt finden und formulieren müsse. Sie meinte, es werde von ihr gefordert, Zeugnis abzulegen für ihr eigenes Leben und für das Leben ihres Volkes. Es gab keinen Menschen, der dies hätte verlangen, und auch keinen, dem sie es hätte darbringen können. Gleichwohl bekannte sie sich zu dieser Pflicht:

„Ich will Zeugin bleiben, auch wenn es keinen einzigen Menschen mehr geben wird, der mir mein Zeugnis abverlangt."[19]

Kassandra fragte sich, wessen Geheiß sie damit denn erfülle. An die Götter, denen sie als Priesterin gedient hatte, glaubte sie längst nicht mehr:

„Was hält mich denn. Wer sieht mich noch. Bin ich, die Ungläubige, denn immer noch im Mittelpunkt der Blicke eines Gottes, wie als Kind, als Mädchen, Priesterin? Gibt sich das nie.

Wohin ich blicke oder denke, kein Gott, kein Urteil, nur ich selbst. Wer macht mein Urteil über mich bis in den Tod, bis über ihn hinaus, so streng."[20]

---

[17] *Christa Wolf,* Kassandra. Erzählung, Hermann Luchterhand Verlag Darmstadt und Neuwied 1983.
[18] Ebd. 11. [19] Ebd. 27. [20] Ebd. 27f.

Kassandra weiß nicht, wer es ist, der das Zeugnisablegen von ihr verlangt. Deutlich ist für sie jedoch, daß er seinen Ort jenseits des Todes hat[21].

Es entspricht der historischen Bedingtheit einer ungläubig gewordenen troischen Priesterin, wenn Kassandra keinen Namen zu nennen weiß. Vermutlich steht dies außerdem auch in Übereinstimmung mit der geistigen Situation der Autorin; Christa Wolf hat ja lange als Marxistin gelebt und gedacht, und so bedeutete das Auftauchen der Gestalt Kassandras vor ihrem inneren Auge für sie selbst eine nicht geringe Überraschung. Aber wahrscheinlich sind diese Erklärungen für das Ausbleiben eines Namens unzureichend. Im selben Jahr 1983, in dem „Kassandra" erschien, gab *Luise Rinser* einen Roman mit dem Titel „Mirjam" heraus,[22] in dem sie die Maria Magdalena des Neuen Testaments gleichfalls Zeugnis ablegen ließ, sie angesichts des Untergangs ihrer Heimatstadt Jerusalem. Mirjam ist nicht, wie Kassandra, unmittelbar ihrerseits vom Tod bedroht, aber ähnlich wie diese meint sie aufgerufen zu sein, in Gedanken die Wahrheit über die eingetretene Katastrophe ans Licht zu bringen. Einer biblischen Person wäre es gewiß nicht unangemessen, wenn sie die Überzeugung ausspräche, daß der Auftraggeber Gott sei. Da Luise Rinser von der christlichen Tradition eine starke Prägung erfuhr, wäre es ihr kaum allzu schwer gefallen, ihre Mirjam solches sagen zu lassen. Aber auch in dem Roman um Mirjam bleibt der Auftraggeber unbenannt. Mirjam wird zu ihrem Zeugnisablegen motiviert durch ihre Liebe zu Jeschua – „Jesus" –, von dem sie mitansehen mußte, wie er den Tod am Kreuz starb, von dem sie aber auch weiß, daß er zu einem neuen Leben auferstanden ist. Wer war, wer ist er? Diese Frage sucht sie sich erzählend zu beantworten.

Wer immer es auch sei, der angesichts von Untergang und Tod das erzählende Zeugnisablegen verlangt, er leitet damit bei dem Menschen, der dem Anspruch gehorcht, offenbar eine Veränderung ein. Das zeigt sich besonders deutlich an Kassandra. Anfangs fühlt sie sich der Angst vor dem eigenen Tod wehrlos preisgegeben. In dem Maße, in dem sie sich erzählend erklärt, wie es zum Untergang ihrer Heimat Troia gekommen ist, sieht sie sich in einen umfassen-

---

[21] Eine ausführliche Deutung von Christa Wolfs Erzählung „Kassandra" findet sich in *W. Falk,* Die Ordnung in der Geschichte. Eine alternative Deutung des Fortschritts, Burg Verlag Stuttgart – Bonn 1985, 420–461.

[22] *Luise Rinser,* Mirjam, S. Fischer Verlag Frankfurt a. M. 1983.

den Zusammenhang einbezogen und als eine Folge davon kehrt in ihr Ruhe ein.

Auf detailliertere Art hat eine derartige Veränderung *Adolf Muschg* in dem 1984 publizierten Roman „Das Licht und der Schlüssel" dargestellt[23]. Die Hauptgestalt ist ein Mensch, der eines normalen Lebens nicht mehr fähig ist und darum – in der Metapher – als Vampir existiert. Er lernt eine Frau kennen, die ihrerseits auf anscheinend unheilbare Weise krank ist und bisweilen unter großen Schmerzen leidet. Da er im Keller des Hauses, in dem diese Frau wohnt, untergekommen ist, kann er ihr, wenn die Schmerzen kommen, beistehen. Er setzt sich zu ihr und erzählt ihr. Durch das Zuhören wird sie in eine weitere geistige Welt geführt, und das übt eine heilsame Wirkung auf sie aus. Allmählich bessert sich ihr Zustand in solchem Maße, daß sie das Haus, an das sie lange gebunden war, auch wieder verlassen kann. Bei einem Ausflug lernt sie einen jungen Mann kennen, und die beiden verlieben sich ineinander. Der Vampir sieht das mit Schmerz, denn er hat sich selbst in die Frau verliebt. Aber da er sie glücklich sieht, geht er zu Ärzten und fleht sie an, alles zu tun, um den Heilungsprozeß zu stützen: sie liebt und soll leben. Indem er derart aus einer Liebe handelt, die ihre eigenen Wünsche dem Geliebten opfert, tritt er selbst allmählich aus dem Vampirdasein hinaus in ein auch für ihn wieder möglich werdendes Leben.

Die mit dem Zeugnisablegen eintretende Veränderung kann nun auch zur Folge haben, daß eine Nennung des Namens der anrufenden höheren Macht möglich wird. Dies ist dem 1985 erschienenen Roman „Die letzte Posaune" von *Inge Merkel* zu entnehmen[24]. Er beginnt mit folgenden Darlegungen eines Prof. Dr. E. H. Schlesinger, Facharzt für Psychiatrie und Nervenheilkunde, über eine Frau Dr. Antonia Pictor, die Hauptgestalt des Romans:

„Die verwirrenden bis abstrusen, oftmals auch bestürzenden Erscheinungen, die das Leben der Frau Dr. Pictor viele Monate hindurch beherrscht haben, Erscheinungen, die ich als ‚beklemmend mit einem Schuß Lächerlichkeit' bezeichnen möchte, haben nach meiner Berechnung im Sommer 1982 mit dem Tod ihres Vaters eingesetzt. Dieser Tod wurde von Frau Pictor nicht als die natürliche

---

[23] *Adolf Muschg,* Das Licht und der Schlüssel. Erziehungsroman eines Vampirs, Suhrkamp Verlag Frankfurt a.M. 1984.

[24] *Inge Merkel,* Die letzte Posaune. Roman, Residenz Verlag Salzburg 1985.

Folge einer Krankheit oder des hohen Alters empfunden, sondern als der vage Endpunkt eines lang hingezogenen, keineswegs als Leiden erlebten Absterbens mehr der Seele denn des Körpers. Der Prozeß wurde von der Tochter mit einer auffallenden, fast möchte ich sagen ‚anstößigen' Neugier und Genauigkeit beobachtet und beschrieben.

Sie stand zu dieser Zeit im sechzigsten Lebensjahr."[25]

Der Tod des Vaters bewirkte bei Frau Pictor nach ihrer eigenen Beschreibung, daß der „Kokon", in dem sie bis dahin gelebt hatte, aufgerieben wurde. Mit dem „Kokon" meinte sie ein „Schutzgehäuse", das sie folgendermaßen charakterisierte: „Fäden, aus dem Rocken der Zeit gezogen, eingespeichelt mit dem süßen Seim der Kindheit und versponnen zum Filzgeweb aus Erfahrung, Gewohnheit, angelerntem Wissen, verschrobener Spekulation und vagen Träumen; ein Gespinst, in das die verängstigte Seele einschlüpft und mit dem sie sich abschirmt gegen die lebendige Flut der Erscheinungen, bis sie alles nur mehr durch einen grauen Flor wahrnimmt."[26]

Seitdem das Schutzgehäuse der Seele zerfasert ist, machte sich in Frau Pictor das Bedürfnis geltend, beim Nachdenken keine Rücksicht auf Konventionen zu nehmen. Eine der wichtigsten Konventionen moderner Intellektueller besagt, daß die Annahme einer Einwirkung übermenschlicher Mächte auf den Menschen primitiv und daher indiskutabel sei. Gerade mit dieser Konvention brach nun Frau Pictor. Sie begann, bei der Interpretation ihrer Erfahrungen Begriffe wie „Gott", „Engel", „Teufel", „Dämonen" zu verwenden. Manche dieser ungewöhnlichen Überlegungen teilte sie einem befreundeten Mann mit, der seit den gemeinsamen Kindertagen etwas wie ein vertrauter Bruder für sie war. Die meisten erschienen ihm derart bizarr, daß er sich mit dem Psychiater Prof. Schlesinger und auch mit dem Ehemann von Frau Pictor in Verbindung setzte. Letzterer stellte fest, daß seine Frau fortwährend Aufzeichnungen machte und diese dann wegwarf. Er holte sie aus dem Papierkorb und übergab sie dem Psychiater, der sie dann – zusammen mit den Gesprächsprotokollen, die ihm ebenfalls mitgeteilt wurden – ordnete (und damit den Haupttext des Romans herstellte). Nachdem er einen Teil dieser Äußerungen durchgearbeitet hatte, notierte er folgendes:

---

[25] Ebd. 5.

[26] Ebd. 8.

„Wenn ich so durchblättere, was sich allmählich angesammelt hat [...], dann muß ich zugeben, daß sich da allerhand Ungeheuerlichkeiten darin finden: [...]

Was ist da noch normal und was muß man als wahnhaft bezeichnen? Auf der einen Seite ist es kein Wunder, wenn Adam – um im Jargon zu bleiben – zuweilen aus der Haut fährt, wenn er sich den ‚Mächten' ausgesetzt fühlt, ein wehrloser Tor. Auf der anderen Seite wieder kann man es auch nicht als ganz unauffällig bezeichnen, wenn eine erwachsene Frau, weder aus Berufsgründen noch Frömmlerin, Gott und den Satan, Himmel und Hölle und Chaos zu ihrem alltäglichen Interessengebiet erklärt und diese Dinge allmählich den Charakter einer Obsession oder ‚überwertigen Idee' anzunehmen drohen. Immerhin hat die Person daneben noch einen Beruf und eine Familie und kann sich nicht den Luxus einer Bet- und Grübelzelle in einem Kloster leisten!"[27]

Indem Inge Merkel den Psychiater derartige Bedenken formulieren ließ, legte sie dem Leser die Frage nahe, was denn an den Äußerungen von Frau Pictor jenseits ihrer Skurrilität das Ernsthafte sein könne. Mir scheint, daß sie diese Frage ihrerseits auch gleich beantwortete, und zwar dadurch, daß sie ihrer Frau Pictor um die 400 Seiten für ihre Absonderlichkeiten zur Verfügung stellte. Ernst zu nehmen wäre, so wollte Inge Merkel ihren Lesern wohl sagen, nicht jede der notierten Überlegungen, wohl aber ihre gemeinsame Tendenz. Diese aber ist insofern eindeutig, als sie über den Existenzraum des individuellen Lebens hinausdrängt und nach Zusammenhängen Ausschau hält, die jenseits des Todes gegeben sein mögen.

VII

Mir scheint, daß die genannte Tendenz auch in den anderen Dichtungen seit Frischs „Triptychon", in denen der Tod eines Du zum Movens wird, angelegt ist. Soweit in ihnen der Einbruch des Todes nur mit Angst beantwortet wird, ist dies allerdings unmittelbar nicht zu erkennen; denn die Angst hat keine Worte, sie ist ein bloßer Schrei. Aber zur Eigenart des Schreis gehört es, daß er stumm um eine Antwort fleht, und die vom Tod eines Du ausgelöste Angst könnte eine stillende Antwort nur von einem Ort aus erfahren, der

[27] Ebd. 157f.

dem Tod überlegen wäre. In jenen anderen Dichtungen, die eine positive Auseinandersetzung mit dem Tod eines Du darstellen, wurde dieser Ort ebensowenig beschrieben wie in denen vom Angstschrei. Jedoch versichern diese alle, daß dem Leben ein Sinn innewohne, der durch den Tod des Du zwar getrübt, aber nicht zerstört werde, und damit bekennen sie mit Nachdruck einen Glauben an die Existenz eines solchen Ortes. Direkt und ausdrücklich von ihm zu sprechen, scheint allerdings vorderhand noch unmöglich zu sein, es sei denn – darum wohl hat Inge Merkel die genannte Form ihres Romans gewählt – um den Preis, als verrückt zu erscheinen.

Das Schweigen über das Sein nach dem Tod mag man als nahezu selbstverständlich empfinden, solange man sich mit der Dichtung oder auch anderen Geistesprodukten nur der letzten Jahrzehnte beschäftigt. Blickt man aber über diesen kurzen Zeitraum hinaus, etwa durch die Lektüre von *Walther Rehms* Abhandlung „Der Todesgedanke in der deutschen Dichtung vom Mittelalter bis zur Romantik“ von 1928[28] oder auch der sozialgeschichtlichen Untersuchung von *Philippe Ariès* „Geschichte des Todes“, die 1978 im französischen Original, 1980 in deutscher Übersetzung erschien,[29] so wird deutlich, daß das „Jenseits“ in früheren Zeiten nicht als völlig unbekanntes Land galt. Wenn man den von der christlichen Tradition geprägten Bereich der Geschichte überschreitet, ist dasselbe zu konstatieren. Für manche Kulturen, etwa für die altägyptische oder für die Megalithkultur, erlangte der Bezug aufs Jenseits sogar eine geradezu fundamentale Bedeutung. In anderen Kulturen hat man ihn nicht ganz so sehr betont, aber gab es jemals eine Kultur, in der er in solchem Maße abwesend war wie in der intellektuellen Welt unserer letzten Jahrzehnte? Mir scheint, daß der Bezug aufs Jenseits den meisten Menschen der geschichtlichen Vergangenheit als das Allernatürlichste galt, zumindest seit den Zeiten des Neandertalers, in denen die Zeugnisse davon in der Form von Bestattungen und Beigaben für das Leben nach dem Tod nach heutiger Kenntnis einsetzten.

Die erwähnten Dichtungen unserer achtziger Jahre vermitteln den

---

[28] *Walther Rehm,* Der Todesgedanke in der deutschen Dichtung vom Mittelalter bis zur Romantik, Max Niemeyer Verlag Halle an der Saale 1928 (Zweite Auflage Wissenschaftliche Buchgesellschaft Darmstadt 1967). Vgl. auch *ders.,* Orpheus. Der Dichter und die Toten. Selbstdeutung und Totenkult bei Novalis, Hölderlin, Rilke, Düsseldorf 1950.

[29] *Philippe Ariès,* Geschichte des Todes, Hanser Verlag München – Wien 1980.

Eindruck, daß eine Wiederentdeckung der Dimension des Jenseits in Gang gekommen sei. Freilich könnte man auch die Meinung vertreten, daß es sich um eine bloße Mode handle, die rasch vorübergehen werde. Mir scheint indessen, daß eine solche These nur so lange überzeugen könnte, als man sich nicht klargemacht hat, wie es dazu gekommen ist, daß das Jenseits aus der ernsthaften intellektuellen Diskussion verschwand.

VIII

Die eingangs erwähnten Dichtungen von Rilke und Th. Mann um den eigenen Tod enthalten einen deutlichen Hinweis auf die Ursache der zeitweiligen Verdeckung des Jenseits. Die Hauptgestalten der beiden Dichtungen, Malte und Aschenbach, sind Menschen, die als wirklich gültig nur das anerkennen, was sie selbst geschaffen haben. Menschen dieser Art nehmen eine Haltung zum Leben ein, die in aller Konsequenz erstmals von *Immanuel Kant* herausgearbeitet worden ist. In seiner Schrift „Idee zu einer allgemeinen Geschichte in weltbürgerlicher Absicht" von 1784 erklärte er: „Die Natur hat gewollt: daß der Mensch alles, was über die mechanische Anordnung seines tierischen Daseins geht, gänzlich aus sich selbst herausbringe, und keiner anderen Glückseligkeit, oder Vollkommenheit, teilhaftig werde, als die er sich selbst, frei von Instinkt, durch eigene Vernunft, verschafft hat."[30] Diese These hatte vielfältige Auswirkungen. Im Hinblick auf die Bedeutung des Todes war aus ihr zu folgern, daß dieser entweder ein bloß naturhafter Vorgang sei und dann jegliche Auszeichnung des Menschen gegenüber den anderen irdischen Lebewesen zerstören würde oder daß er, vom menschlichen Subjekt in seinen Willen aufgenommen, derart zum „eigenen" gemacht und dadurch zum Zeichen höchster menschlicher Souveränität umgeschaffen würde. In der Dichtung des 19. Jahrhunderts läßt sich ein Prozeß erkennen, in dem die Fähigkeit zum eigenen Tod mehr und mehr gesteigert wurde. Die erörterten Dichtungen von Rilke und Th. Mann manifestieren Höhepunkte, die darin erreicht wurden. Allerdings sind sie auch Zeugnisse einer Krisenerfahrung.

---

[30] *Immanuel Kant,* Idee zu einer allgemeinen Geschichte in weltbürgerlicher Absicht, in: *ders.,* Werke in sechs Bänden, hrsg. von Wilhelm Weischedel, Bd. V, Wissenschaftliche Buchgesellschaft Darmstadt 1964, 36.

Wenn ein menschliches Ich seine schöpferischen Kräfte derart verstärkt, daß es sogar seinen eigenen Tod hervorzubringen vermag, so verfügt es sicherlich über eine außerordentliche Macht. Aber diese wendet es gegen die Existenz seiner selbst, die ja, indem sie in den Tod eingeht, aufhört. Die Macht des Ich auch in dieser Form zu bejahen ist schwierig. Für Dichter wie Rilke und Mann erwies es sich als fast unmöglich, solange sie keinen weiteren Zusammenhang zu sehen vermochten, in den hinein das Ich mit seiner Vernichtung sich auflösen konnte. Darum empfanden es die beiden Dichter ebenso wie viele ihrer Zeitgenossen als ein großes Glück, als ein solcher Zusammenhang sichtbar wurde. Das geschah für sie mit dem Ausbruch des großen Krieges von 1914. Zusammen mit Millionen und aber Millionen von Menschen in den vom Krieg betroffenen Ländern, und zumal auch den meisten Intellektuellen, jubelte die Mehrzahl der deutschen Dichter dem ausbrechenden Krieg begeistert zu. Rilke pries ihn als einen heilbringenden „Gott" und schrieb:

„Und nun aufstand er: steht: höher
als stehende Türme, höher
als die geatmete Luft unseres sonstigen Tags.
Steht. Übersteht. Und wir? Glühen in Eines zusammen,
in ein neues Geschöpf, das er tödlich belebt.
So auch *bin* ich nicht mehr; aus dem gemeinsamen Herzen
schlägt das meine den Schlag, und der gemeinsame Mund
bricht den meinigen auf." [31]

Im Krieg hat man damals ein dem Tod der Individuen übergeordnetes Jenseits gesichtet und gefeiert [32].

Im Verlauf des Krieges wurde allerdings für die meisten Menschen die weitere Bejahung seiner Gegenwart immer schwieriger und oft geradezu unmöglich. Allmählich empfand man ihn nicht mehr als einen heilbringenden Gott, sondern als einen menschenfeindlichen Dämon. Diese Sicht fand auch in der Dichtung ihren Ausdruck. Bei *Franz Kafka* und Autoren, die als Expressionisten gelten, wie *Georg Heym, Alfred Döblin, Georg Trakl* u.a., wurde immer wieder das Hereinbrechen übermenschlicher Zerstörungs-

---

31 *Rainer Maria Rilke,* Sämtliche Werke, hrsg. von *Ernst Zinn,* Bd. 2, Insel Verlag Frankfurt a.M. 1956, 89.

32 Vgl. *W. Falk,* Der kollektive Traum vom Krieg. Epochale Strukturen der deutschen Literatur zwischen „Naturalismus" und „Expressionismus", Carl Winter Universitätsverlag Heidelberg 1977.

kräfte Thema. Bisweilen wurden diese als dämonischer Krieg dargestellt. Das geschah in einigen Fällen sogar schon vor dem Ausbruch des Weltkriegs. Das Motiv der übermenschlichen Zerstörungskraft findet sich seit 1910[33].

Mit der Einsicht, daß der Wille zum eigenen Tod das Ich einem Zusammenhang überantworten kann, der – wie bei einem Dämon – in sich selbst unselig ist, ging die Befürchtung einher, daß das Ich sich im Sterben vielleicht doch nicht völlig auflöse und also nun in dem Dämon weiterexistiere, ruhelos und von ihm gequält. So wurde damals die Vorstellung der „Hölle" (d.h. des unglücklichen Seins der Verstorbenen) wiederentdeckt. Mit besonderem Nachdruck sprachen von der Hölle Georg Heym und Georg Trakl. Beide Autoren meinten zu sehen, daß ein Menschenich aus der Hölle unmöglich sich selbst zu befreien vermöge und wandten ihre Hoffnung Christus zu. Für den späten Trakl erlangte die Lehre, daß Christus aus Liebe zu den Mitmenschen den Tod erlitten habe und aus ihm auferstanden sei, die höchste Bedeutung[34]. Heym, der sich zuvor einer Nietzscheanischen Antichristlichkeit verschrieben hatte, verfaßte kurz vor seinem eigenen frühen Tod Gedichte, die eine neue Zuwendung zu Christus bekunden. In seinem wahrscheinlich letzten Gedicht gab er der Hoffnung Ausdruck, daß die Toten durch die Kirche Christi zur Ruhe geleitet würden.

Die Messe

Bei dreier Kerzen mildem Lichte
Die Leiche schläft. Und hohe Mönche gehen
Um sie herum, und legen ihre Finger
Manchmal über ihr Angesicht.

Froh sind die Toten, die zur Ruhe kehren
Und strecken ihre weißen Hände aus,
Den Engeln zu, die groß und schattig gehen
Mit Flügelschlagen durch das hohe Haus.

Nur manchmal schallt ein Weinen durch die Wände,
Ein tiefes Schluchzen wälzt sich in der Lust.
Man kreuzet ihre hageren Finger-Hände
Zum Frieden sanft auf die verhaarte Brust.[35]

---

[33] Vgl. *ders.,* Franz Kafka und die Expressionisten im Ende der Neuzeit, 1989.

[34] Vgl. *ders.,* Leid und Verwandlung. Rilke, Kafka, Trakl und der Epochenstil des Impressionismus und Expressionismus, Otto Müller Verlag Salzburg 1961.

[35] *Georg Heym,* Dichtungen und Schriften. Gesamtausgabe hrsg. von Karl Ludwig Schneider, Bd. 1: Lyrik, Verlag Heinrich Ellermann München 1964, 513.

Die Erfahrung von der Existenz übermenschlicher Destruktionskräfte ist von manchen Dichtern – wie etwa Rilke – nie anerkannt, seit den zwanziger Jahren von den allermeisten verdrängt worden. Eine Ausnahme bildeten damals die spezifisch christlichen Autoren wie *Gertrud von le Fort, Jochen Klepper, Reinhold Schneider*. In den fünfziger Jahren thematisierten auch nicht christlich orientierte Dichter einen das Juristische weit übersteigenden Schuldzusammenhang. Die entsprechenden Erfahrungszeugnisse versiegten dann jedoch sehr rasch wieder[36]. In unseren achtziger Jahren hat sich aber auch in dieser Hinsicht eine tiefe Veränderung vollzogen.

Auf eine vorläufige Weise habe ich diesen Wandel in der 1983 erschienenen Schrift „Des Teufels Wiederkehr" beschrieben[37]. Die Reaktionen auf diese Schrift zeigen meines Erachtens vor allem, wie ungewohnt die Thematik noch immer ist. Besonders aufschlußreich erscheint mir das Verhalten der „Spiegel"-Redaktion. Der Weihnachtsnummer des Jahres 1986 gab sie den Titel „Die Wiederkehr des Teufels", damit den Titel meiner Publikation fast wörtlich wiederholend. In der Titelgeschichte wurde jedoch keine der von mir erörterten Teufelsdichtungen von prominenten Gegenwartsautoren wie *Stefan Heym, Tankred Dorst, Adolf Muschg* auch nur genannt, sondern die These vertreten, in der Subkultur sei neuerdings vom Teufel wieder die Rede und auch – haha! – bei Kardinal *Ratzinger* und beim Papst. Meine Zuschrift, in der ich auf die genannten Autoren verwies, die gewiß nicht zur Subkultur gehören, aber gemeinhin auch nicht als „Reaktionäre" gelten, wurde nicht abgedruckt. Das ist nicht zu verwundern. Die Titelgeschichte des „Spiegel" war offensichtlich verfaßt worden, um der Wahrheit entgegenzuwirken und ihre Verdrängung zu befördern.

Die Dichter wird der „Spiegel" vermutlich nicht sonderlich beeindruckt haben. In den verschiedensten Variationen beschreiben sie weiterhin übermenschliche Destruktionskräfte – für die das Wort „Teufel" nur ein Name von vielen möglichen ist – als unter uns wirksam. Das Tschernobyl-Erlebnis hat sie darin offensichtlich bestärkt.

---

36 Friedrich Kienecker hat das Thema „Der Tod in der Dichtung des zwanzigsten Jahrhunderts" auf kenntnisreiche und umsichtige Weise behandelt, ist auf den beschriebenen Sachverhalt jedoch nicht aufmerksam geworden. (Vgl. *Ansgar Paus* (Hrsg.), Grenzerfahrung Tod, Verlag Styria Graz 1976 (Nachdruck als Suhrkamp Taschenbuch Frankfurt a. M. 1980, 129ff).

37 *W. Falk*, Des Teufels Wiederkehr. Alarmierende Zeichen der Zeit in der neuesten Dichtung, Burg Verlag Stuttgart – Bonn 1983.

Und die Leserschaft scheint die Vorbehalte gegen solche Darstellungen mehr und mehr aufzugeben. Sonst hätte *Patrick Süskind* mit seinem ersten Roman „Das Parfum – Die Geschichte eines Mörders", der 1985 erschien, nicht sehr rasch eine riesige Auflagenhöhe erreichen können (übrigens auch außerhalb des deutschen Sprachraums, denn 1987 teilte der Verlag mit, daß Übersetzungen in 19 Sprachen bereits erschienen, weitere in Vorbereitung seien). Dieser Roman handelt von einem vom Teufel besessenen Menschen. Er hat sich auf die Herstellung von Düften spezialisiert. Mit der Hilfe der Düfte will er erreichen, daß die Menschen ihn wie einen Gott verehren:

„Ja, lieben sollten sie ihn, wenn sie im Banne seines Duftes standen, nicht nur ihn als ihresgleichen akzeptieren, ihn lieben bis zum Wahnsinn, bis zur Selbstaufgabe, zittern vor Entzücken sollten sie, schreien, weinen vor Wonne, ohne zu wissen, warum, auf die Knie sollten sie sinken wie unter Gottes kaltem Weihrauch, wenn sie nur *ihn,* Grenouille, zu riechen bekamen! Er wollte der omnipotente Gott des Duftes sein, so wie er es in seiner Phantasie gewesen war, aber nun in der wirklichen Welt und über wirkliche Menschen. [...] Er war nicht von Sinnen. So klaren und heiteren Geistes war er, daß er sich fragte, warum überhaupt er es wollte. Und er sagte sich, daß er es wolle, weil er durch und durch böse sei. Und er lächelte dabei und war sehr zufrieden." [38]

Nach diesem Roman veröffentlichte Süskind 1987 die Erzählung „Die Taube". In ihr sprach er abermals von Teuflischem, doch verband er dieses nun mit einem zum zentralen Daseinsproblem werdenden Motiv des Todes.

Im Mittelpunkt der Erzählung steht ein Mann um die Fünfzig, der sich nach schlimmen Erfahrungen in der Kindheit von den Mitmenschen zurückgezogen und nur noch in die unumgänglichen Kontakte mit ihnen eingewilligt hat. Eines Tages sieht er vor seiner Wohnungstür eine Taube sitzen. Ein Auge der Taube glotzt ihn an, und er empfindet dieses Taubenauge als überaus schrecklich, staunt darüber und erschrickt dann zu Tode. Eine unfaßliche, eine teufli-

---

[38] *Patrick Süskind,* Das Parfum – Die Geschichte eines Mörders, Diogenes Verlag Zürich 1985, 198f. – Süskinds Roman liest sich wie ein Widerruf der einst von Rilke verkündeten Botschaft, für den modernen Menschen komme es darauf an, alle Dinge umzuwandeln in schönen Klang. Süskinds Hauptgestalt vollzieht die Verwandlung – nicht in Klang, wohl aber in Duft – nicht nur an leblosen Dingen, sondern auch an Menschen. Der Wille zur Aufhebung der irdischen Gestalt erweist sich bei ihm als ein mörderischer.

sche Bedrohung ist ihm nahegekommen. Er sucht vor ihr in seine gewohnte Berufsarbeit zu fliehen, aber vergeblich. Schließlich nimmt er sich ein Zimmer in einem Hotel und legt sich ins Bett. In der Nacht zieht sich langsam ein Gewitter zusammen. Plötzlich ist alle Bedrohung wieder da, und schlimmer denn je:

„Und dann, endlich, es war schon gegen Morgen und dämmerte ein wenig, tat es einen Knall, einen einzigen, so heftig, als explodierte die ganze Stadt. Jonathan schnellte im Bett hoch. Er hatte den Knall nicht mit Bewußtsein gehört, geschweige denn ihn als Donnerschlag erkannt, es war schlimmer: Ihm war in der Sekunde des Erwachens der Knall als schieres Entsetzen in die Glieder gefahren, als Entsetzen, dessen Ursache er nicht kannte, als Todesschreck. Das einzige, was er vernahm, war der Nachhall des Knalls, ein vielfältiges Echo und Verpoltern des Donners. Es hörte sich an, als fielen draußen die Häuser zusammen wie Bücherregale, und sein erster Gedanke war: Jetzt ist es soweit, das ist es nun, das Ende. Und er meinte damit nicht nur sein eigenes Ende, sondern das Ende der Welt, den Weltuntergang, ein Erdbeben, die Atombombe oder beides – auf jeden Fall das absolute Ende.“ [39]

Beim Sichtbarwerden des schrecklichen Taubenauges hat der Mann zunächst nur um sich selbst gefürchtet. Jetzt empfindet er, daß nicht allein er selbst, sondern die ganze Welt vom Tode bedroht ist. Dann wird es still, und nun kommt es zu einer noch weiteren Klärung seiner Todeserfahrung:

„Kein Poltern war mehr zu hören, kein Stürzen, kein Knacken, kein Nichts und kein Echo von nichts. Und diese plötzliche und andauernde Stille war schier noch furchtbarer als das Getöse der untergehenden Welt. Denn nun erschien es Jonathan, als sei zwar er noch vorhanden, aber außer ihm nichts mehr, kein Gegenüber, kein Oben und Unten, kein Äußeres, kein Anderes, an dem er sich hätte orientieren können. Alle Wahrnehmung, das Sehen, das Hören, der Gleichgewichtssinn – alles, was ihm hätte sagen können, wo und wer er selber sei – fielen in die vollkommene Leere der Finsternis und der Stille.“ [40]

Die Vernichtungsgewalt, die zuerst am Auge der Taube erschien, bewirkt vor allem, daß sich das Ich auf nichts und auf niemanden mehr beziehen kann. Der tiefste Grund seiner Todesangst äußert

---

[39] *Patrick Süskind,* Die Taube, Diogenes Verlag Zürich 1987, 93.
[40] Ebd. 93.

sich in den Fragen: „Warum ist es so totenstill? Wo sind die anderen Menschen? Mein Gott, wo sind denn die anderen Menschen?“ [41]

Patrick Süskind ließ den Mann, der durch das Auge einer Taube erschüttert worden war, ins Leben zurückkehren und in ihm mit der Entdeckung der Bedeutsamkeit von Mitmenschen für sein eigenes Dasein beginnen. In der Logik der von ihm dargestellten Wende läge es, wenn der Mann, nachdem er sich mit Mitmenschen in Liebe verbunden hat und eines Tages den wirklichen Tod von einem von ihnen mitansehen muß, weiterfragen würde, was denn nun, da der große Vernichter Macht über den geliebten Menschen erlangte, aus diesem wurde und wo er denn jetzt sei.

Wenn die Präsenz einer übermenschlichen Vernichtungsgewalt – des „Teufels“ – auch in der öffentlichen Diskussion mehr und mehr anerkannt wird, so wird diese Frage, die angesichts des Todes eines Du fast unvermeidlich ist, auch gesellschaftliche Relevanz erlangen. Vielleicht ist die Zeit gar nicht mehr so sehr fern, in der wir offen darüber sprechen können, daß nicht allein Sterbende, sondern auch Tote Solidarität brauchen [42].

---

[41] Ebd. 95.

[42] Zugunsten dieser Annahme sprechen auch weitere Momente, die ich in dem Buch „Die Ordnung in der Geschichte“ (s. Anm. 21) erörtert habe. Ich messe ihnen hohe Bedeutung zu, muß jedoch aus Raumgründen darauf verzichten, sie hier zu beschreiben.

QUAESTIONES DISPUTATAE

71 Gisbert Greshake/Gerhard Lohfink, Naherwartung – Auferstehung – Unsterblichkeit. Untersuchungen zur christlichen Eschatologie
5. Auflage. 232 Seiten. ISBN 3-451-02071-4

72 Grundfragen der Christologie heute
H. Fries, A. Halder, P. Hünermann, W. Kasper, F. Mußner, L. Scheffczyk (Hg.).
184 Seiten. ISBN 3-451-02072-6

74 Der Tod Jesu. Deutungen im Neuen Testament
J. Beutler, J. Gnilka, K. Kertelge (Hg.), R. Pesch, R. Schnackenburg, A. Vögtle.
2. Auflage, 240 Seiten. ISBN 3-451-02074-2

81 Kirchliche und nichtkirchliche Religiosität. Pastoraltheologische Perspektiven
F. X. Kaufmann, K. Lehmann, N. Mette, R. Zerfaß, P. M. Zulehner.
128 Seiten. ISBN 3-451-02081-5

83 Johannes B. Lotz, Person und Freiheit 192 Seiten . ISBN 3-451-02083-1

85 Gegenwart des Geistes. Aspekte der Pneumatologie
W. Kasper (Hg.), M. Kehl, W. Kern, G. Kretschmar, K. Lehmann, H. Mühlen, A. Nossol.
208 Seiten. ISBN 3-451-02085-8

87 Zur Geschichte des Urchristentums
J. Blank, G. Dautzenberg, H. Merklein, K. Müller, M. Waibel, A. Weiser.
160 Seiten. ISBN 3-451-02087-4

89 Paulus in den neutestamentlichen Spätschriften. Zur Paulusrezeption im NT.
K. Kertelge (Hg.), G. Lohfink, K. Löning, H. Merklein, P.-G. Müller, A. Sand, W. Trilling, P. Trummer.
240 Seiten. ISBN 3-451-02089-0

90 Herbert Vorgrimler, Hoffnung auf Vollendung. Aufriß der Eschatologie
2. Auflage. 176 Seiten. ISBN 3-451-02090-4

91 Die Theologie und das Lehramt
P. Eicher, F. Hahn, W. Kasper, W. Kern (Hg.), R. Schaeffler, M. Seckler.
240 Seiten. ISBN 3-451-02091-2

92 Offenbarung im jüdischen und christlichen Glaubensverständnis
P. Eicher, B. S. Kogan, H.-J. Kraus, M. A. Meyer, J. J. Petuchowski, R. Rendtorff, M. Seckler, W. Strolz, Sh. Talmon, D. Wiederkehr.
264 Seiten. ISBN 3-451-02092-0

93 Mission im Neuen Testament
N. Brox, H. Frankemölle, K. Kertelge (Hg.), J. Kremer, R. Pesch, G. Schneider, K. Stock, D. Zeller.
240 Seiten. ISBN 3-451-02093-9

94 Richard Schaeffler, Fähigkeit zur Erfahrung. Zur transzendentalen Hermeneutik des Sprechens von Gott
128 Seiten. ISBN 3-451-02094-7

95 Die Frau im Urchristentum. Sonderausgabe
J. Blank, C. Bussmann, M. Bußmann, G. Dautzenberg, R. Geiger, G. Lohfink, R. Mahoney, H. Merklein, K. Müller, H. Ritt, A. Weiser.
3. Auflage. 360 Seiten. ISBN 3-451-20841-5

96 Gewalt und Gewaltlosigkeit im Alten Testament
E. Haag, N. Lohfink, L. Ruppert, R. Schwager.
256 Seiten. ISBN 3-451-02096-3

97 Otto Hermann Pesch, Gerechtfertigt aus Glauben. Luthers Frage an die Kirche.
144 Seiten. ISBN 3-451-02097-1

98 Christliche Grundlagen des Dialogs mit den Weltreligionen
A. Ganoczy, H.-W. Gensichen, C. J. v. Korvin-Krasinski, H. Seebaß, W. Strolz, C. Thoma, H. Waldenfels.
192 Seiten. ISBN 3-451-02098-X

99 Heilsgeschichte und ethische Normen
K. Demmer, B. Fraling, F. Furger, K. Rahner (Vorw.), H. Rotter (Hg.).
160 Seiten. ISBN 3-451-02099-8

100 Heinrich Fries/Karl Rahner, Einigung der Kirchen – reale Möglichkeit
Erw. Sonderausgabe mit einer Bilanz „Zustimmung und Kritik" von H. Fries.
3. Auflage, 192 Seiten. ISBN 3-451-20407-X

102 Ethik im Neuen Testament
F. Böckle, J. Eckert, W. Egger, F. Furger, P. Hoffmann, K. Kertelge (Hg.), G. Lohfink, R. Schnackenburg, D. Zeller. 216 Seiten. ISBN 3-451-02102-1

103 Stefan N. Bosshard, Erschafft die Welt sich selbst?
Die Selbstorganisation von Natur und Mensch aus naturwissenschaftlicher, philosophischer und theologischer Sicht. 2. Auflage, 264 Seiten. ISBN 3-451-02103-X

104 Gott, der einzige. Zur Entstehung des Monotheismus in Israel
G. Braulik, E. Haag (Hg.), G. Hentschel, H.-W. Jüngling, N. Lohfink, J. Scharbert, E. Zenger. 192 Seiten. ISBN 3-451-02104-8

105 Auferstehung Jesu – Auferstehung der Christen
I. Broer, P. Fiedler, H. Gollinger, I. Maisch, J. M. Nützel, L. Oberlinner (Hg.), D. Zeller.
200 Seiten. ISBN 3-451-02105-6

106 Seele – Problembegriff christlicher Eschatologie
W. Breuning (Hg.), R. Friedli, G. Greshake, E. Haag, G. Haeffner, O. H. Pesch, H. Verweyen. 224 Seiten. ISBN 3-451-02106-4

107 Liturgie – ein vergessenes Thema der Theologie?
A. Angenendt, D. Emeis, M. M. Garijo-Guembe, A. Kallis, K. Kertelge, A. Th. Khoury, K. Lüdicke, F. Merkel, J. J. Petuchowski, K. Richter (Hg.), R. Sauer, H. Vorgrimler, P. Weimar. 2. Auflage, 192 Seiten. ISBN 3-451-02107-2

108 Das Gesetz im Neuen Testament
J. Beutler, I. Broer, G. Dautzenberg., P. Fiedler, H. Frankemölle, K. Kertelge (Hg.), J. Lambrecht, K. Müller, F. Mußner, W. Radl, A. Weiser. 240 Seiten. ISBN 3-451-02108-0

109 Theorie der Sprachhandlungen und heutige Ekklesiologie
L. Averkamp. (Einf.), W. Beinert, N. Brox, E. Coreth, F. Courth, K. Demmer. A. Halder, F.-L. Hossfeld, P. Hünermann, R. Schaeffler. 184 Seiten. ISBN 3-451-02109-9

110 Unterwegs zur Kirche. Alttestamentliche Konzeptionen
W. Breuning, H. F. Fuhs, W. Groß, F.-L. Hossfeld, N. Lohfink, J. Schreiner (Hg.) Th. Seidl. 200 Seiten. ISBN 3-451-02110-2

111 Hans-Josef Klauck, Judas – ein Jünger des Herrn 160 Seiten. ISBN 3-451-02111-0

112 Der Prozeß gegen Jesus
J. Blank, I. Broer, J. Gnilka, K. Kertelge (Hg.), F. Lentzen-Deis, K. Müller, W. Radl, H. Ritt, G. Schneider. 240 Seiten. ISBN 3-451-02112-9

113 Tiefenpsychologische Deutung des Glaubens? Anfragen an Eugen Drewermann
H. Bürkle, E. Dassmann, F. Furger, A. Görres, W. Kasper, R. Schnackenburg, J. Splett, J. Sudbrack. 176 Seiten. ISBN 3-451-02113-7

114 Jürgen Moltmann, Was ist heute Theologie? 104 Seiten. ISBN 3-451-02114-5

115 Vorsehung und Handeln Gottes
G. Bachl, H. Häring, F.-L. Hossfeld, H. Jorissen, Th. Schneider (Hg.), R. Schulte, B. Studer, L. Ullrich (Hg.), J. Wanke, L. Weimer. 208 Seiten. ISBN 3-451-02115-3

116 Erzählter Glaube – erzählende Kirche
E. Arens, G. Fuchs, O. Fuchs, K. Müller, B. Sill, H. P. Siller, A. Stock, L. Wachinger, E. Zeller, R. Zerfaß (Hg.). 208 Seiten. ISBN 3-451-02117-X

117 Schriftauslegung im Widerstreit
R. E. Brown, W. H. Lazareth, G. Lindbeck, J. Ratzinger (Hg.).
128 Seiten. ISBN 3-451-02117-8

HERDER FREIBURG · BASEL · WIEN